広島修道大学学術選書 57

税務貸借対照表に対する商事貸借対照表の基準性の原則

ドイツ税務会計の考察

中田 清 著
Nakata Kiyoshi

同文舘出版

はしがき

　本書は，ドイツにおける「税務貸借対照表に対する商事貸借対照表の基準性の原則」（いわゆる基準性の原則）の生成と，その後約140年に及ぶ展開を考察し，基準性原則の本質の解明を試みたものである。

　所得税法上の営業所得を商法上の貸借対照表（あるいは商法上の貸借対照表作成規則）に基づいて計算することを要請する原則を，一般に基準性原則と呼んでいる。従来わが国では，確かに「二つの利益計算を行うという煩雑さから商人を解放する」ために基準性原則が導入されたという見解は示されていた。しかし，その根拠はあまり詳細に論じられていなかったように思われる。本書はそれを19世紀のブレーメン，ザクセン，プロイセンなどの当時の邦議会議事録に基づいて緻密に考察している。ここに本書の第一の特徴を求めることができる。

　1871年にドイツ帝国が発足したが，所得税分野の財政権は1920年まで各邦国に帰属していた。1920年3月になって，最初の帝国統一的な所得税法が成立した。その後の基準性原則の展開に関して，第一次文献に基づいた綿密な考察を行った点に本書の第二の特徴が見出される。

　本書の第三の特徴は，2009年「貸借対照表法現代化法」の分析を通じて，百有余年にわたって守られてきた基準性原則が崩壊したことを論じた点にある。それまでも個別項目について，商法上の会計処理と税務上のそれとの相違は存在したが，それは例外規定（留保規定）と位置づけられていた。あるいは，基準性原則違反と呼ばれていた。しかし，今回はいわゆる逆基準性を廃止するために改正された条文の曖昧さから，所得税法の体系上，商事貸借対照表と税務貸借対照表の乖離が是認されると解釈されるようになったのである。

　本書は九つの章と補論から構成されている。基準性原則の生成・展開を考察するためには商法会計規定，とりわけ利益計算に関する規定を理解する必要が

ある。第1章「1990年代までの商法会計規定の変遷」において，1861年一般ドイツ商法典から1986年商法典に至る会計規定をまとめた（その後の商法会計規定は第8章，第9章で考察する）。

第2章から第5章までは基準性原則の生成を論じた箇所である。19世紀後半から20世紀初頭にかけて多くの邦国の所得税法に基準性原則が導入された。これに関して，邦議会で特に白熱した議論が展開された三つの邦国をまず取り上げた。第2章「1874年ブレーメン所得税法と基準性原則」，第3章「1874年ザクセン所得税法と基準性原則」および第4章「1891年プロイセン所得税法と基準性原則」がそれである。各邦国の議会議事録などを精査し，基準性原則が導入された背景を探ってみた。

上記三つ以外の邦国でも，先例を参考にするなどして基準性原則が取り入れられた。第5章「ハンブルク，リューベック，バイエルンおよびその他の邦国等における基準性原則」でこのことを論じた。また，各邦国の所得税法を分析してみると，基準性原則の規定には二つのタイプがあることが理解できる。このことも第5章で指摘した。

第6章からは基準性原則導入後の展開を取り上げた。第6章「税務貸借対照表の自立（1920年～1960年代前半）」では，完全で適正な利益を求めようとする税法が，慎重性（資産の過小評価）を重視する商法から乖離していったこと，すなわち固有の評価規定を置いたことを述べた。さらに，戦後経済の復興のため税法が商法とは異なる規定を置いたこと，その一部に対しては逆基準性が要求されたことにも触れた。

連邦政府は1974年所得税法改正にあたって，基準性原則維持を宣言した。第7章「商事貸借対照表と税務貸借対照表の再接近・結合（1960年代後半～1990年代）」では，基準性原則を維持することに商法の側からも税法の側からも努力が払われ，二つの貸借対照表が極めて接近したことを論じた。包括的な逆基準性に関する規定が所得税法に設けられたのもその現れである。

1990年代後半は商法会計制度においても，企業課税制度においても国際化が進んだ時代であった。前者は特に連結財務諸表に関連することであった。「税率の軽減」と「課税標準の拡大」が企業課税制度の国際化の内容であり，

とりわけ課税標準の拡大を図るために基準性原則が犯された。これらのことを第8章「基準性原則の崩壊（1）（1990年代後半の基準性原則違反）」で検討した。

そして第9章「基準性原則の崩壊（2）（2009年貸借対照表法現代化法の基準性原則に及ぼす影響）」では，貸借対照表法現代化法を通して改正された商法典の基準性原則に及ぼす影響，および改正所得税法による基準性原則の崩壊を論究した。

なお，税務官庁の検査を受ける申告納税制度の税法での採用が基準性原則の導入に果たした役割について，本論で詳しく論じることができなかったので，補論「申告納税制度と基準性原則」でこれを取り上げた。

以上の考察を通じて，基準性原則は税務貸借対照表の商事貸借対照表への単なる形式的依存性を要求しているのみではなく，「商事貸借対照表上の利益＝税務貸借対照表上の利益」をも要請する原則であり—税法固有の会計処理も存在したが，それは「留保」あるいは「基準性原則違反」として，あくまでも例外として位置づけられた—，これが1874年以来約135年間，貫徹されたこと，だが2009年貸借対照表法現代化法によって所得税法の体系上、二つの利益の一致は求められなくなり基準性原則が崩壊したと考えられること，これらのことを明らかにした。

このように本書を上梓することができたのも，多くの先生方のご指導のおかげである。心よりお礼申し上げたい。とりわけ，恩師・広島修道大学名誉教授岸悦三先生には学生時代から今日まで，公私にわたり暖かくご指導を賜っている。先生には文献の読み方から外国語の翻訳の仕方、文章の書き方まできめ細かなご指導をいただき感謝に堪えない。先生はよく，"Cool Head, but Warm Heart"の大切さを説かれた。謙虚に学問に取り組むことの重要さを教えていただいた。先生はすでに傘寿を迎えられた。いつまでもお元気でおられることを切に望む次第である。

神戸学院大学名誉教授 戸田博之先生には，日本会計研究学会特別委員会や科学研究費補助金による研究会等，さまざまな研究会に参加させていただき，勉強する機会と多くの刺激を与えていただいた。先生からはまた，ドイツ語の

正確な和訳の仕方を教わった。

　近畿大学名誉教授 故興津裕康先生，神戸商科大学名誉教授 故安平昭二先生にも言葉には言い表せないほどのご指導を賜った。ドイツ系会計学のご専門家であられたお二人の先生から，多くのことをご教示いただいた。本書をお二人の先生にも読んでいただきご批判を仰ぎたかったが，それも叶わぬものとなってしまった。

　お名前を記すのは省かせていただくが，日頃からご指導・ご厚情をいただいている会計学界の先生方，勤務校の同僚の先生方にも感謝申し上げたい。

　資料の収集にあたっては，国内外の図書館等にお世話になった。わけても，広島修道大学図書館の皆さんにはご面倒をおかけしたが，快くご協力いただいた。お礼申し上げたい。本書の出版にあたり，広島修道大学から助成金の交付を受けた。またその労を，広島修道大学学術交流センター長 山川肖美先生に執っていただいた。記して謝意を表したい。

　今日の厳しい出版事情のなか，本書の出版をご快諾いただいた同文舘出版株式会社社長 中島治久氏に深く感謝申し上げる次第である。また，前著（『ドイツ実体維持会計論』）に引き続き今回も，同社取締役編集局長 市川良之氏に企画の段階からお世話になった。同氏に対し衷心よりお礼申し上げたい。

　最後に私事にわたり大変恐縮であるが，いつも著者の研究を支えてくれている家族に感謝したい。

　　2013 年 5 月

中　田　　　清

目　次

はしがき————————————————————————(1)

第1章　1990年代までの商法会計規定の変遷————————1

第1節　はじめに …………………………………………………… 1
第2節　基準性原則の史的展開の概観 …………………………… 1
第3節　1861年一般ドイツ商法典および1870年/1884年株式法
　　　　改正法 ……………………………………………………… 3
第4節　1897年商法典および1931年/1937年株式法 …………… 5
第5節　1965年株式法 ……………………………………………… 8
第6節　1986年商法典 ……………………………………………… 11
第7節　おわりに …………………………………………………… 14

第2章　1874年ブレーメン所得税法と基準性原則————————19

第1節　はじめに …………………………………………………… 19
第2節　1874年所得税法以前の所得計算 ………………………… 19
第3節　1874年所得税法への基準性原則導入を巡る議論 ……… 23
第4節　1874年所得税法と基準性原則 …………………………… 32
第5節　おわりに …………………………………………………… 35

第3章 1874年ザクセン所得税法と基準性原則 ―― 39

第1節 はじめに ……………………………………………… 39

第2節 ザクセン所得税法制定の経緯 ……………………… 40

(1) 1866/68 年および 1869/70 年の邦議会　40

(2) 1871/73 年の邦議会　42

(3) 1873/74 年の邦議会　44

(4) 1878 年の租税改革　47

第3節 基準性原則の成立 …………………………………… 48

(1) 1872 年の下院特別委員会報告書　48

(2) 訓令第 24 号（1873 年 11 月）および訓令第 49 号（1874 年 2 月）　50

(3) 1874 年の下院特別委員会報告書　51

(4) 1874 年所得税法および 1878 年所得税法　54

(5) 判決・実務　56

第4節 おわりに ……………………………………………… 57

第4章 1891年プロイセン所得税法と基準性原則 ―― 63

第1節 はじめに ……………………………………………… 63

第2節 プロイセン王国への所得税の導入 ………………… 63

第3節 1851 年 /1873 年所得税法 …………………………… 67

第4節 1891 年所得税法への基準性原則の導入 …………… 70

(1) 1891 年所得税法案とそれを巡る委員会審議　70

(2) 1891 年所得税法の成立　73

第5節 基準性原則導入後の展開 …………………………… 79

(1) 1895 年 12 月 13 日のプロイセン上級行政裁判所判決　79

（2） 1906 年所得税法　　81
　第 6 節　おわりに …………………………………………………… 82

第 5 章　ハンブルク，リューベック，バイエルンおよびその他の邦国等における基準性原則──────87

　第 1 節　はじめに ……………………………………………………… 87
　第 2 節　1866 年 /1881 年ハンブルク所得税法 ……………………… 88
　　（1） 1866 年所得税法　　88
　　（2） 1881 年所得税法　　91
　第 3 節　1889 年リューベック所得税法 ……………………………… 93
　第 4 節　1910 年バイエルン所得税法 ………………………………… 96
　第 5 節　その他の邦国等の所得税法 ………………………………… 99
　　（1） 1884 年 /1900 年バーデン所得税法　　99
　　（2） 1895 年ヘッセン所得税法　　100
　　（3） 1896 年ブラウンシュヴァイク所得税法　　100
　　（4） 1913 年メクレンブルク・シュヴェーリン所得税法　　101
　　（5） 帝国の戦時税法　　102
　第 6 節　基準性原則に関する規定の二つのタイプ ………………… 103
　第 7 節　おわりに …………………………………………………… 104

第 6 章　税務貸借対照表の自立（1920 年～ 1960 年代前半）──────109

　第 1 節　はじめに …………………………………………………… 109
　第 2 節　1920 年 /1921 年所得税法および 1925 年所得税法 ……… 109
　第 3 節　1926 年 12 月 14 日および 1928 年 3 月 27 日のライヒ財政
　　　　　裁判所判決 ……………………………………………… 114

第4節　1934年/1938年/1939年所得税法 ……………………… 117
  (1) 1934年所得税法における基準性の法典化　117
  (2) 経済政策的に根拠づけられた税法規定と税務貸借対照表の自立化　120
第5節　連邦税法における基準性原則の展開 ……………………… 122
  (1) 1955年所得税法の新文言および経済統制的租税恩典　122
  (2) 1969年2月3日の連邦財政裁判所決定　125
第6節　おわりに ……………………………………………………… 128

第7章　商事貸借対照表と税務貸借対照表の再接近・結合（1960年代後半～1990年代） ─────────────────135

第1節　はじめに …………………………………………………… 135
第2節　1969年～1990年の基準性原則の展開 …………………… 135
  (1) 1969年所得税法による第5条の変更　135
  (2) 1974年租税改革　138
  (3) 1977年租税通則法施行法第9条第1号による所得税法第5条の拡大　140
  (4) 1978年6月12日の連邦財政裁判所決定　142
  (5) 1980年所得税法による借方項目の導入　143
  (6) 1983年財政付随法による所得税法第5条の変更　144
  (7) 1990年租税改革法による新たな第5条第4項の挿入　145
第3節　逆基準性の問題の生成と展開 …………………………… 148
  (1) 逆基準性原則に関連する商法上の規定　148
  (2) 1985年貸借対照表法指令法による所得税法第6条第3項の挿入　151
  (3) 1989年住宅建設促進法（補充法）による所得税法第5条第1項第2文の導入　153

第4節　おわりに ……………………………………………… 155

第8章　基準性原則の崩壊（1）（1990年代後半の基準性原則違反）— 161
　　第1節　はじめに ……………………………………………… 161
　　第2節　商法会計制度の展開 ………………………………… 162
　　　（1）資本調達容易化法　162
　　　（2）企業領域における統制と透明性に関する法律　164
　　　（3）資本会社指令法　166
　　　（4）透明性・開示法　168
　　　（5）貸借対照表法改革法　169
　　第3節　企業課税改革の継続のための法律（1997年）による基準
　　　　　性原則違反 ……………………………………………… 177
　　第4節　1999/2000/2002年租税軽減法（1999年）による基準性原
　　　　　則違反 …………………………………………………… 181
　　第5節　おわりに ……………………………………………… 185

第9章　基準性原則の崩壊（2）（2009年貸借対照表法現代化法の基
　　　準性原則に及ぼす影響）— 191
　　第1節　はじめに ……………………………………………… 191
　　第2節　商法典の税法への接近 ……………………………… 192
　　　（1）選択権の削除　192
　　　（2）有償取得された暖簾の借方計上命令　194
　　　（3）経済的帰属の原則　195
　　　（4）評価単位の形成　195
　　第3節　商法典と税法の間での乖離の拡大・存続 ………… 196

(1) 自家創設無形固定資産の借方計上選択権　196
　(2) 金融商品の評価　197
　(3) 引当金の評価　198
　(4) 開放条項の削除　200
　(5) 棚卸資産の評価簡便法　201
　(6) 計算限定項目　201
　(7) 通貨換算　201
第4節　逆基準性の廃止と基準性原則の変質 ……………………202
第5節　基準性原則の現状 ………………………………………207
第6節　おわりに …………………………………………………208

補　論　申告納税制度と基準性原則————217

あとがき————223

文献目録————227

索　引————243
　事項・人名索引　243
　　法律索引　246
　　判例索引　247

税務貸借対照表に対する商事貸借対照表の基準性の原則
―ドイツ税務会計の考察―

第1章　1990年代までの商法会計規定の変遷

第1節　はじめに

　基準性原則（Maßgeblichkeitsgrundsatz）は，正式には「税務貸借対照表に対する商事貸借対照表の基準性の原則（Grundsatz der Maßgeblichkeit der Handelsbilanz für die Steuerbilanz）」という。それは一般に，税務上の営業所得計算が商法上の利益計算（商事貸借対照表）に依存して行われることと解されている。したがって，基準性原則の生成・展開を考察するためには，商法会計規定，とりわけ利益計算に関する規定を理解する必要がある。

　本章では，1985年貸借対照表指令法（Bilanzrichtlinien-Gesetz）による改正商法典までの会計規定の内容を吟味していきたい。この時代には，資本会社に対しては株式法が適用されたので，それも併せてみていくこととする。その後の商法会計制度の変遷，とりわけ1990年代後半から2000年代初頭にかけての商法会計の動きについては第8章で，また2009年の貸借対照表法現代化法（Bilanzrechtsmodernisierungsgesetz）による改正商法典については第9章で，それぞれ言及する。

第2節　基準性原則の史的展開の概観

　図表1-1は，基準性原則の法的根拠となる商法と所得税法をまとめたものである。商法においては，資本会社に対する厳格な法律と，その他の商人に対して定められた法律が区別されなければならない。

図表 1-1　基準性原則の法的根拠

商法		税法	基準性
すべての商人に対して	資本会社に対して		
1861年一般ドイツ商法典			基準性以前の時代
	1870年株式法改正法		
		1874年ブレーメン所得税法	基準性の生成
		1874年ザクセン所得税法	
		1881年ハンブルク所得税法	
	1884年株式法改正法		
1897年商法典	(1897年商法典)	1891年プロイセン所得税法	
		1906年プロイセン所得税法	
		1910年バイエルン所得税法	
		1920年/21年/23年所得税法	税務貸借対照表の自立
		1925年所得税法	
	1931年株式法	1934年所得税法	
	1937年株式法		
		1938年/39年所得税法	
		1955年所得税法	
	1965年株式法		商事貸借対照表と税務貸借対照表の再接近
		(1969年BFH決定)	
		1969年所得税法	
1986年商法典	1986年商法典		商事貸借対照表と税務貸借対照表の結合
(貸借対照表指令法)	(貸借対照表指令法)	1990年所得税法	
		1997年所得税法	基準性の崩壊
		1999年所得税法	
2009年商法典(貸借対照表法現代化法)	2009年商法典(貸借対照表法現代化法)	2009年所得税法(貸借対照表法現代化法)	

(注) Vogt, Stefan, Die Maßgeblichkeit des Handelsbilanzrechts für die Steuerbilanz, Düsseldorf, 1991, S. 50, および Sigloch, Jochen, Ein Valet dem Maßgeblichkeitsprinzip?, Betriebswirtschaftliche Forschung und Praxis, 52. Jg. Heft 2, Herne, 2000, S. 158 を参考にして作成した。

基準性原則は商事貸借対照表の形態での商法会計の存在，および所得税法の存在を前提とする。これらの前提は 19 世紀のうちに作られた。商法上の会計規定と所得税法上の所得計算規定との関係を比較してみると，基準性に関して六つに時代区分することができる。このうち基準性以前の時代には，所得税法がそのときに支配的であった源泉理論による所得概念に基づいていたこと，また，営業所得が収入支出計算によって求められていたことにより，所得計算と商法会計との関係は皆無であった。

第 3 節　1861 年一般ドイツ商法典および 1870 年/1884 年株式法改正法

基準性原則が成立した 19 世紀第四四半期には，一般ドイツ商法典[1])が各邦国で適用されていた[2])。その会計規定をみていきたい。まず第 28 条で，あらゆる商人は，その商取引およびその財産状態を完全に判断しうる帳簿の作成を義務づけられていた。そして商人はその営業の開始にあたり，土地・債権・負債 (Schuld)・現金，その他の資産部分 (Vermögensstück) を正確に記録し，その資産部分の価値を示し，資産 (Vermögen) と負債 (Schuld) の関係を表示する決算書 (Abschluß)[3)] を作成しなければならなかった (第 29 条)。第 31 条は評価を規定しており，「財産目録および貸借対照表の作成にあたり，すべての資産部分と債権は，その作成時にそれらに付されるべき価値に従って評価されなければならない。疑わしき債権はその真実に近い価値で[4)]評価され，回収不能な債権は償却されなければならない」と謳っていた。ここにいう「付されるべき価値」を，ライヒ上級商業裁判所が 1873 年判決において一般的流通価値 (特に取引所価格または市場価格) と解釈した[5)]。この解釈に基づいて，その後の判決等においても「付されるべき価値」は客観的売却価値ないし個別的売却価値を指すとされた[6)]。

資本会社に適用される株式法に目を向けてみよう。1870 年に「株式合資会社および株式会社に関する法律」(いわゆる第一次株式法改正法) が公布された[7)]。一般ドイツ商法典の中の 28 の条項が，株式合資会社および株式会社に

対して置き換えられた。その一つである第239 a 条は，貸借対照表作成に際して適用されるべき基準を置いている。

① 相場のある有価証券の，貸借対照表作成日の相場価値を超えない範囲内での評価
② 創立費および管理費の借方計上禁止
③ 資本金の額および定款に規定されている積立基金（Reservefonds）・更新基金（Erneuerungsfonds）の額の貸方計上

これら三つがその内容である。

　1884年に再び，「株式合資会社および株式会社に関する法律」（いわゆる第二次株式法改正法）が公布された[8]。当法律の会計規定は，泡沫会社乱立時代に生じた，株式合資会社および株式会社の多数の減資，破産への対応として相当に強化された。資本の拘束，未実現利益表示の阻止，過大な配当の回避，これらを図る必要があったのである。株式合資会社についてはその第185 a 条，株式会社についてはその第239 b 条において，一般ドイツ商法典第31条の規定の，各形態の会社に対する適用基準が定められている。最も重要な点は調達価値原則の導入である。すべての資産に対し調達原価または製造原価が最高限度額として規定された。ただし，時価が原価より低い場合には，償却性有形固定資産にあっては緩和された低価主義（Niederstwertprinzip）が，非償却性固定資産および流動資産にあっては厳格な低価主義がそれぞれ適用された[9]。

　第二次株式法改正法ではさらに，創立費および管理費の貸借対照表借方計上禁止，資本金および積立基金・更新基金の貸方計上のことが規定されている。その積立基金に関して，第185 b 条および第239 b 条は，損失を補填するためにそれが設定されなければならないとしている。そしてそこには，①年度利益の5％以上（ただし，資本金の10％，または定款に定めるそれ以上の割合に達するまで），および②株式発行プレミアム（株式払込剰余金），これらが組み入れられなければならない（第185 b 条）。ここに損失填補を目的とする，法定積立金制度が確立したといえよう。また，損益計算書の作成義務および貸借対照表・損益計算書の公表義務（第185 c 条，第239 b 条），営業報告書の作成義務（第239条）も定められた。なお，1884年株式法により厳格化されたこれらの

会計規定は，ほとんどそのまま1897年商法典の，株式会社および株式合資会社について規定した箇所（第261条，第262条）に引き継がれた[10]。

第4節　1897年商法典および1931年/1937年株式法

すべての商人に適用される商法典は，1897年に改正された[11]。この新商法典においては，1884年株式法で資本会社に適用されていた調達価値原則を一般規定として引き継ぐことは行われなかった[12]。

最も重要な変更点は，正規の簿記の原則（Grundsätze ordnungsmäßiger Buchführung；以下GoBと略記する）への参照指示を有する第38条第1項の一般条項の導入であった。そこには「あらゆる商人は帳簿をつけ，そこにおいてその商取引およびその財産状態を正規の簿記の原則に従って明らかにしなければならない」と規定されている。これとの関連において，株式法上の会計のための特別規定がどの程度GoBとみなされるのか，すなわちすべての商人に対して拘束力を有するものであるのか，という問題が出された。これは特に「付されるべき価値」の解釈に関して，喫緊のものとなった[13]。すでに1897年商法典成立前に，シェフラー（Scheffler, H.）およびジモン（Simon, H.）は時価での固定資産評価を批判した[14]。このような著作に基づいて，法律文献および当時台頭しつつあった経営経済学文献において，固定資産の評価および増大しつつあった棚卸資産のそれは，調達原価または製造原価を超えない価値で行うことが要求された[15]。

ザクセン上級行政裁判所も1912年の判決で，固定資産および流動資産に対して調達原価ないし製造原価での貸借対照表計上を認めた[16]。それに先立つ1908年のその判決において，ライヒ最高裁判所民事部も調達原価または製造原価での評価を排除しなかったが，しかし株式法上の低価主義をすべての商人にとって拘束力のあるGoBとはみなさなかった[17]。したがって，この時代はまだ，株式法上の会計規定はGoBと考えられていたと明言することはできないが，そのような考え方が芽生えていたといえる。

1931年に，帝国憲法第48条第2項に基づいて，株式法に関するドイツ国大統領の命令が出された[18]。このいわゆる1931年株式法により，商法典（1897年法）の中に置かれている，資本会社に適用される部分が改正された。そこにみられる会計上の特徴を列挙すれば，次のようになる。

① 年度決算書の監査義務導入（第262 a条〜第262 g条）

② 創立費および資本調達費の借方計上禁止（第261条第3号）

③ 自家創設暖簾の借方計上禁止，承継取得された暖簾の借方計上選択権，その選択権を行使した場合の適切な毎年の減価記入（第261条第4号）

④ 社債の割引発行の際の逆打歩，すなわち社債発行差金の借方計上選択権（第261条第5号）

⑤ 株式法でのGoBへの最初の言及（第261条第1号：「継続的に会社の経営に定められている有価証券（固定資産たる有価証券の意―中田注）は，正規の簿記の原則が調達原価の減価記入を要求しない限り，より低い価値を顧みず調達原価で計上されうる。」なお，この規定により固定資産たる有価証券は，償却性固定資産と同様に一時的な価値減少はこれを考慮に入れる必要がなくなり，緩和された低価主義が適用されることとなった。従来は固定資産たる有価証券という概念はなく，有価証券（流動資産）として取り扱われていた。）

⑥貸借対照表項目の分類（第261 a条）および損益計算書項目の分類（第261 c条）。なお，貸借対照表項目の分類の中で，法律上初めて「計算限定項目（Rechnungsabgrenzung）」が言及された。また，「引当金（Rückstellung）」という項目も初めて用いられた。

⑦営業報告書（Geschäftsbericht）の要件の具体化（第260 a条）

⑧株式法上の年度決算書についての一般規範（第260 b条第2項：「年度決算書は，関係者が会社の状態についてできる限り確実な洞察をなしうるよう，明瞭かつ一目瞭然に作成されなければならない。」）

　1931年株式法上の会計規定の主な改正点は以上の通りである。そこでは，年度決算書の情報強化が図られたことが分かる。しかし，われわれの関心の対象である利益計算の方法については，計算限定項目・引当金といった動的貸借

対照表論の考え方が取り入れられてはいるものの，資産の過小評価を通して秘密積立金を設定しうるという点では従来とほとんど変わらない。

1937年の「株式会社および株式合資会社に関する法律」によって，株式法上の特別規定が商法典の中から取り出され，固有の法律となった[19]。1937年株式法における会計規定の主な変更点を挙げてみよう。

① GoBへの参照指示を有する一般条項の導入（第129条第1項：「年度決算書は正規の簿記の原則に一致しなければならない。」）

② 貸借対照表項目分類の細分化（第131条）および損益計算書項目分類の細分化（第132条）（その中で，「積立基金」に代わって「準備金（Rücklage）」という今日用いられている用語が使用された。また従来の「引当金」が「不確定債務に対する引当金」に代わった。これは制約なしで設定され，費用性引当金も認めるものであった。）

③ 開業費（Kosten der Betriebseinrichtung）[20]の擬制的貸借対照表項目としての借方計上容認（第133条第4号第2文）（ただし，計上した場合には，毎年の償却または価値修正が必要。）

④ 利益処分に際しての，監査役会の承認をもってする，取締役会による任意の大きさの自由準備金（freie Rücklagen）設定の容認（法定準備金組入れ後）（第126条第3項）

課税所得計算との関連でいえば，上記④が注目に値する。任意積立金の設定が認められたことにより，少なくとも規定上は，持分所有者への大きな配当を回避するために資産を過小評価（秘密積立金を設定）し，利益を過小計上するという操作は従来ほどは意味を持たなくなった。

なお上述したように，1897年商法典はその第38条第1項で，GoBへの参照指示条項を導入したのであった。1937年株式法の会計規定は，法典化されたGoBとしてすべての商人に対して拘束力があるとみなされた[21]。

以上，本節では19世紀終わりから20世紀中頃までの商法上の会計規定を，基準性原則を考察するうえで必要な範囲でみてきた。それをまとめてみれば，次のようになる。

資産評価にあたり，原則として調達原価・製造原価が最高限度額とされた。

時価が原価より低ければこの時価が最高限度額とされた（緩和された低価主義，厳格な低価主義）。これに対して，最低限度額に関する規定はなかったので，資産を過小評価し秘密積立金を設定する余地があった。ライヒ最高裁判所も1927年の判決において，秘密積立金は良心的かつ慎重な商人の考慮によって，企業に近い将来に対して生存力と抵抗力を与える範囲で認められると述べ，秘密積立金の設定を奨励した[22]。要するに，当時経営経済学において展開されていた動的貸借対照表論が求める適正な期間損益計算ではなくて，慎重性という考え方が商法会計制度を支配していた。

第5節　1965年株式法

　1965年株式法[23]は1937年株式法を改正したものである。その改正によって，会計についての株式法上の特別規定が相当に変更され，拡大された。とりわけ，第149条第1項に，年度決算書は評価規定の枠内で，財産状態・損益状態へのできるだけ確実な洞察を与えなければならない，という一般規範が置かれたことが注目される。

　それ以外の主な変更点をみていくと，次のようになる[24]。

① 　無形固定資産の借方計上選択権が，有償で取得されたものに制限された（第153条第3項）。

② 　計算限定項目としての計上が次のものに制限された。すなわち，借方項目としては決算日以後の一定期間に対する費用を示す，決算日以前の支出，そして貸方項目としては決算日以後の一定期間に対する収益を示す，決算日以前の収入，がこれである（第152条第9項）。要するに前払費用と前受収益である。

③ 　額面金額が発行価額を上回る逆打歩の借方計上選択権が，社債だけではなくすべての負債にまで拡大された（第156条第3項第1文）。

④ 　引当金の計上に関して完結的な規則がつくられた（第152条第7項）。その際初めて，「未決取引から生じる恐れのある損失に対する引当金」の計

上が義務化された[25)]。また，費用性引当金の設定が制限されたが，営業年度において行われなかった維持修繕または廃物除去のための費用であって，次年度に持ち越されたものに対する引当金は，基準性原則を考慮に入れて許容された。引当金の評価に関する規定がつくられた[26)]。

⑤ 資産についての評価規定において，調達原価または製造原価を「超えない範囲で（höchstens）」という用語が削除された（第153条第1項，第155条第1項第1文）。立法者はそのことにより，一定の最低価値を要求し，秘密積立金の設定を制限しようとしたのであるが，しかし例えば固定資産について，減価記入理由消失後の増価記入義務がなかったこと（第154条第2項第2文）などにより，それは完全には制限されなかった。また，従来，厳格な低価主義が適用されていた非償却性固定資産にも，緩和された低価主義が適用できるようになった（第154条第2項第1文前半）。

⑥ 資産に対して最低価値を要求するという立法者の意図に添って，税法に根拠を持つ計上（非課税準備金）および過小評価（特別償却など）に対して商法上の開放条項（Öffnungsklausel）を株式法の利益算出規定の体系の中に組み入れる必要があった。そこで株式法は，「準備金的性質を有する特別項目」としての非課税準備金の表示（第152条第5項），および所得税・収益税目的のために許容しうるとみなされている，より低い価額計上（第154条第2項第1文第2号，第155条第3項第2号）を認めた。

⑦ 流動資産に対して，将来の価値変動の回避のために減価記入を行う可能性が認められた（第155条第3項第1号）。

⑧ 承継取得された暖簾の減価記入について，翌営業年度以降において各年度に少なくとも借方計上金額の5分の1が償却されなければならない，とされた（第153条第5項第3文）。

⑨ 年度決算書を確定する際に，監査役会とともに任意積立金を設定しうるという取締役会の可能性は，繰越損失額および法定準備金繰入額控除後の年度利益の2分の1に制限された（第58条第2項第1文）。

⑩ 営業報告書の記載内容が拡大された（第160条）。特に減価記入方法および評価方法は，会社の財産状態および損益状態へのできるだけ確実な洞

察の伝達ができるように完全に記載されなければならなかった。しかしその際，直近の3営業年度の内容を参照するよう指示することができた（第160条第2項第2文）。さらに会社は，計画外減価記入や価値修正を含む，評価方法や減価記入方法の変更について報告しなければならなかった（第160条第2項第4文）。またその変更によって，年度利益または年度損失の大きさが10％以上変化し，その差額が資本金の0.5％以上になるならば，その差額も報告されなければならなかった（第160条第2項第5文）。この場合，税務上の特別償却，増加控除（erhöhte Absetzung）[27]，および評価減も計画外減価記入に属する。

これらが1965年株式法の主な新しい会計規定である。これによって，株式会社の商法上の利益算出に際しての操作余地は，無形資産の計上領域において相当に制限された。だが，評価に関しては今後も操作余地（例えば増加記入選択権）が存在した。また，会計規定の大規模な改正および営業報告書の内容の拡大によって，年度決算書の情報機能は強化された。しかし同時に，税法が商事貸借対照表に影響を及ぼすという逆基準性の問題（上記⑥参照）が初めて浮かび上がってきた。逆基準性によって引き起こされる情報機能の侵害には，十分な考慮は払われなかった。

以上みてきたように，資本会社に対する商法上の会計規定は特別法である株式法の中に置かれていた。他方，非資本会社に対しては前節でみた1897年商法典自体に設けられた会計規定が適用された。その際，株式法上の規定が商法典第38条にいうGoBに該当するかどうかということが問題となった。もしそれに該当するのであれば，非資本会社にも株式法上の会計規定が適用されうる。今までの1937年株式法の会計規定は，法典化されたGoBとしてすべての商人に対して拘束力があるとみなされていた。

1965年株式法がどの程度GoBとみなされうるかという問いは，1985年に貸借対照表指令法が発効するまで個別の細かい点において答えられないままであった[28]。しかし，文献および判決からGoBとみなしうる傾向が認められる。ただ，明らかに株式会社のために設けられた規定はそうではない。例えば開業費や積立金設定に関する規定である。これらの規定は，すべての法形態にとっ

て有効な GoB ではありえない。

　それに対して，ほとんどの計上規定，特に無形資産および計算限定項目に関するものは GoB とみなされた。引当金に関する第 152 条第 7 項の規定もほとんどすべてが GoB と評価されたが，行われなかった維持修繕および廃物除去のための引当金は議論の余地があった。

　評価に関しては，一定の価値（調達原価または製造原価）の株式法上の体系がすべての商人に対して拘束力があるのか，あるいは非資本会社は今後も価値上限（調達原価または製造原価を超えない範囲）のみに考慮を払えばよいのか，ということが論点であった[29]。

　要約すると，1965 年の株式法の計上規定（引当金，計算限定項目など）は株式法上の特殊性（例えば開業費支出）に基づいていない限り，GoB とみなされる傾向にあった。これに対して，評価規定は資産に対して最低価値を要求する限りにおいて，一般的にすべての商人に対して目的適合的であるとはいえなかった。

第 6 節　1986 年商法典

　1985 年 12 月 24 日の貸借対照表指令法[30]により，第 4 号（一定の法形式の会社の年度決算書），第 7 号（連結決算書），第 8 号（計算書類の法定監査人の資格）の各 EC 指令がドイツ法に変換された。その際，株式会社に対する特別な会計規定が広範囲にわたって放棄された。株式会社や株式合資会社に関する会計規定も，商法典第 3 編「商業帳簿」の中に組み込まれた。資本会社はその第 1 章の一般規定（「すべての商人についての規定」）と並んで，第 2 章の「資本会社についての補充規定」，および株式法（特に第 58 条，第 150 条〜第 160 条）も考慮に入れなければならなかった。これらの商法典および株式法は 1986 年 1 月 1 日に発効した。

　資本会社に対する会計規定の主な変更点をみてみると，次のようになる[31]。

① 　減価記入についての理由がなくなったあとで，原則的に増価記入をしな

ければならない（第280条第1項）。しかし，この価値回復命令は基準性の適用範囲において破棄される（第280条第2項）。税法上で増価記入選択権が存在する場合には商事貸借対照表においても選択権が与えられるのである。というのは，そうしないと基準性原則により税務上必ず増価記入しなければならなくないという矛盾が生じるからである。

② 商法会計へ及ぼす税務上の利益計算の影響は，附属説明書で説明されなければならない（第285条第5号）。

③ 逆基準性が働かない非課税準備金は，商事貸借対照表において「準備金的性質を有する特別項目」として表示されえなくなった（第273条）[32]。しかしこの準備金の租税部分に対しては，商法典第249条第1項第1文により引当金が設定されうる。また，自己資本部分は任意積立金に組み入れられうる。

④ 有形固定資産において，価値下落に基づいた減価記入は価値減少が持続すると予想されるケースに制限された（第279条第1項第2文）。

⑤ 営業開始のための支出についての貸借対照表計上補助（開業費）は営業の拡張にも認められた（第269条第1文）。これらの計上金額については次年度以降の各営業年度において，その4分の1以上が減価記入により償却されなければならない（第282条）。なお貸借対照表計上補助に関して配当制限規定が設けられた（第269条第2文）[33]。

⑥ ドイツ商法において初めて税効果会計が導入され，貸方繰延税金の計上義務，借方繰延税金の計上選択権が規定された（第274条）。

⑦ 「資本会社の年度決算書は正規の簿記の原則を遵守し，資本会社の財産状態，財務状態および損益状態につき真実かつ公正な写像を伝達しなければならない」という一般規定が置かれた（第264条第2項第1文）。

⑧ 損益計算書の表示形式として総原価法のほかに，売上原価法も認められた（第275条第1項第1文）。

⑨ 貸借対照表，損益計算書と並んで，附属説明書が年度決算書の構成要素となった（第264条第1項第1文）。

次に，すべての商人に対して適用される商法典第3編第1章をみていこう。

われわれが関心を持つ年度決算書についての規定は，その第2節に置かれていた。それはさらに三つの部分，すなわち一般規定，計上，評価に分けられていた。

一般規定において，商人に対する一般規範がまとめられた。それによれば，商人は貸借対照表と損益計算書とから構成される年度決算書を毎営業年度末に作成しなければならない。その年度決算書は GoB に従って作成されなければならず，またそれは明瞭かつ整然としたものでなければならない（第242条，第243条）。

計上に関しては，年度決算書には別段の定めがある場合を除き，すべての資産，負債，計算限定項目，費用および収益が計上されなければならない（第246条）。創立費，自己資本調達のための費用，および無償で取得した固定資産は計上されてはならない（第248条）。これに対して，承継取得された暖簾の場合には借方計上選択権が存在する（第255条第4項）。

ドイツ商法において初めて，引当金および計算限定項目が完結的，統一的にすべての商人に対して規定された。その場合，1965年株式法に比べて，特に商法典第249条第2項により，費用性引当金の設定の可能性が拡大された[34]。また，税法に由来する計算限定項目として，棚卸資産の期末棚卸高にかかる消費税・関税の計上，および前受金に係る売上税の計上に関する規定が，商法において選択権として引き継がれた（第250条第1項第2文）。さらに負債に係る逆打歩も同様に計算限定項目とみなされ，借方に計上することができることとなった（第250条第3項）。

非課税準備金の考慮のために「準備金的性質を有する特別項目」を商事貸借対照表において表示するという可能性は，すべての商人に明示的に認められた（第247条第3項）[35]。この場合，資本会社とは異なり逆基準性は適用されなかった。

評価については，1937年株式法——これは GoB としてすべての商人に対して拘束力があると解された——と同様に，調達原価または製造原価を超えない範囲で資産計上がなされた（第253条第1項）。さらに以下の新規定が設けられた。①普遍妥当な GoB（貸借対照表一致，ゴーイング・コンサーン，個別評価，

慎重性の原則，実現原則，継続性）が評価規定の前に置かれたこと（第252条），②調達原価および製造原価の定義付けが行われたこと（第255条第1項，第2項），③借方計上された暖簾は選択的に，借方計上された年度に続く各営業年度において少なくとも4分の1，あるいは利用期間にわたって計画的に償却されなければならないこと（第255条第4項），④棚卸資産の期末評価にあたって消費順序（後入先出法など）を仮定しうるという可能性が，すべての商人に対して認められること（第256条第1項），こういった内容である。

　貸借対照表指令法による新たな規則は，一方では大きな法的安定性および客観性をもたらせた。しかし他方では，利益計算の操作を可能にする規則を含むこととなった（例えば第253条第4項に規定する，理性的な商人の判断による減価記入)[36]。

第7節　おわりに

　本章では，1861年一般ドイツ商法典から1986年商法典に至る会計規定の変遷をみてきた。1986年商法典以前は，資本会社に対しては株式法が適用されたので，その変遷も併せて吟味した。

　商法会計上の利益計算の特徴は，長期間にわたって，資産の過小評価による秘密積立金の設定が認められていたことである。資本会社に適用される株式法においては，1965年改正法までは評価の下限がなかった。非資本会社については，1986年商法典においても評価の下限は存在しなかったし，理性的な商人の判断による減価記入も可能であった。

　次章からは、このような特徴を有する商法上の利益計算規定と，税法上の所得（営業所得）計算規定との関係についてみていくことにしよう。

【注】
1) Entwurf eines Allgemeinen Deutschen Handelsgesetzbuchs, Gesetz=Sammlung für die Königlichen Preußischen Staaten, Nr. 27, Berlin, 1861, S. 480ff.
2) 一般ドイツ商法典は1861年にドイツ連邦（Deutscher Bund）議会において成立した

ものであり，その採用が加盟国に勧告された。例えば1861年にプロイセン，1862年にオーストリアとバイエルン，1865年にはハンブルクで採用された（ter Vehn, A., Die Entwicklung der Bilanzauffassungen bis zum AHGB, Zeitschrift für Betriebswirtschaft, 6. Jg., Wiesbaden, 1929, S. 436）。その後，それは1869年に北ドイツ連邦法に，そして1871年にドイツ帝国法となった（Schmidt, Lutz, Maßgeblichkeitsprinzip und Einheitsbilanz, Heidelberg, 1994, S. 14）。

3) 原語がAbschlußであるので「決算書」と訳出したが，ここでは「一覧表」の意味である（松本剛『ドイツ商法会計用語辞典』森山書店，1990年，244ページ参照）。
4) 「真実に近い価値で（nach ihrem wahrscheinlichen Wert）」という訳語は次の文献に拠る。渡辺陽一『貸借対照表論』森山書店，1984年，31ページ。
5) Rheichs-Oberhandelsgericht, Urteil vom 3. 12. 1873, Entscheidungen des Rheichs-Oberhandelsgerichts, XII. Band, Stuttgart, 1874, S. 15-23.
6) 例えば，1895年12月13日のプロイセン上級行政裁判所の判決（Entscheidungen des Königlich Preußischen Oberverwaltungsgerichts, Berlin, 1896, S. 241-250）や1901年12月30日のザクセン上級行政裁判所のそれ（Jahrbücher des Königlich Sächsischen Oberverwaltungsgerichts, Leipzig, 1902, S. 343-348）も，「付されるべき価値」を客観的売却価格と説明した。なお1884年株式法改正法のための理由書においても，一般ドイツ商法典第31条にいう価値は普通価値（客観的売却価値）を意味していると述べられている（Entwurf eines Gesetzes, betreffend die Kommanditgesellschaften auf Aktien und Aktiengesellschaften, Stenographische Berichte über die Verhandlungen des Reichstags, Berlin, 1884, S. 303）。
7) Gesetz, betreffend die Kommanditgesellschaften auf Aktien und die Aktiengesellschaften. Vom 11. 6. 1870, Bundes=Gesetzblatt des Norddeutschen Bundes, 1870, Berlin, S. 375-386.
8) Gesetz, betreffend die Kommanditgesellschaften auf Aktien und die Aktiengesellschaften. Vom 18. 7. 1884, Reichs=Gesetzblatt, Berlin, 1884, S. 123-170.
9) Vgl. Vogt, Stefan, Die Maßgeblichkeit des Handelsbilanzrechts für die Steuerbilanz, Düsseldorf, 1991, S. 51f. 価値下落が持続的であると予想されるか，一時的であると予想されるかを問わず減価記入を要求するのが厳格な低価主義である。これに対して，緩和された低価主義にあっては，価値下落が持続的であると予想される場合に限り減価記入が求められる。なお，Niederstwertprinzipを低価主義と訳出した（黒田全紀（編著）『解説 西ドイツ新会計制度』同文舘出版，1987年，57ページ参照）。
10) Vogt, S., a.a.O., S. 53.
11) Handelsgesetzbuch. Vom 10. Mai 1897, Reichs=Gesetzblatt, Berlin, 1897, S. 219ff.
12) Vogt, S., a.a.O., S. 69.
13) 1897年商法典第41条は次のように規定している。「貸借対照表は帝国通貨で作成されなければならない。財産目録および貸借対照表の作成にあたり，すべての資産と負債は，その作成時にそれらに付されるべき価値に従って評価されなければならない。疑わしき債権はその真実に近い価値で評価され，回収不能な債権は償却されなければならない」と。
14) シェフラーおよびジモンの学説については，渡部陽一，前掲書，第2章・第3章で詳述されている。
15) Vogt, S., a.a.O., S. 70.
16) Sächsisches Oberverwaltungsgericht, Urteil vom 12.12.1912, Jahrbücher des Königlich

Sächsischen Oberverwaltungsgerichts, Entscheidungssammlung des Sächsischen Oberverwaltungsgerichts und des Verfassungsgerichtshofes des Freistaates Sachsen, 19. Band Heft 4, Leipzig, 1913, S. 323-327.
17) Vgl. Vogt, S., a.a.O., S. 71.
18) Verordnung des Reichspräsidenten über Aktienrecht, Bankenaufsicht und über eine Steueramnestie. Erster Teil: Vorschriften über Aktiengesellschaften und Kommanditgesellschaften auf Aktien, Reichsgesetzblatt, Teil , Berlin, 1931, S. 493-501.
19) Gesetz über Aktiengesellschaften und Kommanditgesellschaften auf Aktien (Aktiengesetz). Vom 30. Januar 1937, Reichsgesetzblatt, Teil I, Berlin, 1937, S. 107-165.
20) Kosten der Betriebseinrichtung を経営設備費と訳出するのは適切ではなく、ここでは、Kosten der Ingangsetzung des Geschäftsbetriebs を意味する (Vogt, S., a.a.O., S. 57) ので開業費と訳出した。なお、同じ内容を規定した1965年株式法第153条第4項では、Kosten der Ingangsetzung des Geschäftsbetriebs という用語が用いられている。
21) Vogt, S., a.a.O., S. 71; Bühler, Ottmar/Scherpf, Peter, Bilanz und Steuer, 6. Aufl., Berlin, 1957, S. 34.
22) RG-Urteil vom 11. 2. 1927, Entscheidungen des Reichsgerichts in Zivilsachen, 116. Bd., Berlin, 1927, S. 119-134, ここでは特に S. 129.
23) Aktiengesetz. Vom 6. September 1965, Bundesgesetzblatt, Teil I, Bonn, 1965, S. 1089-1184. なお、1965年株式法については次の翻訳書がある。慶應義塾大学商法研究会訳『西独株式法』慶應義塾大学法学研究会、1982年。
24) Vogt, S., a.a.O., S. 58-62.
25) ただし、1937年株式法と比べて、実質的な変更があるわけではない。何故なら、この引当金は1937年株式法によれば「不確定債務に対する引当金」の中に含まれていたからである。
26) 1965年株式法第156条第4項は、「引当金は、理性的な商人の判断により必要である金額の大きさでのみ計上されなければならない」と規定した。
27) 特別償却は、①計画的な定額法による減価償却に追加して実施されうるものであること、しかも②企業が特別償却可能額を任意に配分しうる恩典期間が設定されている（たいてい5年）こと、といった点に特徴を求めることができる。わが国の割増償却に類似している。これに対して、増加控除は計画的な減価償却に追加して実施されるのではなくて、それに代わって、しかも一定期間その場合よりも大きな償却率で行われるものである（vgl. Heno, Rudolf, Jahresabschluss nach Handelsrecht, Steuerrecht und internationalen Standards (IAS/IFRS), 3. Aufl., Heidelberg, 2003, S. 270f.）。
28) 1985年貸借対照表指令法によって初めて、それまで成文化されていなかった GoB が法典化された (Hennrichs, Joachim, Der steuerrechtliche sog. Maßgeblichkeitsgrundsatz gem. § 5 EStG—Stand und Perspektiven—, Steuer und Wirtschaft, 76.(29.) Jg. Nr. 2, Köln, 1999, S. 140)。
29) Vogt, S., a.a.O., S. 73.
30) Gesetz zur Durchführung der Vierten, Siebenten und Achten Richtlinie des Rates der Europäischen Gemeinschaften zur Koordinierung des Gesellschaftsrechts (Bilanzrichtlinien-Gesetz—BiRiLiG), Vom 19. Dezember 1985, Bundesgesetzblatt, Teil I, Bonn, 1985, S. 2355-2433.
31) Vogt, S., a.a.O., S. 63-65.

32) 第273条第1文は次のように規定している。「準備金的性質を有する特別項目（第247条第3項）は，特別項目を貸借対照表に設定することを条件に，税法が税法上の利益決定に際して計上価額を認める範囲に限り，これを設定することができる」と。すなわち，税法が商事貸借対照表での計上を前提にしていない限り，そこに非課税準備金を設定することができなくなったのである。
33) 繰越利益または繰越損失だけ修正された，いつでも取り崩すことができる利益準備金が，借方計上された貸借対照表計上補助の金額に少なくとも一致する場合にのみ，利益配当が行われえた。
34) 第249条第2項は次のように規定している。「引当金は，そのほか，その性質が明確に限定されていて，営業年度または過営業年度に帰属させるべき費用であって，決算日現在にその発生が見込まれているか，または確実であるが，その金額または発生時点が未確定であるものについて設定することができる。」（黒田全紀（編著），前掲書，190ページ参照），と。
35) 選択的に，その租税部分に対して引当金を設定することができる（第249条第1項第1文）。その場合には，特別項目の貸方計上は行われない（Vogt, S. a.a.O., S. 75）。
36) Vogt, S., a.a.O., S. 75f.

第2章　1874年ブレーメン所得税法と基準性原則

第1節　はじめに

　ドイツ税法がその中に基準性原則に関する規定を置いたのは，1874年12月17日のブレーメン所得税法をもって嚆矢とする。すなわち，その第5条に対する追加条項が「商業からの利益。これは商法典の規定に従って作成された年度決算書から生じうる」と規定しており，決算書上の利益が課税所得とされたのである。

　自由ハンザ都市ブレーメンでは，所得税自体はすでに1848年から徴収されており（当初は命令により，のちになって法律により），1874年の所得税法改正の際に基準性原則が取り入れられた。

　本章においては，まず，1874年所得税法以前の所得計算について吟味してみたい。そこでは収入支出計算により営業所得が求められていた。次に，1874年所得税法への基準性原則の導入に関して，当時の邦議会議事録，市政府と議会との間の討論記録などに基づいて詳細に考察を加えていくこととする。

第2節　1874年所得税法以前の所得計算

　ブレーメンでは1848年1月3日の「所得税の導入に関する命令」によって初めて所得税（Einkommenschoß）が導入された。その使途はまず第一に，1845年から1847年にかけて起債された，鉄道建設などのための借入れの利払いとその償還に予定された。さらに，その都度の特別な決議をもってその他の

国家支出にも利用されることになっていた。1848年には，1847年の所得から所得税が徴収された[1]。

1848年から1874年までの期間において，所得計算に関する規定は1853年を境として，その前後で僅かに異なっている。まず，1848年の命令による所得計算の方法をみてみよう[2]。

「第2条　本所得税の対象となるものは，納税義務者がその財産から，あるいは広義の労働，すなわち取引・工業・公職，またはその他の方法から稼得する毎年の収入である。その所得は，これらのさまざまな収入源泉の一つからのみ，あるいは複数から生じる。

　第3条　しかし所得として理解されるものは，一般的な意味における営業費（Gewerbskosten），すなわちその獲得に用いられなければならなかったものすべてを控除したのちに残っている純金利子または純収入である。この費用控除後に，家事のために，あるいはその他の任意の使用のために残っているものが，課税の対象となる。

　第4条　純所得の算出にあたり，常に，租税の徴収期間直前の暦年の収益が基礎とされる。かくして，この計算にあたりそれぞれの年度は，その年度に生じた収入を基準としてのみ締め切られなければならず，したがって，過去の，あるいは将来危惧されるべき損失または利益（vorhergehende, oder später zu besorgende Verluste oder Gewinne）はその際，控除されえない。前暦年において資本損失を蒙った者は，それをその年の所得から控除することができる。納税義務者がその支払い前に死亡した場合，過年度の所得税は，その相続人あるいは遺産代理人によって支払われなければならない。」[3]

このような規定のあと，第5条に営業費の計算に関する一般規定が置かれている。それを要約すれば，次のようになる。①あらゆる種類の営農用借家・工場建物・倉庫およびその他の単に自己の営業に役立つ場所（Lokal）の賃借料，②借入金に係る利子，③商業使用人・工場労働者・手工業職人などに対する俸給・賃金，場合によっては彼らの賄いのための支出，④営業用什器類（機械・馬などを含む）の維持費（新規調達は所得から控除されえない），⑤営業の遂

行のために用いられる原材料支出，⑥船舶の維持費および良心的な見積りによる減価額，これら①〜⑥が営業費となる。そして，⑦相続財産・遺贈・死亡時の贈与・生前贈与・結婚時の持参金や支度品はその金額によって課税されるのではなくて，そこから得られる利子のみが課税される。なお，税率は原則として純所得の1％となっていた[4]。当該年度に支出を伴わない船舶の減価償却費が考慮に入れられてはいるものの，原則的に総収入（Brutto-Einnahme）から当該年度の支出，すなわち営業費（家事費は含まない）を控除したものが，課税対象となる純所得（reines Einkommen）とされていた。ここでは収入支出計算により所得が算出されたのである。

翌1849年5月7日の「所得税の徴収に関する改正命令」[5]および1850年6月24日のそれ[6]においても，所得の算出方法は1848年のものと同じである。ところが，1853年5月30日の「所得税の徴収に関する政府の命令」[7]では，収入支出計算によって所得を算出する点では従来と同じであるが，所得の内容が具体的に規定され，また営業費の内容が変わっている。すなわち，まず第4条で次のように所得の定義付けが行われた。「所得と理解されるものは，納税義務者がその財産，その資本から，あるいは広義のその労働，すなわちその取引・工業・公職から，あるいはまた何らかのその他の収入源泉から得るあらゆる実際の収入だけではない。さらに自分自身，および彼が養っている人々のために納税義務者に生じる，あらゆるその他の効用利得も，これが貨幣で評価されうる限り所得とみなされる」と。

そしてその第5条に「次のものが所得に属する」として，具体的に以下の4項目が列挙されている。すなわち，①所有または使用により納税義務者に帰属する家屋・庭・家畜小屋・別荘の賃貸価格（ただし，これらが彼によって，自らおよびその家族のために利用される限りにおいて），②自己あるいは他人の土地から得られた農産物・草原果実・栽培果実，および家畜の製品（ただし，これらが現金化されたか，あるいは納税義務者によって自分自身およびその家族のために消費されたか，またはまだ手許にある限りにおいて），③工場製品・手工業製品，およびその他の労働の成果（それらが現金化されたか否か，納税義務者の財産がそれによって増加したか否か，あるいはそれらが家庭にお

いて消費されたか否かに関係なく），④すべての富くじの賞金または同様な利得（これに対して，相続財産・遺贈・死亡時の贈与・生前贈与，および結婚時の持参金や支度品は所得ではなくて，受取人の資本財産（Capitalvermögen）とみなされうる。その利子について，彼は租税を支払わなければならない），というものである。第4条・第5条から現金収入を伴わないもの（工場製品等）も所得とみなされていることが分かる。

これに続けて第6条は，「しかしながら所得から事前に，それを獲得するために消費された費用が控除されうる。すなわち，以下のものが営業費に属する」と規定し，次の8項目を掲げている。①営農用借家・工場建物・家畜小屋・営業の遂行のために利用されるその他の場所の賃借料（賃借した場所の一部が納税義務者の住居として利用されているのであれば，按分比例して控除される），②賃借しているか，またはマイエル権（Meierrecht）[8]で保有されている領地の賃借料・マイエル料，③借入資本の利子，④営業用什器類の維持費（維持の範囲内で，新規調達費もそれに算入される。ただし，新規調達によって営業用什器類の価値が増加すれば，増加分の支出は営業収益から控除されえない），⑤営業のために保有されている動物の飼料費，⑥家畜の維持のために調達された動物の購入価格（これに対して，調達によって家畜が今までより増大したならば，そのための支出は控除されえない），⑦営業のために買い付けられた原材料の購入価格（それから得られた製品の価値がすでに所得に算入されている限り），⑧営業のために必要な手伝い人，例えば商業使用人・書記・職人・工場労働者・耕作に必要な使用人に対する賃金や賄いの費用，これら8項目である。

第6条は営業費を列挙したあと，さらに次の文言も置いている。「加えて，課税年度に蒙った資本損失は，その年度の所得から控除されうる。過去の，あるいは将来危惧されるべき損失（vorhergegangene oder später zu besorgende Verlüste）はその際，控除されえない」と。ここでは，1848年の命令にみられた「利益（Gewinn）」という用語が削除されている。

以上が，所得の計算上控除されうる営業費を規定した第6条の内容である。そこでは資本的支出と収益的支出の区別が行われていること，未完成品に含ま

れている原材料に対する支出は控除されえないことが特徴的である。第5条，第6条の規定から，本命令においても原則として，収入支出計算によって所得が算出されていることを理解することができる。

　1862年5月12日に出された命令[9]も，所得の算出方法に関しては上述したものと同じ内容であった。1872年5月19日に所得税法が公布され，これによって1862年5月12日の命令が破棄された。この法律において，自己申告制度が導入された。これはすでに同制度を導入していたハンブルクの方法を模範としたものである。しかし，ハンブルクとは異なり税務官庁による検査は行われず，徴収方法は1862年の命令の場合と同じであった。また所得の算出方法も，1862年の命令と全く同じである（従来第4条，第5条，第6条に置かれていた規定が，文言はそのままで第14条，第15条，第16条に移された）[10]。「自己申告」という用語は用いられたが，実質的な意味は持たなかった。

　1873年4月29日に再び所得税法が公布され，これにより1872年5月19日のそれは破棄された。しかし，所得の算出方法には何ら変更は加えられていない[11]。要するに，1862年以降も従前と同様に原則的に，収入から営業費と呼ばれる，個別に控除を認められた支出を差し引いたものが課税対象となる所得とされたのである。

第3節　1874年所得税法への基準性原則導入を巡る議論

　ブレーメン市政府は1873年に租税委員会を設置し，1848年10月23日の租税法（Schoßordnung）—これは財産税（Vermögensschoß）について規定したものである—の改正に着手した。その法律の内容が多くの本質的な点で陳腐化したので，変化した諸状況に適合させる必要があったのである[12]。租税法に関して議論する中で，所得税法も改正されることとなった。この改正所得税法において，商業からの所得算出に対して基準性原則が導入された。その経緯を，市政府と議会との間の討論記録，および議会の議事録を中心にみてみたい。

　1874年4月20日に租税委員会は所得税法に関して議論を行った。そこで

は，徴収方法のことが最大の問題とされた。すなわち，従来のように税額について検査を受けずに徴収するのか，あるいはハンブルクで適用されているような当局の検査を受けて徴収を行う体系を確立するのかということである。これについて議論を重ねた。同年９月９日の委員会報告書は，当局の検査のもとに納税義務者が自己査定するという所得税法案が提出されることとなった，と述べている。そして，その法案は徴収体系と直接関連のある規定を除いて本質的な点は従来のままであり，個別的な点で修正が加えられたにすぎない，と報告書は記している[13]。われわれはその修正を加えられた個別的な点にこそ，興味を惹かれる。その中の一つに，基準性原則の導入が含まれている。

　租税委員会報告書に添付されている所得税法案[14]をみると，その第５条で課税所得の概念規定が行われている[15]。そしてその最後に，「納税義務のある純所得の評価に際して遵守されなければならない原則は追加条項Ｂにまとめられている」という文言がある。

　この文言からも分かるように，第５条を補足するものとして追加条項Ｂが設けられた。それには「純所得の評価のための指示」という表題が付されており，純所得に算入される項目が10ほど掲げられている。すなわち，①貸付金・債権などの受取利息，②ブレーメンに存しない営利会社からの配当金，③賃貸された土地・建物に係る賃貸収入，④賃貸された動産に係る賃貸収入，および所有者によって自分自身あるいは家族のために利用される動産の賃貸価格，⑤農業・園芸・家畜の成果，⑥工業からの収入，⑦商業からの収入，⑧俸給・祝儀・謝礼・年金・休職給・賃金，⑨個別的利益をもたらす取引の成果，すなわち売却された土地・有価証券などからの資本利得，⑩終身年金およびその他の年金がそれである。

　これらのうち，工業からの収入を規定した第６号と，商業からのそれを定めた第７号は次のようになっている[16]。

　　「⑥　工業，すなわち工場制工業，手工業，運送業，および文学的・芸術的・学問的労働，教授施設，医療施設からの収入。

　　　工業などの事業家はその所得に，その工業から自身または自らの家族に直接役立てられる製品・在庫品・給付の価値を付け加えなければならな

い。

　これに対して，以下のものに対する支出が控除されうる。

　　a.　加工および消費された原材料
　　b.　納税義務者の所有物ではない，経営に役立つ不動産および動産の賃借料
　　c.　維持，火災・海上保険，修繕，損耗（Abnutzung）
　　d.　従業員の俸給と扶養（ただし、納税義務者とその家族は除く），および経営に役立つ動物の世話
　　e.　借入経営資本の利子，抵当証券の利子
　　f.　その他の営業経費

　7）　商業からの収入。これは現金または未回収金の形をとって存しうる。商人はその所得に，自身および自らの家族によって消費された在庫品および商品を付け加えなければならない。

　これに対して，以下のものが控除されうる。

　　a.　売上原価
　　b.　上記第6号のbからfに掲げられた支出」

　追加条項Bは10項目の所得について説明したあと，最後に，「すべての上記第1号～第10号に掲げられたケースにおいて，納税義務者は，自らが計算の基礎になっている暦年に蒙った万一の資本損失を同年度の所得から控除することができる。ただし，他の年度の所得から控除することはできない。恐れがあるのみで，未だ実際には発生していない資本損失（nur befürchtete, noch nicht wirklich eingetretene Kapitalverlüste）は控除されえない」と規定している。

　この法案でも工業であれ，商業であれ，収入から個別に認められた支出を控除して，課税所得を計算することとなっていた。ただ商業について，売上債権も収入とみなされている点が従来と異なる。この所得税法案に関する議会の審議は，1874年10月21日，28日，11月11日，18日に行われた[17]。追加条項Bを巡っては，11月11日に討議された[18]。

　まず第6号の「工業」に目を向けてみよう。レンヴァーゲン（Rennwagen, H.）議員が未回収金と在庫品に関して問題提起した。前者について，商人の場

合には未回収金も商業からの収入とされており，工業の場合にも同じように取り扱われるべきであるとし，そのことを明文化するよう提案した。小手工業者は現金を手にする前には納税しえない，という反対意見もあったが，第1段落の最後に「収入は現金または未回収金の形をとって存しうる」という文言を付け加えることとなった。これにより，第7号の「商業からの収入」の場合と一貫性が図られた。

次に，在庫品に関してレンヴァーゲン議員はこう言う。しばしば中小工業者は課税年度末に，製品や仕掛品を手許に有している。そのような物の制作に費やされた時間とコストは，直ちには営業費とはみなされえない。商人は在庫を調べ，その後利益を計算する。農民は年度末に一時的に手許に残っている産物を計算しなければならない。これと同じように，手工業者も，その家族のために用いられた製品のみならず，課税年度に製造され，まだ手許に残っている物も計算に加えなければならない，と。そして具体的に，第6号の第2段落，「自らの家族に直接役立てられる」の後に「あるいは未だ手許にある」という文言を付け加えることを提案した。すなわち彼は，製品や仕掛品の在庫も収入とみなすことを主張したのである。

これに対して，ベステンボステル（Bestenbostel）[19]議員は在庫のうち完成品のみを所得に算入しようとした。未完成品を計算に加えれば，一方では計算が面倒になり，他方では納税者にとって不利になるというのがその理由であった。アーゼンドルフ（Asendorf）議員は，今年度課税されない在庫品は，翌年度に（販売されたときに）課税されるのであるから，在庫品を所得に算入するか否かは重要な問題ではないと述べた。議論の末，最終的には製品の在庫のみが所得とみなされることとなった。

続いて，議会では第7号「商業からの収入」に議論が移った。ここでは，主に①控除項目に，加工および消費された原材料を含めるか否かという問題，および②課税年度末に決着処理されていない取引をどのように取り扱うかという問題が討論され，特に②を審議していくうちに基準性原則を採用することとなった。

まず①の問題からみていこう。ヘルムケン（Helmken, J. D.）議員は，法案に

商業の課税所得を求める際の控除項目として「上記第 6 号の b から f に掲げられた支出」とあるのを，「上記第 6 号の a から f に掲げられた支出」とするよう問題提起した。控除項目に，加工および消費された原材料を追加するという意見である。レンヴァーゲン議員はこれを支持した。すなわち，工業と商業の間に境界線を引くのが困難なケースもある。商業として登録されている工業もある。そのような場合には，その所有者は商人として取り扱われる，と彼は言う。しかし，この問題についてはこれ以上議論されずに，成立した所得税法をみても法案のままであることが分かる。

次に，②の問題をみてみよう。口火を切ったのはレンヴァーゲン議員であった。基準性原則に結びつくことであるので，詳しくみてみたい。彼は，課税年度末に決着処理されていない取引（nicht abgewickelte Geschäfte）を考慮する必要性に言及した。自営商人でない商人の場合，年度末に決着処理されていない多くの取引が存する。それは，未だ確定していないので記帳されていない取引である[20]。年度末に商人が，商品の状態や市況に従い，この決着処理されていない取引から利益または損失を当てにしうるならば，それを所得として加えるか，控除しなければならない。これが彼の発言の主旨である。今まですべてではないにせよ，多くの商人は帳簿決算に従って納税してきたので，彼はこのことに言及したのである。

そこで，彼は年度末に在庫品をできる限り正確に確かめ，決着処理されていない取引を誠意をもって推測し，所得計算にあたり考慮することを主張した。具体的には，「商業からの収入。これは現金または未回収金の形をとって存しうる」という第 1 文につづけて，「決着処理されていない推定上の結果が加えられるか，または差し引かれなければならない」[21]という文言を挿入することを提案した。レンヴァーゲン議員の主張を要約すれば，すでに発生しているが決算時に記帳されていない取引損益や評価損益はこれを所得計算上斟酌しなければならないということになる。

これに関連して，パーペンディック（Papendieck, C.）議員は次のように言う。レンヴァーゲン議員が述べたように，商業者はその決算に基づいて所得税を支払わなければならないということを正しいと認めるならば，すべてのその

ような推定上の利益がその正しい大きさで評価されるということについて，商法典により納得しうる，と。そして商法典第31条の規定，すなわちすべての資産部分・債権は財産目録および貸借対照表の作成時に，それらに付されるべき価値で評価されること，債権の価値引き下げあるいは償却が要求されていること，これらを引き合いに出しながら，「商業からの収入は純額貸借対照表（Nettobilanz）に基づいて確定されなければならない。その場合，商業主の個人財産からの所得が付け加えられなければならない」[22]と述べた。なお，ここにいう純額貸借対照表とは，一般ドイツ商法典第31条に規定されている財産貸借対照表のことであり，収入支出計算書たる総額計算書（Bruttorechnung）に対応する概念[23]である。

　パーペンディック議員は，当時の商法規定は資産の時価評価を要求しているので、当然評価損益も計上されることになる。したがって、わざわざレンヴァーゲン議員の言うように税法の中に新たな規定を設けなくても，商法上の貸借対照表に基づいて所得を計算すればよい，と考えたのである。われわれはパーペンディック議員のこの発言に，ブレーメン所得税法への基準性原則導入論議の始まりをみることができる。

　さて、パーペンディック議員の上記発言に対して、カルステンス（Carstens）議員は課税所得は純額貸借対照表ではなくて、別のものによって算出されなければならないと反論する。その理由として、税法では追加条項Bの最後に、発生の恐れがあるだけの損失は控除されるべきではないと規定されていること、そして第9号で、売却された土地・有価証券などから生じる資本利得が課税対象となると規定されていること[24]、これらのことを引用しながら、税法の規定上、未実現の評価損益は課税所得計算にあたり考慮されてはならないのであるから、商法典第31条と考え方が異なるという点を挙げる。今後はこれに関して議論が展開されることになる。

　パーペンディック議員は、カルステンス議員の上記疑問に応えるために，法案にある，発生の恐れがあるだけの資本損失は控除できない，という文言を従来の「過去の，あるいは将来危惧されるべき損失はその際、控除されえない」というそれと取り換えることを提案した。従来，この文言のもとで，実務上は

評価損が計上されえた。厳格に適用されていなかった。文言が変わることにより，厳密に解釈されることを避けようとしたのである。彼はまた，議会に，「従来のように，価値がなくなった債権または疑わしき債権に対する，事実に即した金額の控除はありうる」という声明を出すことを提案した。このことからわれわれは，税法上の規定はなかったものの，従来から課税所得の計算上，回収に疑問がもたれる債権は価値の引き下げや償却が行われていたと理解しうる。

そしてパーペンディック議員は，商法典第31条も疑わしき債権はその真実に近き価値で評価し，回収不能債権は償却されなければならないと規定しており，これは課税所得計算に際して考慮されている考え方と一致するとし，次のように結論づける。「第7号をそのままにしておくならば，商人の取引の課税と商法典とは一致しているのに，商人は一つは租税のために，今一つは簿記のために，二種類の決算を行うことが必要になるであろう。そのことは彼にとって，合目的的ではないであろう。帳簿決算に関する商法典の規定を心に留めれば，人はその表現で納得しうる」[25]と。

続いて，ヘルムケン議員はすべての有価物・商品・有価証券を市場価格で評価することを主張する。またアダミ（Adami, H. H.）議員は，商人にとって商法典第31条の規定をとにかく実施するのがよい。商人が，貸借対照表の他に租税のために別の計算書を作成しなければならないのであれば，大変な作業である。そしてそのことによって，商人と他の職業に就いている人との間で違いが生じることは否定できない。すなわち，他の職業の人は通常，年度貸借対照表の作成にあたってそれほど正確ではないし，少数の者は一般に全く貸借対照表を作成していない，と述べる。しかし，アダミ議員は有価証券の評価益に関しては，これは土地のそれと同様に課税されえない，実現しないかぎり所得ではない，従来もこのように取り扱われてきたと指摘し，この点ではカルステンス議員に与する。アダミ議員は商法に依拠して所得を計算すべしとはいうものの，有価証券などの評価益に関しては，商法典第31条のいう時価評価とは異なる処理を要求したのである。

また，プルムプ（Plump, J. L.）議員が二つのことを述べた。一つは，商法典

には明らかに疑わしいものと分かる債権を償却しない商人は処罰されると書いてある。これに対して，税法によれば発生の恐れがあるにすぎない損失は控除されてはならない。これは商人の意識に反する。課税所得の計算にあたっても，純額貸借対照表に従うのがはるかに良い，ということである。第2点は，帳簿を商人的につけている工業者も同じ原則に従って課税される，という文言を付け加えるべきであるということである。このように彼は，商人の場合には商法上の決算に基づいて課税所得を算出すること，および工業者においても商法典に従って決算を行っている場合には同じ原則を適用することを提案したのである。以上のような議論を経て，商法上の利益を課税所得とみなそうとする意見が大勢を占めるようになった。

カルステンス議員は再度，評価益の問題を取り上げた。彼は，商法典の原則に異議を唱えることは毛頭考えていないし，単に税法の解釈について述べるにすぎないと前置きし，こう述べた。第9号では，個別的利益をもたらす取引，すなわち売却された土地・有価証券などは所得に属するとされている。換言すれば，実現利益は課税されるが，未実現利益は課税されないとされている。それ故に，商法典に従い計上されている，確実ではあるが未だ売却されていないので未実現である資本利得（彼は有価証券評価益を例示している）は，税法によれば課税所得とはならない，と。

そして，彼は第9号の「売却された」という文言を削除するよう提案した。商法典により記帳されているあらゆる資本利得（実現しているものも，未実現のものも）は課税されなければならない。また，そうしなければ未実現損失を所得の計算上控除することと論理的に一貫しない，と彼は言う。われわれは，彼は税法の規定を整理し，評価益と評価損の取扱いに関して論理一貫性を貫くと同時に，商法典と符合するようにし，そうすることによって，商法に準拠した所得計算を妥当とみなそうとしたと解しうる。

審議も終盤に近づいて，ギルデマイスター（Gildemeister）市長は次のように述べることによって，それまで展開された議論をまとめた。法案は若干の表現の変更はみられるものの，全体として，1848年以来ブレーメンで一般に行われているものと同じ原則を含んでいる。ただ，法案にみられる「恐れがあるの

みで、未だ実際には発生していない資本損失は控除されえない」という表現は、従来の「過去の、あるいは将来危惧されるべき損失はその際、控除されえない」という文言に比べて幾分か厳格に把握されている。そしてそれはその限りにおいて、税法に対する従前の商人の見解と明らかに相容れない、と。そして彼は、法案の「恐れがあるのみ」という文言は商人の感情を害するので、商人の心理的苦痛を引き起こさなかった、以前の文言に戻るのが良い、と主張した。

　ギルデマイスター市長は、すべてのケースに対して拘束力のある規定を考え出すことは不可能であると感じていた。商業上の財産目録を年度末に作成し、貸借対照表を作成する納税義務者は将来も、この貸借対照表の結果に基づいて納税するであろう。商業帳簿や貸借対照表を持たない、多数の階級の納税義務者は従来通り実現した所得に課税される。彼らは、財産の価値が年度中に上昇したかどうかということを調査すらしない。ギルデマイスター市長はさらに、評価損益を課税にあたってどのように考えるかという問題は、国家にとってあまり意味がないと言う。すなわち、未実現の段階で考慮に入れるか、実現した段階でそうするか、時間的差異が存するにすぎないと指摘する。最後に、商取引からの所得は商法典の規定に従い秩序正しく作成された年度貸借対照表に基づいて計算されなければならない、ということに反対しなかった。また、第6号fのあとに、商法典の規定に従って年度決算を行い、その貸借対照表を作成する工業者は同じ方法で行わなければならない、という規定を置くことを主張した。

　いったん出された討論終了の動議が撤回されたあと、レンヴァーゲン議員は、第7号の見出しを「商業からの収入（Einnahmen aus Handelsgeschäften）」ではなく、「商業からの純利益（Nettogewinn aus Handelsgeschäften）」とすること[26]、および私的に消費された現金も所得に加えることを提案した。最後に、パーペンディック議員が、「商人は、課税所得を商法典の規定に従い、自らによって秩序正しく作成された貸借対照表に基づいて算出しなければならない。その際商人は、自身および自らの家族によって消費された在庫品・商品・現金を課税所得として計算しなければならない」[27]という文言を提案した。

なお，追加条項の最後の文章，すなわち評価損に関する部分については，12月2日に政府から再度法案が出された[28]。それは同月12日の議会で決議され，「過去の，あるいは将来危惧されるべき損失はその際，控除されえない」という従来の文言に戻った。同時に，価値がなくなった債権または疑わしくなったそれに対する，事実に即した金額の控除はありうるということが，議会で明確に確認された[29]。これは上記パーペンディック議員の提案に応えたものといえよう。

第4節　1874年所得税法と基準性原則

前節でみたような審議を経て，1874年12月17日に公布された所得税法の追加条項Bの当該規定は次のようになった[30]。

　「(6)　工業，すなわち工場制工業，手工業，運送業，および文学的・芸術的・学問的労働，教授施設，医療施設からの収入。収入は，現金または未回収金の形をとって存しうる。

　工業などの事業家はその所得に，年度末に残っている製品の価値，およびその工業から自身または自らの家族に直接役立てられる製品・在庫品・給付の価値を付け加えなければならない。

　これに対して，以下のものに対する支出が控除されうる。

　　a.　加工および消費された原材料
　　b.　納税義務者の財産ではない，経営に役立つ不動産および動産の賃借料
　　c.　維持，火災・海上保険，修繕，損耗
　　d.　従業員の俸給と扶養（ただし，納税義務者とその家族は除く），および経営に役立つ動物の世話
　　e.　借入経営資本の利子，抵当証券の利子
　　f.　その他の営業経費

　もし工業を営む者が，商法典の規定に一致する商人の営業簿をつけてい

るならば，工業者は納税義務のある純所得を正規に作成された年度貸借対照表に従い計算しなければならない。

　7)　商業からの利益。これは商法典の規定に従って作成された年度決算書から生じうる。その際，商業者は，自身および自らの家族によって消費された在庫品・商品・現金を，課税所得として計算しなければならない。

　これに対して，以下のものが控除されうる。

　　a．売上原価
　　b．上記第6号のbからfに掲げられた支出」

そして，追加条項Bの最後の文言は，「すべての上記の第1号～第10号に掲げられたケースにおいて，納税義務者は，自らが計算の基礎になっている暦年に蒙った万一の損失を，その所得から控除することができる。過去の，あるいは将来危惧されるべき損失（vorhergegangene oder später zu besorgende Verlüste）はその際，控除されえない」と，従来のものに戻された。

ここに，商法典に従って年度決算書の作成を義務づけられている商人，および商人として登録し商法典に従って年度決算書を作成している工業者は，商法上の決算書に準拠して所得を計算するという，基準性原則が正式に法律の中に組み入れられたのである。なお，追加条項Bの第7号は基準性原則をその前半で定めながら，後半では売上原価などの控除項目を列挙しており論理性を欠く規定になっている。というのは商法典に準拠して求められた利益数値は，すでに売上原価などを控除した結果であるからである。

以上，1874年の改正ブレーメン所得税法の中に基準性原則が導入された過程をみてきた。それをまとめると，次のように言うことができる。当時，多くの商人はすでに帳簿決算に従って納税していた。しかし自営商人でない商人の場合，年度末に決着処理されていないので記帳されていない取引，これが多く存した。そこで，「決着処理されていない推定上の結果が付け加えられるか，または差し引かれなければならない」という文言を規定中に置くことをレンヴァーゲン議員が提案した。あくまでもこの段階では，所得計算構造は従来通り，収入支出計算である。

しかし，次に発言したパーペンディック議員になって事情が変わった。彼

は，商法典第31条に従って記帳していれば，推定による利益も考慮に入れられているのであるから，商法上の貸借対照表に基づいて課税所得を求めればよい，と提案したのであった。「推定による損益」の捉え方がレンヴァーゲン議員とパーペンディック議員とでは異なるように思われる。レンヴァーゲン議員の場合には，評価損益のみならず，決着処理されていない，記帳されていない取引——これは特に自営商人でない商人の場合にみられる——に係る損益（取引損益）も意図されていた。これに対してはパーペンディック議員は評価損益（厳密に言えば，彼は推定による利益（評価益）に言及しただけであり，推定による損失（評価損）には触れていない）のみを考えた。そしてその後は，パーペンディック議員の発言を巡って議論が進行した。

　今後は商法典と税法との間で取扱いが異なる評価損益の取扱いが議論の中心となった。商法上は評価損益は計上されたが，税法草案ではそれは所得計算にあたり考慮されなかったのである。まず評価損に関して，「恐れがあるのみで，未だ実際には発生していない資本損失は控除されえない」という草案の文言を，従来通り「過去の，または将来危惧されるべき損失はその際，控除されえない」に変更した。ギルデマイスター市長が述べたところによれば，草案の文言は従来よりも幾分か厳格に把握されており，その限りにおいて法律に対する今までの商人の見解と相容れない。従来の文言に戻ったことにより，税法上も，少なくとも商人の見解によれば[31]，発生可能性の高い評価損は考慮に入れられるようになったものと理解されうる。

　残された問題は評価益の取扱いである。カルステンス議員は第9号に関連して，売却された土地・有価証券からの資本利得が課税所得となるという文言から，「売却された」という字句を削除し，実現した資本利得も，未実現のそれも課税対象とし，商法典に合わせるよう提案した。またそうすれば，税法内でも，未実現損失は課税所得の計算上控除され，未実現利益は課税所得となり，整合性がとれると主張した。カルステンス議員の提案通りになっていれば，評価益の取扱いに関しても商法典と税法は一致することになったのであるが，しかし実際にはこの提案は受け入れられなかった。

　それは何故か。「すべてのケースに対して拘束力のある規定を考え出すこと

は不可能である」[32]というギルデマイスター市長の発言の中に，その理由が指摘されているように思われる。すなわち，商法典により貸借対照表を作成する納税義務者は今後もそれに従って納税するであろう。しかし商業帳簿や貸借対照表を持たない多数の納税義務者は，財産の価値変動を考慮することすらしない。彼らの場合，今まで通り実現利益に課税される，とギルデマイスター市長は説明したのであった。商人以外の多数の納税義務者のことを考えて，評価益課税に関する規定は設けられなかったのである。結局，評価益に関しては商法典と税法は，異なった規定をもったまま基準性原則が導入されたことになる。

第5節　お わ り に

　1874年ブレーメン所得税法案において，所得は収入支出計算により算出されることになっていた。その際，収入から控除される支出には未実現損失は含まれず，また未実現利益も収入とはみなされなかった。商法上の利益概念と異なり，未実現損益を考慮に入れていなかった。それが税制上の所得概念であった。

　しかしこの法案に関する議会審議において，次のような論理で基準性原則が導入された。すなわち，①1874年の租税委員会で自己申告が導入され，税務当局の検査を受けることになったので，商人は正しい所得を計算しなければならなくなったこと，②1861年一般ドイツ商法典により，すべての商人は帳簿の備え付け・貸借対照表の作成を義務づけられており，すべてではないにせよ，多くの商人はすでに帳簿決算に従って納税していたこと，③議会が商人のその行動を正当と認めたこと，④そうであれば，正しい計算を行う年度決算書を所得計算に利用することで，商人の負担を軽減できること，がそれである。

　一方では商法に基づいて，他方では税法に基づいて，二種類の計算書を作成しなければならなくなった商人の負担を軽減するということが重視されたのであった。ブレーメンにおいて，商法上の利益と税法上の所得の違いは，自己消費のための引出しだけであった。

基準性原則導入により，所得計算にあたって，商人と商人以外の納税者との間で相違が生じたことが看過されてはならない。商人の場合，税法上は所得とみなされない評価益が税実務上所得として扱われることとなった。商人以外の納税者の場合には，評価益は所得を構成しない。また，評価損についても税法上は控除項目とされない。しかし，商法に従って税実務を行う商人にあっては控除される。このような弊害も生じた。

【注】
1) Provisorisches Bureau für Allgemeine Statistik, Zur Statistik des Bremischen Staats, Bremen, 1865, S. XXV.
2) Verordnung über die Einführung eines Einkommenschosses, Sammlung der Verordnungen und Proclame des Senats der freien Hansestadt Bremen im Jahre 1848, Bremen, 1849, S. 1-11.
3) 第4条第2文後半の原文は，"und düfen daher vorhergehende, oder später zu besorgende Verluste oder Gewinne dabei nicht in Anschlag gebracht werden" となっている。「利益は控除されえない」という表現は適切ではない。起草者もそのことに気づいたのであろう―後述するところではあるが―，1849年の改正命令では "oder Gewinne" という用語が削除されている。
4) ただし純所得が250ターラー未満は非課税であり，それが250ターラー以上400ターラー未満の場合は1ターラー，400ターラー以上500ターラー未満の場合は2と1/2ターラーの税額となっていた。
5) Erneuerte Verordnung, die Erhebung eines Einkommenschosses betreffend. publicirt am 7. Mai 1849, Gesetzblatt der freien Hansestadt Bremen 1849, Bremen, 1850, S. 187-191.
6) Erneuerte Verordnung, die Erhebung eines Einkommenschosses betreffend. publicirt am 24. Juni 1850, Gesetzblatt der freien Hansestadt Bremen 1850, Bremen, 1851, S. 65-70.
7) Obrigkeitliche Verordnung, die Erhebung eines Einkommenschosses betreffend. publicirt am 30. Mai 1853, Gesetzblatt der freien Hansestadt Bremen 1853, Bremen, 1854, S. 61-66.
8) マイエル権とは荘園成立過程において，低地ドイツ地方でみられた，大農民による土地所有権である。詳細は次を参照。ヨーゼフ・クーリッシェル（著），増田四郎（監修），伊藤栄・諸田實（訳）『ヨーロッパ中世経済史』東洋経済新報社，1974年，259ページ。
9) Obrigkeitliche Verordnung, die Erhebung eines Einkommenschosses betreffend. publicirt am 12. Mai 1862, Gesetzblatt der freien Hansestadt Bremen 1862, Bremen, 1863, S. 18-23.
10) Gesetz wegen der Einkommensteuer. Vom 19. Mai 1872, Gesetzblatt der freien Hansestadt Bremen 1872, Bremen, 1873, S. 37-43. なお，従来は所得税は "Einkommenschoß" と呼ばれていたが，1872年法から "Einkommensteuer" と呼ばれるようになった。

11) Gesetz, betreffend die Einkommensteuer. Vom 29. April 1873, Gesetzblatt der freien Hansestadt Bremen 1873, Bremen, 1874, S. 59-66.
12) Mittheilung des Senats an die Bürgerschaft vom 7. Januar 1874, Verhandlungen zwischen dem Senate und der Bürgerschaft vom Jahre 1874, Bremen, 1875, S. 10.
13) Mittheilung des Senats an die Bürgerschaft vom 9. September 1874, Verhandlungen zwischen dem Senate und der Bürgerschaft vom Jahre 1874, Bremen, 1875, S. 467-471.
14) Mittheilung des Senats an die Bürgerschaft vom 9. September 1874, a.a.O., S. 471-478.
15) 第5条の規定はこのようになっている。「納税義務のある所得は，貨幣の形をとっているかまたは貨幣価値を有している，納税義務者のすべての収入の総額から成る。自己の住居および住宅設備の賃貸価格，場合によってはありうる利得，天産物なども含まれる。なお，下記のものは控除される。①他のドイツの邦国での土地所有からの収入，②他のドイツの邦国での営業からの収入，③他のドイツの邦国庫からの俸給・年金・休職給，④第三者が所得税を当地で支払わなければならない収入，すなわち当地で納税義務のある営利会社の配当収入，⑤納税義務のある所得の入手や確保のために用いられた支出。しかし納税義務者は，自分自身およびその親族の扶養，利得，娯楽のために費やした支出を控除しえない，⑥借入資本の利子。納税義務者の所得に，その家庭に帰属しているが独立して課税されない，家族の構成員の特別な所得が加えられなければならない。納税義務のある純所得の評価に際して遵守されなければならない原則は追加条項Bにまとめられている。」
16) Mittheilung des Senats an die Bürgerschaft vom 9. September 1874, a.a.O., S. 477-478.
17) Beschluß der Bürgerschaft vom 21. und 28. October und 11. und 18. November 1874, Verhandlungen zwischen dem Senate und der Bürgerschaft vom Jahre 1874, Bremen, 1875, S. 615f.
18) 当日の審議は次のものに収録されている。本章での以下の記述はこの議事録に依拠している。Verhandlungen der Bürgerschaft. Sitzung vom 11. November 1874, Verhandlungen der Bürgerschaft vom Jahre 1874, Bremen, 1874, S. 419-430.
19) 発言者の氏名の原語表示に関し，議事録から姓しか分からない人もいる。その場合には，姓のみを記した。
20) レンヴァーゲン議員は次のような例を挙げている。ある船舶が12月に航海を終えた。航海の成果，すなわち損益は分かっている。だが，船長がそこにいないか，あるいは他の理由から，船舶勘定への形式上の記帳は未だ行われていない。このような場合，航海の成果を無視するのではなく，見積もらなければならない，と（Verhandlungen der Bürgerschaft. Sitzung vom 11. November 1874, a.a.O., S. 424）。
21) Verhandlungen der Bürgerschaft. Sitzung vom 11. November 1874, a.a.O., S. 425.
22) Ebenda.
23) Barth, Kuno, Die Entwicklung des deutschen Bilanzrechts, Bd. 2, Stuttgart, 1955, S. 192.
24) 草案における第9号の文言は次のとおりである。「個別的利益をもたらす取引の収益，すなわち売却された土地・有価証券等，および富くじからの資本利得，ならびに一般に上述の箇所で挙げられていないあらゆる収入。ただし類似の控除を行う。なお，相続財産・遺贈・贈与・結婚時の持参金は，それから得られる所得に関してのみ所得税が課される。」
25) Verhandlungen der Bürgerschaft. Sitzung vom 11. November 1874, a.a.O., S. 425.
26) 成立した法律では「商業からの利益（Gewinn aus Handelsgeschäften）」という表現に

なっている。
27) Verhandlungen der Bürgerschaft. Sitzung vom 11. November 1874, a.a.O., S. 428.
28) Mittheilung des Senats an die Bürgerschaft vom 2. December 1874, Verhandlungen zwischen dem Senate und der Bürgerschaft vom Jahre 1874, Bremen, 1875, S. 625.
29) Verhandlungen der Bürgerschaft. Sitzung vom 12. December 1874, Verhandlungen der Bürgerschaft vom Jahre 1874, Bremen, 1874, S. 503.
30) Gesetz, die Einkommensteuer betreffend. Vom 17. December 1874, Gesetzblatt der freien Hansestadt Bremen 1874, Bremen, 1875, S. 129f.
31) Verhandlungen der Bürgerschaft. Sitzung vom 11. November 1874, a.a.O., S. 427.
32) Ebenda.

第3章　1874年ザクセン所得税法と基準性原則

第1節　はじめに

　ブレーメン所得税法に基準性原則が導入された年，すなわち1874年（12月22日）にザクセン所得税法にもそれが導入された。ザクセン王国ではこの年に初めて所得税法が制定され，その際に「商工業において，純利益は財産目録および貸借対照表について商法典によって規定されているか，そうでなければ正規の商人の慣習に一致する原則に従って計算されなければならない」（第22条）という基準性原則が採用された。

　これら二つの所得税法はそれぞれ独立してつくられたものであり，ほとんど同じ時期に法律ができあがった。なお，審議の過程をみると，ザクセンでは基準性原則は1874年2月8日の草案に現れており，ブレーメンでは同年11月11日の市議会で初めて議論されている[1]。議会で議論されたのはザクセンの方が早い。

　本章では，そのザクセンでの所得税法について，まずその制定の経緯について考察したい。次に，その所得税法の中に基準性原則が導入された背景について，邦議会議事録などを通して吟味していきたい[2]。

第2節 ザクセン所得税法制定の経緯

(1) 1866/68年および1869/70年の邦議会

　1866年の普墺戦争にあたり，ザクセンは中立を守ろうとした。しかし，オーストリアもプロイセンもその中立を許さなかった。ザクセンはオーストリアに与した[3]結果，その国家支出が増大した。これを補填するための方法として，①1848年に行われたように臨時所得税を徴収すること，②通常行われているように現行直接税，すなわち土地税（Grundsteuer）[4]および営業・個人税（Gewerbe- und Personalsteuer）[5] [6]に対する付加税を徴収すること，これら二つが考えられた。政府は第二の方法を採用し，1867年に邦議会にそのための法案を提出した[7]。

　それは議会で強い反対に会い，激しい論争ののちやっと可決された。このとき問題となったのは，1861年に「営業の自由」が導入され，それが流通・経済生活に浸透してきており，営業・個人税が現実に合わなくなったことである[8]。特に外形標準による営業税のような収益税では，課税の公平を期することができなくなってきた。また，ザクセンは1860年代には農業国から工業国に変化してきており，地方の，農業を営んでいる土地所有者には，自分たちに課される土地税の負担が，その他の納税義務者（主に都市の商工業者）に対する営業・個人税よりも大きく感じられるようになってきた[9]。これも問題であった。

　所得税に連なる租税改革論議の始まりは，1868年1月の邦議会下院の「ギュンター（Günther, T.）議員と40人の同志の提案」[10]に求められる。これは政府が1867年10月30日に出した「営業・個人税の改正および補足に関する法案」[11]に対する見解を示したもので，ギュンター議員らは政府の改正案を拒否するとともに，変化した時代状況に合致した営業・個人税法案，および場合によっては改正された土地税法案を提出するよう政府に要請した。その際，政府が従うべき諸原則をまとめたものが上記の「提案」である。

そこでは，今までのように大都市・小都市・田舎，あるいは徒弟数，営業の種類などによって営業税額を評価するのではなく，平均的な純収益に従って評価すること，300ターラー（Taler）までの純収益に対しては階級税を導入すること，300ターラーを超える純収益についてはそれを五つの階層に分け，1％から3％までの税率で累進的に課税することなどが提案された。また，農業に対する営業税に関しては，利子費用が控除されえた。このように「所得税」はまだ言及されていないが，所得税と密接に関係のある階級税が提案されていること，および所得税の特徴である累進税率と負債利子控除が指摘されていること，こういったことから，ギュンター議員らの提案はザクセンでの所得税論議の嚆矢と位置づけられる[12]。

邦議会下院は従来の直接税のあり方を検討するために，1868年10月にいわゆる改革委員会（Revisionskommission）を設置した。それは1869年5月に，217ページに及ぶ意見書を公表した。そこでは従来の土地税を廃止し，土地所有者の所得も営業者のそれと同じ原則で課税しなければならないとして所得税の導入が主張された[13]。本意見書は各地の商工会議所および土地改良協議会（農業の代表部）に送付され，意見が求められた。ドレスデン商工会議所は従来の租税を唯一の所得税に代えることに賛成したが，他の商工会議所等は土地税の廃止に反対した[14]。

政府は1869年10月19日の訓令第21号「直接課税制度について提案された改革に関する邦議会への訓令」[15]において，土地税の完全な放棄を目指している委員会の提案に反対であると述べ，次の内容の法案を提出した。①土地税をより低い税率で徴収し続けること，②土地から生じる所得に対して対人税を課すること，③営業・個人税を，営業税の客観的性質を保持しつつ営業自由の導入以後生じた変革に適合させるか，または現在の営業税の原則を放棄して階級・所得税の原則に適応させられた対人税と取り替えること，というものである。下院は1870年2月にこの政府案を拒否し，納税義務者の所得を唯一の租税客体とみなし，一般的・直接的所得税の原則に基づく法案を政府が次期邦議会に提出すること，およびすべての納税義務者の所得評価を試みる（Probeeinschätzung）こと，これらを政府に要請する[16]という提案を採択した。これ

に対して，上院は所得税を拒否し，土地・工業・商業および貨幣資本からの純収益を課税対象と考えた。しかし，所得税の原則に従って試みの評価を実施することについては，これに同意した[17]。

(2) 1871/73年の邦議会

1871年12月15日に政府は，「労働および利益を生むべく投資された財産の収益の直接的課税についての法案に関する邦議会への訓令」[18]と題する訓令第18号を出した。これは下院に対する侮辱であった。法案の第1条は，「直接税の対象は，労働の収益，営業・土地・建物・貸付に投下された財産の収益，および定期金の収益である」と定めている。直接税の唯一の対象として個々の収入源泉の客観的収益が示された点で，上院の提案に従うものであった。

政府は法案に付された理由書において，所得税よりも収益税の方が優れていると言う。所得税は納税主体にのみ目を向けており，その私的経済の結果を導き出すことを課題にしている。すなわち，すべての収入を計算し，そこからある—不明瞭な—支出を差し引き，その結果を課税の基礎とみなす。これに対して収益税は，納税主体の私的経済を気にかける必要がなく，個人的事情への悪意ある介入を回避することができる。収益税は直接，所得が基づいている収益の源泉に目を向けており，この収益自体を課税されるべき客体とみなしている，と。政府はまた，所得税は個々の納税義務者の良心的な申立てに頼らざるをえないという問題点も指摘している[19]。要するに，課税の公平性および統制可能性の点から所得税は問題視されたのである。

法案が送付されてきた下院は1871年12月21日に特別委員会を設置し，それは翌年2月に膨大な報告書[20]を完成した。これによれば，政府案は受け入れられないという点で委員会は意見が一致した。しかし，委員会は唯一の直接税として階級・所得税を要求する多数派と，階級・所得税を導入すると同時に従来の土地税を部分的に維持するという少数派に分かれた。1872年11月に下院本会議が開催され，委員会の二つの提案とは別に，階級・所得税と並んで土地税の一部および営業税の一部を維持するという第三の提案が出された。議論の中で，「階級」という用語を取り除き，単に「所得税」とする点で三人の提

案者の意見がまとまったが，土地税と営業税の取り扱いについてはまとまらず，採決を行ったところ三案とも可決されるには至らなかった[21]。

　下院で否決されたにもかかわらず政府はその法案を撤回しなかったので，それは上院に移った。上院の財務委員会は短期間のうちに法案をまとめた[22]。それは下院で示された上記第三の提案に近いものであった。法案の第1条によれば，直接税は収益税と所得税に分けられる。そして収益税は土地税，定期金税および営業税の三つから構成される。収益税においては，推定される平均収益（mutmaßlicher Durchschnittsertrag）が課税の基礎となる。それは，土地税の場合はそれから獲得されると推定される年あたりの収益であり，定期金税（これは利子や有価証券，年金などからの収益に課されるものである）の場合は過去3年の収益の平均であった。

　営業税（これは，商工業・農業・賃金労働・官吏・自由業を対象とした）の平均収益は，売上高・資本・経費の大きさを考慮に入れて決められた。そしてこれらの収益は租税単位に換算され，課税された。その場合，土地税および年金税では1ターラーが1租税単位を，営業税では1ターラー10新グロッシェンがそれを形成した。

　所得税は600ターラー以上の純所得に対して適用された。純所得は納税義務者がその経済活動によって得た貨幣価値総額から，負債利子や家族の扶養のために支払われたものを控除して算出された。さらに収益税も控除された。このようにして求められた金額が2,500ターラー以上の場合には，その1％が納税すべき額とされた。純所得が600ターラー以上799ターラー以下の場合には，その0.25％が納税額とされた。そして，800ターラーから2,499ターラーまでの間は五つの階層に分けられ，税率も0.3％から0.8％へと段階的に高くなっていった。

　この上院財務委員会草案は若干修正されて，1873年2月3日に本会議で可決された。憲法に従い，事案は再び下院に戻ってきた。下院は再度，特別委員会を設け審議し，「もう一つの報告書（anderweiter Bericht）」を作成した。これによれば，多数意見は営業・個人税の廃止，一般的階級・所得税の導入，および土地税の部分的維持であった。階級・所得税については，400ターラーまた

は500ターラーまでの所得には階級税を適用し，それを超える所得には所得税を課そうとするものである。所得税に関しては，5,000ターラーまでは累進税率を適用すること，負債利子は控除できることとされた。これに対して，少数意見は上院の草案に修正を加えたうえで，同意しようとするものであった。本会議では多数意見が採択された[23]。

このように，両院での意見の一致は不可能であった。会期末に近づいた3月8日に，財務大臣フリーゼン（Friesen, R. F. von）が次の提案を行った。①政府は，次期邦議会に一般的階級・所得税についての法案を提出するよう要請されること，②階級・所得税の他に，土地税，営業税をそれらの欠点を修正したうえで維持すること，③各財政年度について，国家需要のどれだけが土地税，営業税によって調達され，またどれだけが階級・所得税によって調達されるべきであるかを法律によって確定すること，である[24]。これは両院で承認された。ここに，一般的所得税導入に向けて第一歩が踏み出された。

(3) 1873/74年の邦議会

1) 1873年11月の訓令

邦議会の1873/74年会期は所得税の出現をもたらせた。1873年11月1日に，政府は訓令第24号「直接税に関する法案の改革に関する邦議会への訓令」[25]を議会に提出した。この訓令から，政府は依然として収益税に固執していたことが分かる。それは五つの法案から成っていた。すなわち，①「直接税に関して」と題する外郭法，②土地税法，③建物税法，④営業・個人税法，⑤所得税法の各法案であった。上記①によれば，毎年予算法によって，国家需要のどれだけが三つの収益税（すなわち土地税，建物税，営業・個人税）によって賄われ，どれだけが所得税によって調達されるべきであるかが決定されなければならなかった。

土地税の場合には過去6年の平均純収益（獲得された総収益から経費を控除した剰余）が，そして従来の土地税から分離した建物税の場合にも，過去6年の平均純収益（実際に獲得されたか，あるいは獲得可能な家屋の賃貸料から，

修繕維持費・火災共済組合掛金等を控除したもの）が納税義務があるものとされた。ただし，評価替えは前者は12年ごとに，後者は6年ごとに行われる。営業・個人税は，商工業や貸付けに対して投下された財産の推定による年々の収益，年金受取りからのそれ，個々の納税義務者が1年に得ると予想される個人の労働報酬を対象とする。この税の評価は2年ごとに実施されなければならない。そして，所得税は400ターラー以上の収入に対して課された。

　下院はこの法案について審議するために，租税改革特別委員会を設置した。そこでは即座に土地税，建物税，営業・個人税についての政府案は全会一致で拒否された。委員会はもともと収益税に反感を持っていたからである。所得税を導入するという点でも特別委員会構成員の意見は一致していたが，土地税および営業・個人税をどうすべきかについては見解は対立していた。また，廃止される直接税を補填するために，所得税の他に財産税も導入しようとする意見も見られた。今回は実施のための準備ができていないという点から財産税の導入は見送られ，現行の直接税の一部を当分維持し，これを財産税に代えることができるか否かという問題の吟味は将来に譲られることになった[26]。

　特別委員会での審議の過程で，財務大臣が次のような提案を行った。①今邦議会では現行直接税の徹底的な改革を思いとどまるが，万一の需要超過をカバーするために所得税の実施を決定すること，②現行直接税のどの部分が維持されるべきであるか，そしてどのような修正が行われるべきであるか，こういった問題の解決を次期邦議会に委ねること，などである[27]。この提案を委員会は好意的に受け入れた。財務大臣はまた，次のようにも述べた。政府は現法案を完全に撤回し，委員会によって完成された草案に基づいて—必要であれば修正を行って—所得税法の新法案を完成させて提出する[28]，と。委員会はこの提案を受け入れ，自ら所得税法の草案をまとめた。

2) 1874年2月8日の訓令

　1874年1月28日に，下院租税特別委員会は自ら作成した草案に関して，政府委員と協議を行った[29]。それを受けて，政府は2月8日に訓令第49号「1873年11月1日付の最高の訓令でもって提出された，直接税の改革に関す

る法案の撤回,ならびに所得税法および営業・個人税に関係する若干の規定に関する法律の草案の提出についての,邦議会への訓令」[30] を出し,邦議会に新しい所得税法案,および営業・個人税法についての改正法案を提出した。これによって以前の五つの法案は撤回された。

所得税法案はそれに添付された理由書によれば,多くの点で下院租税特別委員会の草案に従った。しかしながら,なお政府案には委員会の見解との相違が残っていた。最も重要な点は,政府がいかなる累進性をも放棄しようとしたことである。また,委員会は下位の所得階層にまで所得税の対象を拡大しようとしたが,政府案は450マルク(Mark)(150ターラー)以上の所得に限ろうとした点でも違いが見られた[31]。

委員会は,ここで原則論から個別規定に関する議論に入ることを決議した。この段階で,その後の基準性原則に連なる問題が取り上げられたが,この点については節を改めて論じることとする。

委員会審議の最終局面で,財務大臣フリーゼンも審議に加わった。所得税法成立のために中心となって尽力し,ザクセン所得税法の父と呼ばれるゲンゼル(Gensel, J.)議員は,累進性がなければ法律は魂を欠くと説き,フリーゼンを委員会の見解に歩み寄らせた[32]。そして,委員会は1874年5月2日に,「租税改革問題についての下院の特別委員会報告書」[33] を完成した。そこには,政府案に修正を加えた草案が示された。そこに見られる特徴は次のような点であった。すなわち,①すべての住民への所得税の拡大,②従来の収益税の部分的維持(収益税を財産税と取り替えることは未だ実施不可能である),③累進税率の導入,④株式会社およびその他の法人に対する課税,⑤1,600マルクまでの所得における個別的状況(子供の有無など)の斟酌,⑥商工業所得の算定に対する商事貸借対照表の基準性,⑦1,600マルク以上の所得に対する申告義務,これらの点である。今後,この報告書で示された草案に基づいて法律がつくられていくことになる。

下院本会議では1874年5月に,訓令第49号および委員会報告書について討論が行がわれた。そこでは,土地税の調整と軽減という本来の改革目的が達成されないなどの意見も出されたが,「立法府の無能力という非難」を世間から

浴びるのを避けるためにも，政府との間で妥協をしなければならなかった。最終的に法案をまとめ，賛成51票，反対17票で可決し，上院に送付した[34]。

上院でも委員会および本会議で審議された[35]。上院は以前のようには激しく反対しなかった。幾つかの修正を指摘するにとどまった。その原因は，政府が下院の考えを後押ししていたということ，および世論が改革を期待していたということに求められる[36]。そして最終的には，会期最終日である10月9日に，両院は相違点に関して調停案を承認し，ここに所得税法が成立した。また営業・個人税法も改正された[37]。所得税法の公布は1874年12月22日に行われた[38]。施行令は1875年3月8日になってやっと出された。同じ日に，評価委員会の委員長および委員に対する指針を内容とする指図も財務省から出された。これは1875年と1876年の2年間に対してのみ適用されるものであった[39]。

(4) 1878年の租税改革

1874年所得税法により，1875年に第1回の試験的な所得評価が行われた。その結果は1875年10月12日の訓令，および1876年2月17日のそれによって邦議会に提出された。しかし，所得税の実際の徴収はこれらの年には実施されなかった。1877年に初めて行われた。しかも，所得税は従来の直接税（土地税および営業・個人税）に対する補完的な役割を担っているにすぎなかった。

所得評価の経験が積まれたこと（1875年，1877年），1877年の所得評価に基づいて1回めの所得税の徴収が行われたこと（1877年），これらを通して租税改革作業を終えるための土台が築かれた。そして，1877年11月29日の訓令第38号により改革は終了した[40]。営業・個人税は完全に廃止された。これについて，政府は所得に課税するという同じ目的をもった二つの直接税—所得税と営業・個人税—の並存は長期的にみて支持できない，と述べている[41]。

土地税の全部の廃止は他の納税義務者を犠牲にしたうえでの土地所有者の優遇とみなされうるので，それは存続することとなった。ただし，土地税と所得税を合わせた負担が，今までの土地税のみに対する負担よりも大きくならない

ようにするために，租税単位あたりの税率が引き下げられた。なお，第三の直接税として，行商営業に対する営業税が導入された。これは旧営業税の名残である。

こうして，1878年7月2日の所得税法，1878年7月3日の「直接税に関する法律」，1878年7月1日の「行商営業に関する法律」が成立し，長期間にわたったザクセンでの大規模な租税改革は幕を閉じた[42]。

第3節　基準性原則の成立

(1) 1872年の下院特別委員会報告書

ザクセンにおける所得税法成立の展開に関する資料を分析してみると，基準性原則についての最初の記録は，1872年2月の下院特別委員会報告書に残されていることが分かる。その報告書において，所得を定義づけるだけではその計算の実施にあたって疑義が生じるとして，所得計算に際して拠り所とすべき12の原則が列挙されている。その中の一つに，基準性原則にかかわる記述がみられる。

まず，下院特別委員会による所得の定義をみてみよう。次のようになっている。「納税義務者の所得とは，彼が貨幣または貨幣価値の形で，その経済活動またはその他の正当な方法で，負債利子を含むすべての生産費を控除して，1年以内に獲得したもの，ならびに彼およびその親族の生計・利得・娯楽のために用いたもの，あるいはその財産状態の改善のために使わずに残しているもの，これらの総額であると理解されうる。相続財産・遺産・婚資などは所得とみなされるのではなくて，基本財産―ここから生じる収益のみが課税される―の増加である」[43]と。

さらに，本報告書は実務上の計算にあたって拠り所とすべき12の原則を掲げている。そのうち9番目の原則は次のようになっている。「商工業（農業を含む）からの所得の場合，固定資産の一方では増加，他方では減少（すなわち

実際の価値下落），および債権・債務・これらの利子は，財産目録作成時に一般的に用いられている商人の簿記の原則に従って計算に入れなければならない。営業に投下された自己資本の利子は，これを利益の一部とみなさなければならない」[44]というものである。

そこでは，第1文で固定資産の増減および債権・債務・これらの利子については，これらを商人の簿記の原則に従って計算するよう指示が行われている。そのことについて，本報告書はこう説明している。「商店の拡張，土地改良，家屋の拡張などのために行われた支出は，所得計算にあたり，納税義務者およびその家族の生計と同様に費用に属さないということは，所得の概念から明々白々である。他方，建物・機械・器具などの損耗（Abnutzung）を然るべく考慮に入れるためには，財産目録作成時に一般的に用いられている原則を参照するのが最も簡単であると本委員会は考える。その適用は，個別ケースにおいて必要であれば，専門家によって判断されうるであろう」[45]と。なお，債権・債務・これらの利子を商人の簿記の原則に従って計算する理由は示されていない。

また，第2文については次のように説明する。営業に投下された自己資本の利子については，特別な規定が必要である。商法典第196条によって詳細に定められている商人の慣習に従えば，投下資本の利子は純利益とはみなされない。その理由は，商人的考察に従えば，営業は私経済から厳格に分離されなければならないからである。商人N.がその投下資本から得る利子は，その商業上の純利益ではないが，個人的所得である。彼は商業を行わないならば，良き家父長として，その財産から一般的利子を獲得するために，何らかの方法で配慮しなければならない。しかし，税務官庁にとっては，商人N.と同一の私人N.を区別することには意味がない。そこで商人であろうとなかろうと区別なく，自己資本利子を課税対象とするのである[46]，と。

要するに，①固定資産の増減および債権・債務・これらの利子は，商人の簿記の原則に従って計算すること，②自己資本の利子は，商人の慣習とは異なり税務上の利益（所得）とみなすことが指摘されている。さらに，③固定資産の増加（すなわち資本的支出）および個人的引出は所得の計算にあたり控除でき

ないこと，④固定資産の減少（すなわち減価償却費）の計算に際して商人の簿記の原則に従うのは簡便性の理由によること，こういったことも述べられている。

(2) 訓令第24号（1873年11月）および訓令第49号（1874年2月）

1873年11月に政府は訓令第24号として所得税法案を邦議会に提出した。それは第9条で，収入支出計算により納税義務のある所得を求めることを規定している。そして第10条で所得を「独立した商工業経営（他人の土地上での農業経営を含む）から」のものなど六つに分類したあと，商工業からの所得に関し次のように定めている（第11条第1項）。

> 「1. 商工業からの納税義務のある純収益の計算にあたり，什器（機械など）および建物の年々の損耗に対する控除の他に，商品・家畜・収穫物に対する保険料のように経営のために行われた支出のみが考慮され，総収益から控除されうる。商工業に投下された自己資本の利子は，納税義務のある営業収益の一部とみなされなければならない。（以下，中田による省略）」[47]

政府はさらに1874年2月に，訓令第49号により新たな所得税法案を出し，前記法案を撤回した。ここでも，収入支出計算により所得を算定することを規定した（第13条）あと，所得を四つに分類し，その一つに「独立した商工業経営（他人の土地上での農業経営を含む）から」のものを挙げている（第14条）。そして，第15条に次の規定を置いている。

> 「1. 商工業の納税義務のある純収益の計算にあたり，本来の経営・生産費，ならびに什器（機械など）および建物の年々の損耗に対する通常の控除の他に，商品・家畜・収穫物に対する保険料のように，投下された資本や生産された営業上・農業上の製品の保護のために行われた支出のみが控除されうる。特に，営業債権はその完全な金額で計算されなければならず，入金の疑わしさ故の控除は認められない。2. 商工業に投下された自己資本の利子は，納税義務のある営業収益の一部とみなされなければならない。（第3項〜第5項，中田による省略）」[48]

この政府案の段階では，基準性原則に関する規定はみられない。ただ，固定資産の損耗を控除するにもかかわらず，その減価償却費の計算方法が規定されていないこと，また営業債権について，回収が疑わしいだけでは減価できないことが特別に規定されていること，これらのことから，成文化こそされていないが，起草者は商法典を意識していたのではないかと思われる。

(3) 1874年の下院特別委員会報告書

1874年5月2日の下院特別委員会報告書にみられる所得税法案は，次のようになっている。第13条において，収入支出計算により所得を算定することなど，所得計算のための一般原則が定められている。第14条は所得の評価にあたって四つの主要源泉を区別し，その一つに「他人の土地上での農業を含む，商業・工業，およびあらゆるその他の営利活動」を掲げている。そしてこれについて，第18条が次のように説明を行っている。

> 「1. 商工業において，純利益は財産目録および貸借対照表について商法典によって規定されているか，そうでなければ正規の商人の慣習に一致する原則に従って計算されなければならない；特に，このことは固定資産の増加および他方では損耗について，ならびに債権・債務・これらの利子について当てはまる。その他の点では，第13条に挙げられている一般原則がここでも適用される。2. 商工業経営に投下された，納税義務者の自己資本の利子は，営業利益の一部とみなされなければならない。（第3号・第4号―中田による省略）」[49]

この規定が置かれた背景について，報告書は次のように述べている。「商工業からの所得の計算にとって，租税委員会は前邦議会において，しかも全会一致で，『財産目録作成時に一般的に用いられている商人の簿記の原則』を引き合いに出した。この提案を，多数派は現在の法案の基礎に置いた；そしてそれは，その所得を財産目録および貸借対照表に基づく以外の方法で申告することを，比較的大きな規模で商人的に経営を行う商業や製造業の所有者にとって全く実行不可能であるとみなした」[50]というものである。

1872年の特別委員会報告書では，固定資産の増減および債権・債務・これ

らの利子に対して，商人の簿記の原則が適用されることとなっていた。これに対して，今回の報告書では所得の計算―とりわけ固定資産の増減および債権・債務・これらの利子―に対して，商法典または正規の商人の慣習に一致する原則が適用されるとなっており，表現が相違している。

　報告書はさらに，商人の簿記の原則の信頼性に言及している。商法典によって是認されている商人の慣習は，次の見解，すなわち経営活動に投下された資本はその全体においていわば形の定まらない塊（flüssige Masse）であるということ，そして営業年度中にこの全資本の価値が増大した金額は，私用のために引き出された金額を加えて，年度利益とみなされなければならないということ，このような見解に基づいている。当年度末の価値およびそれと前年度末の価値との比較，これらを表示する財産目録および貸借対照表にとって，この価値を真実どおりに，偽らずに算出することを唯一の目的とする一定の原則が形成される。これらの原則は，どのようなものであれ不正確さがある社員あるいは別の社員に損害を与えるに違いない，商事会社という経営で実証済であることによって，信頼できるものとみなされうる。個人商人の場合にも，その財産状態に関するあらゆる本質的な不明瞭さは早晩，報いを招く[51]，と。

　ここで，当時の一般ドイツ商法典の関連規定をみておこう。まず第28条で，あらゆる商人はその商取引およびその財産状態を完全に判断しうる帳簿の作成を義務づけられていた。そして商人はその営業の開始にあたり，土地・債権・負債・現金，その他の資産部分（Vermögensstück）を正確に記録し，その資産部分の価値を示し，資産と負債の関係を表示する決算書を作成しなければならなかった（第29条）。第31条は評価を規定しており，「財産目録および貸借対照表の作成にあたり，すべての資産部分と債権は，その作成時にそれらに付されるべき価値に従って評価されなければならない。疑わしき債権はその真実に近い価値で評価され，回収不能な債権は償却されなければならない」と謳っていた。また，流動資産に属する有価証券については，1870年6月11日の「株式会社に関する法律」（いわゆる第一次株式法改正法）が第279a条で，それは貸借対照表作成時に有している相場価値を超えない範囲内で評価されなければならない，と定めていた。

商法典の規定は一般的な規定を含んでいるにすぎなかったので，特別委員会はさらに，財産目録および貸借対照表は，それらが有効性を要求する権利をもつべきであれば，「正規の商人の慣習」に一致しなければならない，という前提を付け加えた。そして，ある行為が正規の商人の慣習に該当するかどうかは，専門家が容易に判断しうると言う[52]。

　このように本報告書は，商法上の財産目録および貸借対照表上の価値は真実なものである。このことは商事会社という経営体で実証されているし，個人商人の場合でも真実の価値が表示されているはずである，と言う。そして比較的規模の大きな商工業に対して，実行可能性の観点から，これを所得計算に際しても利用するよう指摘している。

　以上みてきた見解は特別委員会の多数意見であって，それとは異なる少数意見もあった。それをみてみよう。その中でも特にギュンター議員は，「営業債権は，回収不能とみなされる必要がない限り，その完全な金額で評価されなければならず，その入金の疑わしさ故の控除は認められない。また，未販売の商品および有価証券にかかる資本損失も考慮に入れてはならない。提示された財産目録および貸借対照表は，それらが前記の規定に反しない限り，純収益の確定に利用されうる」[53]と述べている。

　回収不能でない限り債権を契約額で評価すること，商品および有価証券の評価損を認めないこと，これらのことをギュンター議員は要求している。しかし，これらは商法典の規定あるいは商人の慣習に反する。まず，債権の評価に関しては，商法典は回収の疑わしいものは評価減を認めているが，ギュンター議員はこれを認めない。また商法上，資産は貸借対照表作成時に付されるべき価値で評価されなければならなかった。その際，「付されるべき価値」とはライヒ上級商業裁判所判決（1873年）の判決により一般的流通価値，すなわち市場価格または取引所価格と解釈されていた[54]。したがって，時価が原価より下落した場合には，評価損が計上された。所得計算にあたりこれも認めない，というのがギュンター議員の主張である。

　その理由について，彼は未回収金および商品を自由裁量で評価すること，および資本損失を所得の減少とすることが商人に認められるのであれば，国庫は

常に貧しくなるであろう，と指摘している[55]。しかし，彼のこの見解は多数派によって次のように反論された。未回収金はまだ現金収入ではない。また，恣意的な減価もほとんど問題になりえない。恣意的に減価を行うことは，正規の商人たる要件に合致しないであろう[56]，と。

さらに，ギュンター議員に対して次のような反論も加えられた。彼は一方的に最近（当時は価格が下落する時代であった）頻繁に現れている損失のことのみを考えている。資本損失は，株式・商品・工場設備などの価値増大に基づいている「動産の増加（Vermehrung des mobilen Vermögens）」と対をなすものにすぎない。資本損失を無視しようとするのであれば，このことは価値増加（評価益，資本利益）に対しても適用されなければならない。そうすると，国庫は決定的に貧しくなるであろう。少数派の提案に従えば，資本利益はこれを商人的に計算するが，資本損失は商人の慣習とは異なり計算しないことになる。しかし，このことは二重の尺度で測定することになり，不可能であると考えられる[57]，というのが多数派からの反論であった。

以上みてきたように，基準性原則を導入しようというのが特別委員会の多数意見であるが，多数派の代表であったゲンゼル議員は，秘密積立金を設定したりあるいは個人の損失を営業上のものとして示すという，商事貸借対照表作成者の如才なさを過小評価していた。そのことを実務家のギュンター議員は感じ取っていた。財務大臣フリーゼンも商人に対し不信感をもっていた。彼らの異議に対し，ゲンゼル議員は「正規の商人の慣習」という文言を置くことにより解決しようとした。ゲンゼル議員はまた，個人領域の支出を所得計算から排除するために，第13条に個人的支出は控除できないという規定を設けた[58]。

(4) 1874年所得税法および1878年所得税法

成立をみた1874年12月の所得税法をみてみよう。下院特別委員会報告書における所得税法案第13条（所得計算のための一般原則）が，法律では第17条として置かれた。その第1号では，貨幣または貨幣価値の形での収入から，この収入の獲得・保護・維持のために用いられた支出を控除したものが所得とみなされた。第17条第2号は第1号を制限するもので，相続財産等による臨時

の収入は所得ではなく，基本財産の増加とみなされるとしている。その際，第22条第1号——これは商工業経営者のための特別規則を含んでいた——を留保条件とした。所得獲得の範囲外で発生した負債利子（第17条第1号最終文），および土地税，営業・個人税，保険料（第17条第3号）も控除可能であった。第17条第4号は明確に，次のものを控除項目から除外した。すなわち，①固定資産の改良または増加，②娯楽を含む，納税義務者およびその親族の生計費，③他に対する任意の援助，④生命保険料およびそれに類するものがこれである。

第18条は四つの所得主要源泉を掲げた。①土地および建物の使用賃貸，用益賃貸，ならびに自己の土地上での農林業，②資本利子，年金，配当など，③固定給また固定賃金をもらう官職など，④他人の土地上での農業を含む，商工業およびあらゆるその他の営業活動，の四つである。

そして，第22条に営業所得に関する補足規定が置かれている。これは法案の第18条と同じである。

> 「1. 商工業において，純利益は財産目録および貸借対照表について商法典によって規定されているか，そうでなければ正規の商人の慣習に一致する原則に従って計算されなければならない；特に，このことは固定資産の増加および他方では損耗について，ならびに債権・債務・これらの利子について当てはまる。その他の点では，第17条に挙げられている一般原則がここでも適用される。2. 商工業経営に投下された，納税義務者の自己資本の利子は，営業利益の一部とみなされなければならない。（第3号・第4号——中田による省略）」

このようにして，基準性原則が所得税法に組み込まれた。ここで，第17条，第22条の関係を図式化してみると，図表3-1のようになる。

なお，1874年所得税法第17条，第18条，第22条は，それぞれ第15条，第17条，第21条として，改正された1878年所得税法[59]にほぼ同一内容で引き継がれた。

図表 3-1　1874 年ザクセン所得税法における営業所得の計算方法

```
┌─ 第17条〈所得計算のための一般原則〉─────────────────┐
│ 〈第1号〉                                      │
│     収　　入　　－　　支　　出　　＝　　所　　得   │
│ ・貨幣または貨幣価値      ・収入の獲得・保護・維持のために用い │
│                          られたもの             │
│ ・〈第2号〉相続財産等     ・〈第1号最終文〉負債利子は控除可 │
│   は除く                 ・〈第3号〉土地税，営業・個人税，不 │
│                          動産火災保険金庫掛金は控除可 │
│                          ・〈第4号〉資本的支出，個人の生計費， │
│                          援助金，生命保険料は控除不可 │
└─────────────────────────────────┘

┌─ 第22条〈商工業所得計算のための特別規則〉─────────────┐
│ 〈第1号〉純利益 ← 商法典の規定，正規の商人の慣習        │
│           特に，・固定資産の増加                │
│               ・減価償却費                    │
│               ・債権，債務，これらの利子          │
│               その他の点では，第17条の一般原則が適用される ← │
│ 〈第2号〉但し，自己資本利子は課税対象              │
└─────────────────────────────────┘
```

(5) 判決・実務

　営業所得の計算にあたり商法典の規定および商人の慣習を斟酌するという基準性原則が成立した。しかし，最初からうまく機能したわけではない。というのは，事業財産の評価について所得税法が明確な規定を置かなかったからである。1874 年当時，商法典 (1861 年一般ドイツ商法典第 31 条) にいう「付されるべき価値」は曖昧な概念であったが，ライヒ上級商業裁判所判決はそれを一般的流通価値 (特に取引所価格または市場価格) と解釈した (第 1 章参照)。改正された 1897 年商法典も第 40 条で，「付されるべき価値」という用語を残した。ところがその間に，第一次株式法改正法 (1870 年) は株式会社および株式合資会社に対して時価以下での評価を，そして第二次株式法改正法 (1884 年) は最高限度額としての原価評価を要求する規定を置いた。

　19 世紀末から 20 世紀にかけての法的状況はこのようであった。しかし，商業帳簿を付けていた当時の商人たちは商法上の時価ではなくて，インフレーシ

ョンによる価格上昇に直面して，高い時価での評価を嫌い，株式会社等に対してのみ認められていた原価で評価を行っていた[60]。これが商人の慣習であった。ところが，ザクセン上級行政裁判所の1901年12月30日の税務判決は，営業用土地を含む資産の価値上昇（客観的売却価値が調達原価または製造原価を上回る金額）を課税所得とみなした[61]。かくして，所得税法は所得計算にあたり正規の商人の慣習を認めていたにもかかわらず，判決はこれを無視した。上級行政裁判所は1912年になって判決を変更し，土地にかかる価値上昇を貸借対照表に表示しないとした[62]。これにより，基準性原則が機能するようになった。

第4節　お わ り に

　所得税は18世紀末にイギリスで始まり，19世紀にはヨーロッパでの工業化と密接に結びついて普及していった。ドイツに限っていえば，プロイセンが1851年に，ハンブルクが1866年に所得税法を制定した。これらにおいては，営業上の所得はイギリスの場合と同様に，収入支出計算に基づいていた。1874年12月22日に発布されたザクセン所得税法においても，当初の草案は収入支出計算により営業所得を算出するように規定していた。しかし，支出といっても純粋な「支出」ではなくて，固定資産の価値の減少（減価償却費）や債権の貸倒れの見積り等がそれに含められた。この計算について，邦議会下院特別委員会は，比較的大きな規模で商人的に経営を行う商業や製造業の所有者にとって，所得を財産目録および貸借対照表を根拠とする以外の方法で計算することは全く実行不可能であると考えた。

　このようにして，商人の所得計算—特に固定資産の増減，債権・債務・これらの利子—に商事貸借対照表上の価値を利用するという基準性原則が導入された。この場合，税法が財産目録および貸借対照表は真実な価値を表示しているということを認めたことが看過されてはならない。利益計算と所得計算を別個に行う煩雑さを商人から解放するということ，その前提として税法が商法典お

よび正規の商人の慣習を信頼したということ，このことが基準性原則導入の大きな契機となったのである。

【注】
1) Barth, Kuno, Die Entwicklung des deutschen Bilanzrechts, Bd. 2, Stuttgart, 1955, S. 186-187 u. 190.
2) K. バルトはザクセン所得税法に関して，①商人の損益計算に依拠して営業所得が計算された，②比較的大きな邦国において初めて法人，とりわけ株式会社に適用された，③自己申告が要求された，という三つの特徴を挙げている（Barth, K., a.a.O., S. 183f.）。
3) 松尾展成（編訳）『近代ザクセン国制史』九州大学出版会，1995年，31ページ。
4) Gesetz, die Einführung des neuen Grundsteuersystems betreffend; vom 9sten September 1843, Gesetz- und Verordnungsblatt für das Königreich Sachsen, Dresden, 1843, S. 97-108.
5) Gewerbe- und Personalsteuer-Gesetz vom 22sten November 1834, Sammlung der Gesetze und Verordnungen für das Königreich Sachsen, Dresden, 1834, S. 349-414.
6) 土地税（建物税を含む）はその所有土地の上に農業を営む者に対する租税であって，1843年に法律が制定された。営業・個人税は1834年の法律によるもので，その他の住民に対して課された。営業税の方は，すべての種類の商工業を十二部に分け（商人・製造人など），その純所得に課税しようとするものである。営業税は土地税と同様，収益税であった（野津高次郎『獨逸税制發達史（復刻版）』文生書院，1998年，157-159ページ）。個人税は，納税義務者（官吏・学者・芸術家など）をその生活状態と給付能力に従って区分し，同じ区分に属する者から同額の租税を徴収するものであり，階級税であった（松尾展成，前掲書，37ページ参照）。
7) Hoffmann, Alexander, Die direkten Staatssteuern im Königreich Sachsen, Leipzig, 1906, S. 73-74.
8) Hoffmann, A., a.a.O., S. 74. なお，営業の自由を定めた1861年営業法については，田熊文雄「形成期工業国家ザクセンの営業制度（Ⅱ）」『岡山大学文学部紀要』第13号，岡山大学文学部，1990年7月，48-51ページ，を参照。
9) Mathiak, Walter, Das sächisische Einkommensteuergesetz von 1874/78, Dresden, 2005, S. 16.
10) Mitttheilungen über die Verhandlungen des Landtags im Königreiche Sachsen, 2. Kammer, Nr. 79, 1866/68, Dresden, 1868, S. 1459-1460.
11) Entwurf eines Gesetzes, die weitere Abänderung und Ergänzung der Gewerbe- und Personalsteuer betreffend, Landtags-Acten von den Jahren 1867/68, 1. Abteilung, 2. Band, Dresden, 1868, S. 43-78.
12) Mathiak, W., a.a.O., S. 26.
13) Gutachten der von dem Königl. Sächsischen Finanz-Ministerium einberufenen Commission zur Revision der Gesetzgebung über die directen Steuern, Sächsisches Hauptstaatsarchiv, Rep. XL., Dresden, 1869, S. 1-217, ここでは特に S. 177.
14) Mathiak, W., a.a.O., S.28-30; Bericht der außerordentlichen Deputation der zweiten Kammer für die Steuerreformfrage über das Königliche Decret vom 15. December 1871, Landtags-Acten von den Jahren 1871/72, Beilage zur dritten Abtheilung, 3. Band, Dresden,

1872, S. 330.
15) No. 21. Decret an die Stände, die beantragte Reform des directen Steuerwesens betreffend, Landtags-Acten von den Jahren 1869/70, 1. Abteilung, 2. Band, Dresden, 1870, S. 191-209.
16) ザクセン邦議会は，もともと，政府に法案の提出を提議できるだけであった（なお，1849年3月31日からは法案提出権も持っていた）（松尾展成，前掲書，71ページ）。
17) Mathiak, W., a.a.O., S. 30-33.
18) No. 18. Decret an die Stände, den Gesetzentwurf über die directe Besteuerung des Ertrags der Arbeit und des nutzbringend angelegten Vermögens betreffend, Landtags-Acten von den Jahren 1871/73, 1. Abteilung, 2. Band, Dresden, 1873, S. 213-269.
19) No. 18. Decret an die Stände, a.a.O., S. 246.
20) Bericht der außerordentlichen Deputation der zweiten Kammer für die Steuerreformfrage über das Königliche Decret vom 15. December 1871, a.a.O., S. 329-532.
21) Mathiak, W., a.a.O., S. 35-37.
22) Beilage G, Landtags-Acten von den Jahren 1871/73, Beilagen zur 2. Abteilung, 3. Band, Dresden, 1873, S. 143-169.
23) Mittheilungen über die Verhandlungen des Landtags, 2. Kammer, Nr. 137, 1871/1873 Dresden, 1873, S. 4932-4975; Mathiak, W., a.a.O., S. 39-41.
24) Gensel, Julius, Die Steuerreform im Königreich Sachsen, Annalen des Deutschen Reichs, Jg. 1874, Leipzig, 1874, Sp. 1397-1398.
25) No. 24. Decret an die Stände, die die Umgestaltung der directen Steuern betreffenden Gesetzentwürfe betreffend, Landtags-Acten von den Jahren 1873/74, Königliche Decrete nebst Anfungen, 2. Band, Dresden, 1874, S. 489-617.
26) Hoffmann, A., a.a.O., S. 81f.
27) Hoffmann, A., a.a.O., S. 82.
28) Gensel, J., a.a.O., Sp. 1408-1409.
29) Bericht der außerordentlichen Deputation der zweiten Kammer für die Steuerreformfrage über das Königliche Decret Nr. 49 vom 8. Februar 1874, Landtags-Acten von den Jahren 1873/74, Bericht der zweiten Kammer, 1. Band, Dresden, 1874, S. 468.
30) No. 49. Decret an die Stände, die Zurückziehung der mit Allerhöchsten Decrete vom 1. November 1873 vorgelegten Gesetzentwürfe über die Umgestaltung der directen Steuern, sowie die Vorlegung der Entwürfe eines Einkommensteuergesetzes und eines Gesetzes über einige auf die Gewerbe= und Personalsteuer bezügliche Bestimmungen betreffend, Landtags-Acten von den Jahren 1873/74, Königliche Decrete nebst Anfungen, 3. Band, Dresden, 1874, S. 27-72.
31) Mathiak, W., a.a.O., S. 44.
32) Mathiak, W., a.a.O., S. 46.
33) Bericht der außerordentlichen Deputation der zweiten Kammer für die Steuerreformfrage über das Königliche Decret Nr. 49 vom 8. Februar 1874,, a.a.O., S. 457-567.
34) Mathiak, W., a.a.O., S. 48-54.
35) Gensel, Julius, Die Steuerreform im Königreich Sachsen (Fortsetzung), Annalen des Deutschen Reichs, Jg. 1875, Leipzig, 1875, Sp. 1519-1528.
36) Mathiak, W., a.a.O., S. 55.

37) Mittheilungen über die Verhandlungen des Landtags, 2. Kammer, Nr. 81, 1873/74, Dresden, 1874, S. 1976-1980.
38) Einkommensteuer vom 22. December 1874, Gesetz- und Verordnungsblatt für das Königreich Sachsen vom Jahre 1874, Dresden, 1874, S. 471-491.
39) Gensel, J., Die Steuerreform im Königreich Sachsen (Fortsetzung), a.a.O., Sp. 1528-1548.
40) No. 38. Decret an die Stände, die Reform der directen Steuern betreffend, Landtags-Acten von den Jahren 1877/78, 1. Abteilng, 2. Band, Dresden, 1878, S. 1-125.
41) No. 38. Decret an die Stände, a.a.O., S. 5.
42) Hoffmann, A., a.a.O., S. 85.
43) Bericht der außerordentlichen Deputation der zweiten Kammer für die Steuerreformfrage über das Königliche Decret vom 15. December 1871, a.a.O., S. 436f.
44) Bericht der außerordentlichen Deputation der zweiten Kammer für die Steuerreformfrage über das Königliche Decret vom 15. December 1871, a.a.O., S. 449.
45) Bericht der außerordentlichen Deputation der zweiten Kammer für die Steuerreformfrage über das Königliche Decret vom 15. December 1871, a.a.O., S. 451.
46) Ebenda.
47) No. 24. Decret an die Stände, a.a.O., S. 605.
48) No. 49. Decret an die Stände, a.a.O., S. 35.
49) Bericht der außerordentlichen Deputation der zweiten Kammer für die Steuerreformfrage über das Königliche Decret Nr. 49 vom 8. Februar 1874, a.a.O., S. 520f.
50) Bericht der außerordentlichen Deputation der zweiten Kammer für die Steuerreformfrage über das Königliche Decret Nr. 49 vom 8. Februar 1874, a.a.O., S. 513f.
51) Ebenda.
52) Bericht der außerordentlichen Deputation der zweiten Kammer für die Steuerreformfrage über das Königliche Decret Nr. 49 vom 8. Februar 1874, a.a.O., S. 514.
53) Ebenda.
54) Rheichs-Oberhandelsgericht, Urteil vom 3. 12. 1873, Entscheidungen des Rheichs-Oberhandelsgerichts, XII. Band, Stuttgart, 1874, S. 15-23. なお，市場価格または取引所価格を有さない資産については，別の方法で現在客観的価値が求められなければならなかった。
55) Bericht der außerordentlichen Deputation der zweiten Kammer für die Steuerreformfrage über das Königliche Decret Nr. 49 vom 8. Februar 1874, a.a.O., S. 514.
56) Bericht der außerordentlichen Deputation der zweiten Kammer für die Steuerreformfrage über das Königliche Decret Nr. 49 vom 8. Februar 1874, a.a.O., S. 514f.
57) Bericht der außerordentlichen Deputation der zweiten Kammer für die Steuerreformfrage über das Königliche Decret Nr. 49 vom 8. Februar 1874, a.a.O., S. 515.
58) Mathiak, W., a.a.O., S. 48.
59) Einkommensteuergesetz vom 2. Juli 1878, Gesetz- und Verordnungsblatt für das Königreich Sachsen vom Jahre 1878, Dresden, 1878, S. 129-153.
60) Sigloch, Jochen, Ein Valet dem Maßgeblichkeitsprinzip?, Betriebswirtschaftliche Forschung und Praxis, 52. Jg. Heft 2, Herne, 2000, S. 160.
61) Sächsisches Oberverwaltungsgericht, Urteil vom 30.12.1901, Jahrbücher des Königlich Sächsischen Oberverwaltungsgerichts, Entscheidungssammlung des Sächsischen

Oberverwaltungsgerichts und des Verfassungsgerichtshofes des Freistaates Sachsen, 1. Band Heft 4, Leipzig, 1902, S. 343-348.

62) Sächsisches Oberverwaltungsgericht, Urteil vom 12.12.1912, Jahrbücher des Königlich Sächsischen Oberverwaltungsgerichts, Entscheidungssammlung des Sächsischen Oberverwaltungsgerichts und des Verfassungsgerichtshofes des Freistaates Sachsen, 19. Band Heft 4, Leipzig, 1913, S. 323-327.

第4章　1891年プロイセン所得税法と基準性原則

第1節　はじめに

　所得税法上の営業所得計算を商法上の利益計算に依存させるという基準性原則は，1874年12月17日のブレーメン所得税法，および同年12月22日のザクセン所得税法において初めて採用された。その後，プロイセンでも商工業の発達がみられるようになり，営業所得の重要性が増大し，1891年の直接税（所得税，営業税，相続税）の改革を機会に，所得税法の中に基準性原則が導入された。

　本章では，1891年プロイセン所得税法への基準性原則導入の動機，その過程を当時の議会議事録を中心にして解明していきたい。次節でまず，19世紀前半に一般的所得税導入の試みがプロイセンでなされたが成功しなかったことをみてみたい。次に，紆余曲折を経ながら制定された1851年所得税法（「階級税および分類所得税の導入に関する法律」），とりわけそこでの営業所得計算方法について吟味し，営業所得が源泉理論に基づいた収入支出計算により求められたことを明らかにしよう。そして，1891年所得税法への基準性原則導入（これは財産比較による所得計算を意味する）と，その後の影響について検討を加えることにしたい。

第2節　プロイセン王国への所得税の導入

　プロイセン王国への一般的所得税の導入は，1851年所得税法をもって嚆矢

とする。しかし，それ以前にもその試みはなされた。本節では，それについて概観したい。

19 世紀初頭，解放戦争（1813〜1815 年）前の 1808 年 2 月 23 日に，「東プロイセン＝リタウエン州の，そして特にケーニヒスベルク市の，戦争による負債制度に関する勅令」[1] が国王フリードリッヒ・ヴィルヘルム（三世）の署名をもって認証された。プロイセンは 1807 年 7 月のティルジット講和条約によって，フランスへの賠償金の支払いとナポレオン軍に対する人的・金銭的協力を求められた。それによって生じた州全体の負債およびケーニヒスベルク市の負債，それぞれの償還のために所得税が徴収されることとなった。このことを規定したのが上記勅令である。

営業からの所得に関していえば，利益が大きく変動したり，あるいはその平均値を求めるのが困難であったりするので，土地や資本から生じる所得，賃金所得などとは別個に分離して課税された。すなわち，営業の種類や採算性に応じて五つの階級が設けられ，それぞれに一定の税額が課されたのである。一種の階級税であったといえよう。なお，この所得税は 1811 年 9 月 7 日の勅令[2]により廃止された。3 年半適用されたに過ぎなかった。

1812 年には「財産税および所得税の徴収のための勅令」（1812 年 5 月 24 日認証）[3] が施行された。ここでは財産に起因しない，純粋な所得（営業，俸給，年金などから生じる）が存在する場合に次のように課税された。すなわち，年間所得が 300 ターラー（Thaler）以上の場合には 5％，100 ターラー以上 300 ターラー未満の場合には 1％の税率を用いて税額計算が行われた。また，100 ターラー未満のケースでは，肉体的な力を行使する人の場合は 12 グロッシェン（Groschen），芸術家や特殊な知識を行使する人の場合は 18 グロッシェンの税額であった。ただ，この所得税は一回だけ，臨時に徴収されたものであった。

所得への一般的課税が行われるまでには，もう少し時間を要した。解放戦争後，1820 年 5 月 30 日に「租税制度の整備に関する法律」[4] が認証され，税制改革が実施された。これに関連して，同日付で認証された「階級税の導入のための法律」[5] および「穀粉・屠獣税の整備のための法律」[6] が施行された。穀粉・屠獣税は 132 の大都市において，あらゆる種類の穀物およびすべての畜殺

された牛・山羊・豚などの消費に対して課された税である。穀粉・屠獣税が適用されなかった地域では，その住民に対して通常，世帯単位で階級税が課された。これは職業と身分によって住民を5階級に分類し，それぞれに対して毎月一定額を課するものであった。したがって，階級税は国籍を持つ者すべてによってその所得から，しかもその大きさに応じて国家に支払われるという意味での所得税[7]ではなかった。

1842年に英国は所得税を（再び）導入した。この出来事をライン州議会は1845年に取り上げ，ライン州へ所得税を導入することに賛成を表明した。それに続いて出された議会決議は，なるほど租税立法改革はこれを拒否したが，しかし大都市で階級税の代わりをしている穀粉・屠獣税を軽減することが貧しい階級のために必要であることを認めた[8]。

1847年3月28日になり，国王および政府は一つの提案（Proposition）[9]を連合州議会に行った[10]。その主な内容は穀粉・屠獣税を廃止すること，および階級税の適用を400ライヒスターラー（Reichsthaler）までの所得に制限し，それ以上の所得に対しては所得税を導入することであった。特に所得税に関しては，第11条により，①各種の土地財産所得，②資本財産所得，ならびに③営業および何らかの利益をもたらす活動からの所得，これらが申告されなければならなかった。

これらのうち③の営業所得に関していえば，それは，最近3年間の平均により計算された「商工業上の利益」であった。その際，商工業のために行われた支出のみが控除されえた。したがって，企業の経営に必要な「場所」のための賃借料は控除されうるが，納税義務者やその親族の住居のための賃借料，あるいはその扶養のための支出は控除されえなかった（第15条第2項）。

また，第15条第1項によれば，収入は継続的なものに限られた。「継続的な」という形容詞は，贈与などの一度きりの収入に所得税を課さないことを保証するために導入された。所得計算についての詳細は，財務大臣によって出されるべき命令（Instruktion）に含まれることになっていた[11]。このような内容の提案（法案）であったが，これは成立しなかった[12]。その大きな原因として，マティアーク（Mathiak, Walter）はその論文において，財務省の戦略ミス

を挙げている。財務省は法案について，廃止されるべき穀粉・屠獣税の長所と導入されるべき所得税の欠点を長々と列挙し，中立性に配慮しすぎたのである[13]。

それでも，所得税のみが租税公平性をつくり出すという意見は，1848/49年の革命年において目に見えて影響力を持ってきた[14]。政府は1849年に，「所得税および階級税の導入に関する法案」[15]を，三級選挙権（Dreiklassenwahlrecht）により選出された下院に提出した。これは，1820年の「租税制度の整備に関する法律」に規定する階級税および穀粉・屠獣税を廃止すること，その代わり王国全域において，年間所得1,000ライヒスターラー超を有する住民に対して所得税（税率は3％）を，それ以下の所得を有する住民に対して新階級税を課することを内容としていた。下院はこの法案を採択した。だが，それは上院では否決された。上院は所得税を導入しないこと，穀粉・屠獣税を維持すること，階級税を見直すことを内容とする修正案をまとめたが，会期切れになり下院ではもはや議論されえなかった[16]。

1851年1月に政府は第三の法案，すなわち「階級税および分類所得税の導入に関する法案」[17]を議会に提出した。これはほとんど修正されることなく，1851年5月1日の法律（以下，これを1851年所得税法という）[18]となった（7月1日に発効）。それは従前の二回の法案とは異なり，穀粉・屠獣税を維持した。また，階級税と所得税の境界を1,000ライヒスターラーとした。すなわち，階級税は穀粉・屠獣税の納税義務がない地域の住民で，年間所得が1,000ライヒスターラー以下の者に課された。年間所得が1,000ライヒスターラーを超える国民に対しては分類所得税が課された。

1851年所得税法の内容，なかんずくそこでの営業所得の算出方法については次節で詳細に吟味することにしよう。

第3節　1851年/1873年所得税法

　1851年所得税法によれば，分類所得税の査定は次のように行われた。1847年の草案と同じように，所得は，①土地所有，②資本財産，定期的な発掘，または何らかの種類の便益に対する権利，および③営業または何らかの利益を生む活動，それぞれから生じるものの三つに分類された（第19条）。そして，第20条がこれらの合計所得の大きさを30段階に分類し，各ブラケットに対して税額を定めた。税額は合計所得の3％を超えないように配慮された。

　ここでは，所得が源泉理論に基づいて規定されている。土地所有，資本財産，営業活動等から規則性と継続性をもって発生する所得が課税対象とされたのである[19]。三つに分類された所得のうち，営業所得の算出方法に関して，第30条が次のように規定している。

　　「第3種所得，すなわち商業・工業・用益賃貸・何らかの利益をもたらす活動―例えば，国家官吏または地方官吏として，医師・弁護士・文筆家等として―から生じ，同時に年金や休職給，および一般に不動産または動産の金利とみなされえない継続的な収入，これを包括する所得に関して，次のことが斟酌されなければならない：

　　　商業・工業・用益賃貸等からの利益は，過去3年の平均により―営業または用益賃貸借がこれだけの期間継続して行われている限り―，算出されなければならない。その場合，支出として，建物や備品の年々の損耗に対する通常の控除の他に，商業や工業経営等の継続のために従前の大きさで行われたもののみが控除されうる。したがって，納税義務者の家事や，その家族の扶養に関連した支出，あるいは営業の拡大やあらゆる種類の改良のための投資支出は控除されえない。（以下，中田による省略）」

　ここでいう利益（Gewinn）は総売上高（Bruttoerlös）を指す[20]。これから上記の支出額が控除されるのである。したがって，営業所得は一種の収入支出計算により求められたのであった。

　1851年所得税法は1873年5月25日の「階級税および分類所得税の導入に

関する1851年5月1日の法律の変更のための法律」(以下，1873年所得税法という)[21]によって変更された(1874年から適用)。この1873年所得税法と同時に認証された「穀粉・屠獣税の廃止に関する法律」により穀粉・屠獣税が廃止され，今までそれが課されていた都市に階級税が導入された[22]。また，階級税納税義務者のうち，その年間所得が140ライヒスターラー以下の者(主に日給労務者)は階級税が免除された。このような根本的な変更が行われたが，われわれの関心事である営業所得に関しては変更はなかった。

1877年1月3日には，財務大臣によって税額査定に関する命令が出された。既述したように，1851年/1873年所得税法は所得を三種類に分類し，それらの所得の確定のための原則(第28条〜第30条)を定めている。この原則の正しい公平な運用を，査定官庁，(階級税・所得税の)評価委員会，異議申立・地区委員会の側から保証するために，法律第38条に基づいて当命令が出されたのである[23]。

それは営業所得の計算に関する詳細な規定を置いている[24]。それを要約すると，図表4-1のようになる。営業所得は一種の収入支出計算により求められたのであるが，純粋な現金収支計算ではないことが理解できる。売上債権が収入に，減価償却費が支出にそれぞれ含まれている。また，固定資産の取得や売却に関わる収支は除かれる(ただし，現状維持のための支出，すなわち収益的支出は含められる)。

当時，会計実務においては一般ドイツ商法典(1861年)が適用されていた。その第29条によれば，あらゆる商人は営業の開始にあたり，その土地，債

図表4-1　1851年/1873年所得税法における営業所得計算

収入	支出
総売上高(売上収入，売上債権*)) (3年間の平均) ＋ 取引に係る受取利息 自家消費の商品・製品	建物・機械・什器の減価償却費(または賃借料) 建物・什器・棚卸資産の維持・製造・保険のための支出 従業員の賃金・食事のための支出 車を引く動物の飼育のための支出 営業税，土地・建物税 負債利子

*) 疑わしい債権は真実に近い価値で評価する。

権・負債，現金，その他の資産部分を正確に記録しなければならなかった。その際，資産部分の価値を計上し，資産と負債の関係を表示する決算書を作成しなければならなかった。また，その第31条は資産評価を規定しており，それによれば財産目録および貸借対照表の作成にあたり，すべての資産部分および債権は，その作成時にそれらに付されるべき価値でこれを計上することを要した。そして，回収の疑わしい債権はこれを真実に近い価値で計上し，回収不能な債権はこれを償却しなければならなかった。なお，利益は収入支出計算ではなく財産比較計算により算出された[25]。

　商法上の利益計算と税法上の所得計算を比べてみるならば，前者が財産比較計算であり，後者が収入支出計算であるという形式的な相違点が見られる。加えて，内容的にも固定資産の取扱いに関して大きな違いがある。前述したように，所得計算にあっては，固定資産については減価償却費や修繕費・保険料が考慮に入れられるだけであって，その売却損益，評価損益，および資本的支出（投資）は斟酌されないのである。このことは，上述した財務大臣の命令「計算の対象。第17条」の箇所で言及されている。すなわち，所得計算にあたって決算書を参考にする場合には，とりわけ資本損失の取扱いに関して注意しなければならない，と明記されているのである[26]。商人が備えている帳簿は所得計算に対して資料を提供するに過ぎなかった。あくまでも所得は総売上高から個別的に控除を認められている支出を差し引いて求められた。

　したがって，この時代，商人は二種類の計算を行う必要があり，煩雑であったと思われる。商業帳簿上の利益を所得課税の基礎とするよう主張する商人が現れてもおかしくない。これに関連して，次のような判例がある。ある株式合資会社が1886年12月31日の決算にあたり，当時適用されていた1884年の「株式合資会社および株式会社に関する法律」（第二次株式法改正法）に従い，有価証券評価損を計上した。そして，1886年度分の市町村所得税の計算にあたってそれを収入から控除した，という事例である。抗告人は，法規定および認められた商人の原則に一致して作成された貸借対照表は，課税にとっても基礎とならなければならない，と主張したのである。これに対して，1888年5月1日にプロイセン上級行政裁判所は，貸借対照表によって明らかにされる利

益は所得課税の基礎にはならない。年度支出に対する年度収入の余剰として計算される所得は貸借対照表からは明らかにならないと述べ，上告を却下した[27]。

このようにプロイセンでは，利益計算と所得計算は全く別個のものであったのである。なお，ザクセン（1874年12月22日の所得税法），ブレーメン（1874年12月17日の所得税法），およびハンブルク（1881年3月7日の所得税法）では，すでにこのとき，商法上の利益計算と税法上の所得計算がリンクされていた。

第4節　1891年所得税法への基準性原則の導入

(1) 1891年所得税法案とそれを巡る委員会審議

1883年頃から，邦議会・学界・新聞雑誌などにおいて，直接税の徹底的な改革—現状の欠陥や問題点の除去—の必要性が叫ばれてきた。政府は，所得税・営業税・相続税という三つの直接税に関する法案づくりを同時に進めた。その際，歳入を増加させることではなく，公平な，納税義務者の給付能力に合致した直接税負担の配分を行うことが考慮に入れられた[28]。

1890年11月3日に財務大臣ミケル（Miquel, Johannes Franz）は，邦議会の上下両院に所得税法案を提出した。その第14条（第1文）が営業所得に関して，次のように規定していた[29]。

　　「鉱業を含む商工業からの所得は，一般原則（第6条〜第11条）に従って算出された営業利益である。」

ここにいう一般原則に従えば，納税義務のある所得は所得（総所得）から，容認された控除項目の金額を差し引いて算出される（図表4-2参照）。なお，営業利益（Geschäftsgewinn）とは貸借対照表利益（Bilanzgewinn）より狭い概念であって，それは本来の商工業活動から生じた利益のみを含む[30]。したがって，例えば店舗の賃貸からの利益は除外される。それは賃貸所得として課税され

図表 4-2　1891 年所得税法案における，一般原則に従った課税所得の算出

― 所 得（Einkommen）*） ―
① 資本財産
② 土地財産・用益賃貸・使用賃貸
③ 鉱業を含む商工業
④ 利益をもたらすその他の活動

からの貨幣・貨幣価値形態にある年間総所得（gesamte Jahreseinkünfte）

－

― 控　除** ―
① 所得の取得・保護・維持のための支出
② 負債利子
③ 特別な権原に基づいた継続的負担（息子への，契約による援助金など）
④ 土地・営業から支払われるべき国税など
⑤ 建物・機械・什器等の損耗に対する規則的な年々の控除
⑥ 疾病保険金庫・養老保険金庫などへの掛金

*）相続・贈与・生命保険，土地売却（営業・投機目的を除く）からの臨時収入は所得ではなくて，基本財産の増加である。

**）資産の改良・増加，営業拡張・出資・資本返済のための支出，家族の扶養のためになされた支出，家自消費した商品・製品は控除できない。

る。

　法案には理由書が付されている。各条文について詳細な説明が行われているが，第 14 条に関しては何も言及されていない。起草者は，源泉理論に基づいた収入支出計算という従来の考え方をそのまま踏襲したものと考えられる。

　しかし，貸借対照表の結果に基づいて税額査定を行うというきっかけが，個人商人および人的会社の側からもたらされた。彼らは当時，二つの異なった年度決算書を作成することに疲れていた。すなわち，一つは源泉理論の意味における収入支出計算によるものであり，いまひとつは一般ドイツ商法典の規定によるものである[31]。

　政府案について，委員会が審議を行った。この委員会は 1890 年 11 月 24 日に下院（代議院）の決議によって設置された，28 人の構成員から成るものである[32]。その際，早速，上記の個人商人たちの立場を考慮に入れた動議が出された。それは次のように，政府案の規定に文言を追加するというものである。

　　「鉱業を含む商工業からの所得は，一般原則（第 6 条〜第 11 条）に従って算出された営業利益である。その場合，商工業からの純利益は，それが

財産目録および貸借対照表について商法典によって規定されているか，そうでなければ，正規の商人の慣習に一致する原則に従い計算されなければならない。特に，このことは固定資産の増加と損耗，および債権，債務，これらの利子について当てはまる。」

委員会議事録によれば，この提案が行われた根拠は，貸借対照表は税務申告に対して確実な基礎を提供すること，したがって提案が採択されれば多くの納税義務者にとって税務申告が容易になること，という点にあった。すなわち，正規の帳簿をつけている人は誰でも，その帳簿の記録，殊に貸借対照表の数字を税務申告書に書き移しさえすればよいのである。

加えて，貸借対照表上の利益への税額査定の依存のメリットとして，次のような点が挙げられた。まず，変動する計算要素の見積りを納税義務者に委ねる以外に，租税委員会の影響をできるだけ受けずに商工業所得を評価することは，事実上不可能であることである。次に，とりわけ株式会社の場合には，正規の貸借対照表は税務申告に対して確実な基礎を提供する点である[33]。この基礎を受け入れることは，株主に分配する利益とは全く異なる所得を租税委員会が確定することを回避するためにも合目的的である。さらに，提案された規定は商工業が発達しているザクセン，ハンブルク，ブレーメンですでに適用されていることも指摘された[34]。

この提案に対して，政府委員は次のように異議を申し立てた。問題になっている商法典第31条の規定は，所得税法案第11条～第16条に含まれている原則と一致しないから，不明確な状況がもたらされる。商法上の決算書は納税義務のある所得の計算にとってそのままでは基準になりえない。例えば，営業から納税義務者およびその家族のために引き出されたものは商法とは異なり，所得計算上は控除できない。しかし，正規につけられた帳簿によって作り出された基礎に従って所得を計算することは，委員会によって無視されえない状況である。そうであれば，この提案に関する詳細な規定を，命令に委ねる必要がある。ザクセン所得税法においても，商工業所得がその他の所得と異なって計算されるのかどうか不明確なので，のちに命令によってその不明確さが取り除かれなければならなかった[35]，と。政府委員は，商法典による帳簿に基づいて

所得を計算することは回避できそうもないので、そうであればザクセンの場合と同じように命令を出すことを主張した[36]。

なお、上記委員会提案の第3文では、第1文による収入支出計算と、第2文による財産比較計算の違いが強調されている。

このような議論が展開されたあと採決が行われ、第一読会では賛否同数で否決された。しかし、第二読会において、提案者が第2文の「その場合（dabei）」という用語を、「これを条件に（mit dieser Maßgabe）」というそれと取り替えることを再提案した。これは全会一致で採択された。ここに、第2文は第1文を変更するものではなく、単にそれを補足するものに過ぎないということが確認された[37]。

結局、委員会で採用された第14条（第1文～第3文）の文言は次のようになった。

　　「鉱業を含む商工業からの所得は、一般原則（第6条～第11条）に従って算出された営業利益である。これを条件に、商工業からの純利益は、それが財産目録および貸借対照表について商法典によって規定されているか、そうでなければ、正規の商人の慣習に一致する原則に従い計算されなければならない。特に、このことは固定資産の増加と損耗、および債権、債務、これらの利子について当てはまる。」

追加された第2文をめぐって、その後、代議院（下院）で長時間にわたる討論が展開されることになる。

(2) 1891年所得税法の成立

所得税法案に関する代議院での審議は、1891年2月11日から2月25日にかけて行われた。第14条については、2月16日に、商人の簿記と所得計算の関係（今日でいう基準性原則）を中心に、長時間にわたって論争が繰り広げられた[38]。

第14条に関しては、委員会案に対して二つの修正案が提出された。一つは、ゴールドシュミット（Goldschmidt）議員とブレーメル（Broemel）議員が共同で出したもので、第2文を次のように改めるというものである[39]。

「これを条件に，商工業からの純利益は，財産目録および貸借対照表について一般ドイツ商法典によって，株式会社および株式合資会社に対して第185a条で規定されているか，そうでなければ，正規の商人の慣習に一致する原則によって計算されなければならない。」

今一つの修正案は，ティーデマン（Tiedemann）議員が提出したものである。彼は第3文を次の文言にすることを提案した[40]。

「特にこのことは，一方では固定資産の増加に，他方では価値減少を適切に斟酌した，規則的な年々の減価記入に当てはまる。」

議会での討論は主に，前者に関して展開された。ゴールドシュミット議員は上記の修正案について，二つのことを述べた。まず，委員会案の第2文では，単に「商法典」と記されているが，これを「一般ドイツ商法典」と正式名称を用いた表現にすることである。次に，彼は内容に関して，委員会案にみられる「商法典によって規定されている」原則とは具体的に何を指すか，これを問題とする[41]。委員会で，政府委員が「問題になっている商法典第31条の規定は……（中田による省略）」と述べているように，そこでは第31条が念頭に置かれていた。ということは，資産は決算日に付されるべき価値で評価されなければならなかった。なぜなら，第31条は次のように規定していたからである。

「財産目録および貸借対照表の作成にあたり，すべての資産部分と債権は，その作成時にそれらに付されるべき価値に従って評価されなければならない。

疑わしき債権はその真実に近き価値で評価され，回収不能な債権は償却されなければならない。」

これについて，ゴールドシュミット議員は次のように主張する。現在の価値（作成時に付されるべき価値）の解釈は多様であり，また純粋に個別的なものである。したがって，評価はこれを実務上の経験に基づいた個々人の判断に任せるしかない。しかし，現実には，誠実な商人は自分自身および債権者を守るために，資産を過大計上しないように心がけている。慎重に資産評価を行っている。もし所得税法が現在価値（売却時価）での資産計上を求めているとするならば，誰もがその立派さを疑ったことのない誠実な商人は，査定委員会と見

解が食い違うこととなり，過小評価の故に第68条によって脱税の罪で訴えられる。商人たちの間で，このことに対する心配は極めて大きい[42]」，と。

彼はまた，商品・製品に対する消費者の好みの変化，あるいは機械の陳腐化や不適応化による減価に配慮して，商人たちが慎重に資産評価を行っている現実を紹介している。そこで彼は，資産を貸借対照表に計上する場合の確固たる評価基準が必要であると述べる[43]。1884年株式法（第二次株式法改正法）の第185a条の規定[44]こそ，それである。第185a条のうち，資産評価に関する規定は次のようになっている。

「取引所価格または市場価格を有する，有価証券および商品は，貸借対照表作成日の取引所価格または市場価格を超えない範囲で計上されうる。しかしこれが調達価格または製造価格を超える場合には，調達価格または製造価格を超えない範囲で計上されうる；

その他の資産は，調達価格または製造価格を超えない範囲で計上されなければならない。」

これは流動資産および固定資産の最高価値として調達価格（または製造価格）を定めたものである。ゴールドシュミット議員は，この株式法上の評価原則を個人商人や人的会社の所得計算にあたって適用すべきであると主張したのである。この背景には，彼自身が1884年帝国議会の委員会メンバーとして，上記の規定を制定したという自負もあったと思われる。「ドイツ帝国が貸借対照表に対する基準として作り出した原則が，プロイセンの国庫に対しても適用されるべきである」[45]と，彼は述べているのである。

このようにして，ゴールドシュミット議員は営業所得を計算する納税義務者が脱税の罪に問われることのないように，確固たる資産評価基準を設ける必要性から，上記修正案を提案したのであった。

ゴールドシュミット議員の意見に対して，政府委員（枢密財務顧問官・ヴァラッハ（Wallach））がまず次のことを発言している。①委員会で決議した第14条の追加文（第2文，第3文）の正当な考え方を実施指図に委ねることが合目的的であること，②営業所得の算出にあたって，まず第一に一般原則（第6条～第11条）が適用され，これからの乖離が存する場合にのみ，一般ドイツ商

法典の規定が適用されること，がそれである。そして次に，ゴールドシュミット議員の上記修正案を批判している。もし1884年株式法の第185a条に従って営業所得を計算するとすれば，一般ドイツ商法典第31条により貸借対照表を作成する個人商人は，そこに表示された利益をそのまま税務申告に用いることができなくなってしまう。これは委員会の意図に反することである[46]，と。財産比較による商法上の利益計算と，収入支出計算による税法上の所得計算という，二つの計算を行う商人の煩雑さを軽減しようというのが委員会の考え方であった。

また，ゴールドシュミット議員と共同で修正案を提出したブレーメル議員も，ゴールドシュミット議員と同じような理由付けを行っている。商法上，慎重に（すなわち，過小に）資産評価を行う商人が，不正申告者として処罰されないように，彼を守る立法規定を作る必要がある。それが株式法第185a条の規定である。これによって，誠実な商人がどの程度まで慎重に資産評価を行っても処罰に服さないか，その境界線が税法で示されることとなる[47]，と。

ただ，ブレーメル議員は審議の途中で，「計算されなければならない（zu berechnen sein）」という当初提案の文言を「計算されうる（gerechnet werden können）」という文言に変更した。彼はこれによって，所得計算にあたり，企業の法形態とは無関係に，株式法第185a条の規定を選択的に認めようとしたのである。

この変更されたゴールドシュミット＝ブレーメル案に対しても，他の議員や財務大臣ミケルによって反論が加えられている。その理由は政府委員ヴァラッハが述べたことと同じである。もし株式法第185a条により所得計算をすることになれば，個人商人は商法典第31条による計算と，株式法第185a条による計算とを行う必要があり，負担軽減とはならないからである。また，株式法第185a条を選択的に認めることは混乱をもたらすだけであることも反論の理由であった。

なお，ハマッハー（Hammacher）議員がゴールドシュミット議員の発言に関連して，次のように述べている。商品の異常な価値低下が存在するような場合，（商法典の規定だけではなく）正規の商人の慣習に一致する原則も適用さ

れるので，減価記入を行うことは可能である。ゴールドシュミット議員がなぜ前述のような危惧をするのか理解できない[48]，と。

ハマッハー議員はさらに，商法典第31条第2文に規定する債権の評価について財務大臣に確認している。未回収債権の価値引下げの会計処理方法として，個別法―個別債権において予想される損失額を当該勘定に貸方記入する方法―と，一括法―未回収債権について予想される損失の合計額を示す「貸倒引当金勘定（Delcrederekonto）」を設ける方法―の二つがある。実務では，特に多くの未回収債権が存在する場合には，個別債権ごとに評価するのではなく，債権合計額の一定割合の大きさで貸倒引当金勘定を設けている。税務行政はこれを認めるか，という質問である[49]。財務大臣ミケルは貸倒引当金勘定の設定は減価記入の今一つの形式であって，内容的には減価記入以外の何ものではない。実際に必要な大きさであれば認められる，と答弁している[50]。

ティーデマン議員が提出した修正案に目を移そう。彼の提案は，営業税法（第22条）[51]上の文言と一致させることが目的であった[52]。「損耗（Abnutzung）」を「減価記入（Abschreibung）」に変更することによって，鉱業の地下埋蔵物（Substanz）などの減価記入（減耗償却）も考慮に入れられることとなる。委員会で決議された文言によれば，有形固定資産に係る物的な損耗しか控除されえなかったのである。

長時間の討論のあと，採決に移った。ゴールドシュミット＝ブレーメル案は否決された。ただし，その否決後，「商法典」という用語の前に「一般ドイツ」というそれを挿入するかどうかが採決され，これは可決された。ティーデマン議員の提案は採択された[53]。その結果，第14条（第1文～第3文）は次のようになった。

> 「鉱業を含む商工業からの所得は，一般原則（第6条～第11条）に従って算出された営業利益である。これを条件に，商工業からの純利益は，それが財産目録および貸借対照表について一般ドイツ商法典によって規定されているか，そうでなければ，正規の商人の慣習に一致する原則に従い計算されなければならない。特にこのことは，一方では固定資産の増加に，他方では価値減少を適切に斟酌した，規則的な年々の減価記入に当てはま

る。」

　この新所得税法は1891年6月24日に認証され，1892年4月1日に発効した[54]。その認証後まもなく，1891年8月5日に「1891年6月24日の所得税法の施行のための財務大臣の指図」[55]が出された。その第1部第2章第19条「特に，商人の簿記における利益計算」の後段は次のような内容である。なお，前段には所得税法第14条の規定と同じ内容のことが記されている。

　　「財産目録での資産部分および債権の評価に対して，そして一般に認められている減価記入の大きさに対して，一般ドイツ商法典第31条の規定，商人の慣習，およびそれによって設けられた限界内での納税義務者自身の判断が決定的役割を果たす。したがって，この点で彼によって帳簿記入にあたって採用された原則は，個別ケースにおける減価記入の不適切な大きさが，一般的な慣習に従った大きさ，または特別な現実の状況によって正当化されている大きさを明らかに超えない限り，あるいは実際の純利益の作為的な圧縮の意図が認められない限り，納税義務のある所得の計算に対しても基準であることに変わりない。

　　同じ原則により，不確実な債権にかかる減価記入，および起こりうる損失の補償のための準備金（貸倒引当金勘定）に関して，処理が行われなければならない。」

　この規定から，代議院での審議で憂慮された問題，すなわち現実に商人が行っている記帳（特に減価記入）を税務行政が認めるか否かに関して，意図的な所得隠しでない限りできるだけ税務上も認めようという財務大臣の考え方が窺える。

　なお，議会で商法典第31条をめぐって議論されたことからも分かるように，個人商人および人的会社の所得計算のあり方が問題とされたのである。というのは，株式合資会社および株式会社に対しては第31条は適用されないからである。株式合資会社に対しては1884年株式法第185 a条が，株式会社に対しては第239 b条（第185 a条と同一内容）がそれぞれ適用される。また，所得税法上も株式会社については別規定がある。所得税法第16条および財務大臣の指図第27条により，「余剰（Überschüsse）」が株式会社の納税義務のある所

得を形成するのである。それは，配当金として株主に分配される金額に，その他の処分される金額（負債または基礎資本金の償還，改良または営業拡張，積立金の設定のための金額）を加え，その合計額から払い込まれた株式資本金の3.5％を差し引いて求められる。

株式資本金の3.5％を控除するのは，配当金を受け取った株主に対する課税との二重課税を回避するためであった[56]。いずれにせよ，株式会社の場合には，財産比較により算出される商法上の利益と，税法上の所得（余剰）との間には直接的な関係はなかった。

1884年株式法が存在するにもかかわらず，プロイセン所得税法がその第16条において，株式会社に対し「余剰」による所得計算方法を定めたのは，1874年のザクセン所得税法に倣ったことに由来する[57]。ザクセン所得税法第4条（法人の納税義務に関する規定）はその第2号において，株式会社，株式合資会社，鉱業会社および生業・経済協同組合は，株式利息または配当—名称はどうでもよいのだが—として構成員に分配される，あるいは積立金の設定や負債の償還のために用いられる余剰に対して納税義務がある，と規定している[58]。

なお，帳簿記入や貸借対照表作成を義務づけられていない商人（例えば，露天商人，古物商人，行商，旅館の主人などのいわゆる小商人），および商人でない営業者の場合には，第14条第1文に従い収支計算により所得が算出された[59]。

第5節　基準性原則導入後の展開

(1) 1895年12月13日のプロイセン上級行政裁判所判決

1891年所得税法第14条に関して，当時の注釈書には次のような記述がみられる。「まず，純利益の計算にとって本法律の第6条〜第11条が基準となる。これは，財産目録および貸借対照表に関する商法典の規定，そしてさらに正規の商人の慣習に一致する原則によって補完される」[60]と。既述したように，委

員会の審議においてもこのように解釈された。果たしてそうであろうか。第1文～第3文を詳しく吟味してみよう。

まず，第1文によれば，営業所得（営業利益）は収入支出計算により算出される。その際，固定資産に関しては減価償却費が支出として考慮に入れられるだけで，その評価損益，売却損益は無視される。源泉理論に基づいた収入支出計算においては，それは所得ではなく，基本財産（Stammvermögen）の増減とみなされたのである。

これに対して，第2文は期末純資産から期首純資産を差し引いた純利益を営業所得とみなしている。もちろん，この場合には固定資産の計算も含められる。このことは，第3文で強調されている。したがって，第1文により営業所得を計算するか，第2文によりそうするかによって，所得の大きさは異なってくるのである。第2文は第1文を補完するものではなく，全く異なった計算方法が規定されている。

当時，行政官補の職にあったドロステ（Droste）は，「1891年6月24日の所得税法第14条の解釈について」というその論文において，第14条には根本的に異なる，所得計算の二種類の方法が存在していると述べている。また，同一尺度では測れない（inkommensurabel）原則が混在しているとも言う[61]。

いずれにせよ，プロイセン上級行政裁判所は1895年12月13日の判決において，商法上の観察は収入支出計算の適用よりも優先する，とした。用益賃借権の減価記入に関する事例がここで問題となる。製粉業を営んでいる合名会社（出資者は抗告人とその婿）が水車を賃借した。その際，以前の賃借人が予定された時点よりも早く空けてくれたので，補償金（27,302.50マルク）を支払った。賃貸借期間は1889年9月1日から1898年3月31日までであった。彼はその補償金を用益賃借権勘定に借方記入した。そして，1993/94課税年度にその補償金の1年分を貸方記入し，申告にあたって納税義務のある所得から控除した。しかし，これは税務当局に認められなかった。訴訟を起こしたが，控訴審判決まで事情は同じであった。

確かに法人税法第14条第1文にいう一般的原則に従えば，固定資産については物的な損耗に対する控除しか認められていない。だが，第3文に特に強調

されているように，資産の価値減少を考慮に入れた減価記入は有形固定資産だけではなく，無形固定資産や債権にまで広く認められている。このことを根拠に，プロイセン上級行政裁判所は用益賃借権の価値減少分を所得計算にあたって控除することを認めたのであった[62]。

なお，控除額は次のようにして求められた。まず，借方計上された補償金の1年分の減価額を算出する。

$$27,302.50 \div 8\frac{2}{3} = 3,150.29$$

次に，抗告人の出資割合（40％）分を計算する。

$$3,150.29 \times 0.4 = 1,260.12$$

このようにして，商法上の会計規定に沿った所得計算が優先されたのである。この判決によって，個人商人および人的会社に対する基準性原則が真の意味で確立したといえよう。

(2) 1906年所得税法

1891年所得税法は1906年6月19日の法律により改正された[63]。営業所得に関する規定は第13条に置かれ，その第1項は次のように定めている。

> 「商業，工業および鉱業からの所得とみなされるものは営業利益（Geschäftsgewinn）である。商法典第38条以下の規定に従い商業帳簿をつけている納税義務者にあっては，利益は第7条および第8条の規定を遵守して，財産目録および貸借対照表について商法典によって規定されているか，そうでなければ，正規の商人の慣習に一致する原則に従い計算されなければならない。特にこのことは，一方では固定資産の増加に，他方では価値減少を適切に斟酌した，規則的な年々の減価記入に当てはまる。」[64]

これは1891年所得税法第14条に対応するものであるが，文言が変わっている。これについて理由書は，商業および工業に対する利益計算規定の新文言は従来の不明確な文言の改善を目的としているにすぎない[65]，と述べているだけである。恐らく，前述の行政官補ドロステのような解釈が行われるのを回避しようとしたのであろう。

第6節　おわりに

　本章では，1891年プロイセン所得税法への基準性原則導入の経緯について考察した。1891年まで，営業所得は源泉理論に基づいた収入支出計算によって求められていた。しかし，1861年一般ドイツ商法典に従い帳簿をつけ，貸借対照表を作成し，財産比較により利益計算をしていた商人にとっては，二種類の計算を行うことは煩雑であった。そこで，彼らの要請を受けて，議会で商法上の利益を税務上の所得の基礎とすることが認められたのであった。

　本文でみたように，すんなり基準性原則が採用されたわけではなかった。これを受け入れることは所得概念の変更を意味した。1891年所得税法第14条において，立法者は原則は収入支出計算であり，それを補完するものとして財産比較計算（基準性原則）を位置づけようとした。しかし，いったん法律ができあがってしまうと，立法者の意図とは異なって解釈されるようになり，1895年プロイセン上級行政裁判所の判決は商法上の利益を所得とみなした。

　ただ，基準性原則が適用されたのは個人商人および人的会社のみであった。株式会社や株式合資会社の場合には，商法（株式法）上の利益計算と所得税法上の所得計算との間に直接的な関係はみられなかった。

【注】
1) Reglement, das Kriegs-Schulden-Wesen der Provinz Ostpreußen und Litthauen und der Stadt Königsberg insbesondere betreffend. Vom 23sten Februar, Sammlung der für die Königlichen Preußischen Staaten erschienenen Gesetze und Verordnungen, Berlin, 1808, S. 193-216.
2) Fernerweites Edikt über die Finanzen des Staats und das Abgaben-System. Vom 7ten September 1811, Gesetz-Sammlung für die Königlichen Preußischen Staaten, Berlin, 1811, S. 253-262, ここでは特に S. 261; vgl. Grabower, Rolf, Preußens Steuern vor und nach den Befreiungskriegen, Berlin, 1932, S. 197.
3) Edikt wegen Erhebung einer Vermögens- und Einkommenssteuer. Vom 24sten Mai 1812, Gesetz-Sammlung für die Königlichen Preußischen Staaten, Berlin, 1812, S. 49-53.
4) Gesetz über die Einrichtung des Abgabenwesens. Vom 30sten Mai 1820, Gesetz-Sammlung für die Königlichen Preußischen Staaten, Berlin, 1820, S. 134-139.
5) Gesetz wegen Einführung einer Klassensteuer. Vom 30sten Mai 1820, Gesetz-Sammlung

für die Königlichen Preußischen Staaten, Berlin, 1820, S. 140-143.
6）Gesetz wegen Einrichtung einer Mahl- und Schlachtsteuer. Vom 30sten Mai 1820, Gesetz-Sammlung für die Königlichen Preußischen Staaten, Berlin, 1820, S. 143-147. なお，「穀粉・屠獣税」という訳語は，野津高次郎『獨逸税制發達史（復刻版）』文生書院，1988年，111ページ，を参考にした。
7）Aktenstück Nr. 75: Bericht der X. Kommission über den Entwurf eines Einkommensteuergesetzes, Anlagen zu den Stenographischen Berichten über die Verhandlungen des Hauses der Abgeordneten während der 3. Session der 17. Regislatur-Periode. 1890/91, Zweiter Band, Berlin, 1891, S. 1251.
8）Mathiak, Walter, Was von einem großen Plan blieb: Die preußische klassifizirte Einkommensteuer von 1851, Steuer und Wirtschaft, 78.(38.) Jg. Nr. 4, Köln, 2001, S. 324.
9）州議会で扱う議題の発議は二種類あった。一つは，国王が動議を発する「提案（Proposition）」であり，もう一つは州議会が動議を出す「請願（Petition）」であった（割田聖史『プロイセンの国家・国民・地域』有志舎，2012年，85ページ）。
10）Bleich, Eduard, Der Erste Vereinigte Landtag in Berlin 1847, Berlin, 1847, Bd. I, S. 29-39. この提案には「穀粉・屠獣税の廃止等に関する法案についての提案（Proposition wegen der Gesetzentwürfe, betreffend die Aufhebung der Mahl- und Schlachtsteuer u.）」という名称が付されており，それは「前文」，「A 穀粉・屠獣税の廃止，階級税の制限および所得税の導入に関する法律（Gesetz wegen Aufhebung der Mahl- und Schlachtsteuer, Beschränkung der Klassensteuer und Einführung einer Einkommensteuer）」および「B 所得税の徴収に関する法律（Gesetz wegen Erhebung einer Einkommensteuer）」の三部から成っている。
11）Bleich, E., a.a.O., S. 35-37.
12）Mathiak, W., a.a.O., S. 327-331.
13）Mathiak, W., a.a.O., S. 329.
14）Mathiak, W., a.a.O., S. 324.
15）Gesetz-Entwurf, die Einführung einer Einkommen- und Klassen-Steuer betreffend, Stenographische Berichte über die Verhandlungen der 2. Kammer, 1849-1850, Bd. 1, Berlin, 1850, S. 565-580.
16）Vgl. Mathiak, W., a.a.O., S. 333 u. 335f.
17）Entwurf eines Gesetzes, die Einführung einer Klassen- und klassifizirten Einkommensteuer betreffend, Stenographische Berichte über die Verhandlungen der 2. Kammer, 1850-1851, Bd. 3, Berlin, 1851, S. 53-62.
18）Gesetz, betreffend die Einführung einer Klassen- und klassifizirten Einkommensteuer. Vom 1. Mai 1851, Gesetz-Sammlung für die Königlichen Preußischen Staaten, Berlin, 1851, S. 193-209.
19）Barth, Kuno, Die Entwicklung des deutschen Bilanzrechts, Bd. 2, Stuttgart, 1955, S. 178.
20）Barth, K., a.a.O., S.179.
21）Gesetz wegen Abänderung des Gesetzes vom 1. Mai 1851. betreffend die Einführung einer Klassen- und klassifizirten Einkommensteuer. Vom 25. Mai 1873, Gesetz-Sammlung für die Koniglichen Preußischen Staaten, Berlin, 1873, S. 213-221.
22）Gesetz, betreffend die Aufhebung der Mahl- und Schlachtsteuer. Vom 25. Mai 1873, Gesetz-Sammlung für die Koniglichen Preußischen Staaten, Berlin, 1873, S. 222f.

23) Instruktion vom 3. Januar 1877, betreffend die Feststellung des der Klassen- bezw. klassifizirten Einkommensteuer unterliegenden Einkommens, Ministerial-Blatt für die gesammte innere Verwaltung in den Königlichen Preußischen Staaten, 38ster Jahrgang, Berlin, 1878, S. 44-57.
24) 財務大臣の命令の「計算の対象。第17条」には次の規定が置かれている。「商工業経営からの所得の計算は，考慮されるべき期間の総収益に向けられなければならない。そして，それには特に工業者の自己資本（設備資本，経営資本）に割り当てられる利子も含められなければならない。資本損失は，たとえこれが工業経営から生じたものであれ，それが年々の所得の減少を伴う大きさを除いて，その他の納税義務者の場合に財産損失が収入と相殺されてはならないのと同様に，控除されてはならない」と。
25) Das allgemeine deutsche Handels-Gesetzbuch nebst dem Einführungsgesetz und der Verordnungen über Führung der Handelsregister für das Großherzogthum Baden, in: Neudrucke Privatrechtlicher Koedifikationen und Entwürfe des 19. Jahrhnderts, Band 1, Darmstadt, 1973. 一般ドイツ商法典により初めて，人的会社の利益計算に対する原則が確立された。その発効により，収入支出計算による利益算出は背後に押しやられた。なお，株式会社については，すでに1856年株式規程第34号に，1年間の支出に対する1年間の収入の余剰ではなくて，貸方に対する借方の余剰が純利益を形成する，と定められていた（vgl. Barth, K., a.a.O., S. 131-140）。
26) Instruktion vom 3. Januar 1877, a.a.O., S. 51.
27) Endurteil des II. Senats vom 1. Mai 1888 Rep. II. C. 15/88, Entscheidungen des königlichen Oberverwaltungsgerichts, sechzehnter Band, Berlin, 1888, S. 96-103. この判決は地方税法の解釈に関わっている。しかしその運用にあたっては，国税としての所得税法の原則が適用されることとなっていた（vgl. Barth, K. a.a.O., S. 197）。
28) Aktenstück Nr. 5: Entwurf eines Einkommensteuergesetzes, Anlagen zu den Stenographischen Berichten über die Verhandlungen des Hauses der Abgeordneten während der 3. Session der 17. Regislatur-Periode. 1890/91, Erster Band, Berlin, 1891, S. 213.
29) Aktenstück Nr. 5: Entwurf eines Einkommensteuergesetzes, a.a.O., S. 204.
30) Barth, K., a.a.O., S.182, Fußnote 17a.
31) Barth, K., a.a.O., S.197f.
32) Aktenstück Nr. 75: Bericht der X. Kommission über den Entwurf eines Einkommensteuergesetzes, a.a.O., S. 1251.
33) しかし，実際には，のちに指摘するように，株式会社や株式合資会社の場合には，商法上の利益と税法上の所得とは関係づけられなかった。
34) Aktenstück Nr. 75: Bericht der X. Kommission über den Entwurf eines Einkommensteuergesetzes, a.a.O., S. 1251-1288, ここでは特に S. 1264f.
35) 1874年12月22日のザクセン所得税法に関して，1875年3月8日に施行令および評価委員会に対する指示が出された。なお，ブレーメンおよびハンブルクでは，法律とは別個に命令を出すのではなく，税法自体に追加規定を設けることによって，貸借対照表上の利益を修正して営業所得を計算することが指示された。例えば，ブレーメン所得税法はその第5条で課税所得の概念規定を行い，第5条を補足する追加条項B「純所得の評価のための指示」において工業所得・商業所得などの計算方法が示されている。ハンブルクでも同様に，所得税法第4条（ここでは所得概念が規定されている）に対する追加

規定があり，それが工業所得や商業所得の計算方法を取り扱っている。
36) Aktenstück Nr. 75: Bericht der X. Kommission über den Entwurf eines Einkommensteuergesetzes, a.a.O., S. 1264f.
37) Aktenstück Nr. 75: Bericht der X. Kommission über den Entwurf eines Einkommensteuergesetzes, a.a.O., S. 1265.
38) Stenographische Berichte über die Verhandlungen der durch die Allerhöchste Verordnung vom 21. Oktober 1890 einberufenen beiden Häuser des Landtags, Zweiter Band, Berlin, 1891（以下，Stenographische Berichte と略記する）。第14条の審議に関しては，859-865ページ。
39) Antrag zu der zweiten Berathung des Entwurfs eines Einkommensteuergesetzes: No. 114, Anlagen zu den Stenographischen Berichten über die Verhandlungen des Hauses der Abgeordneten während der 3. Session der 17. Regislatur-Periode. 1890/91, Zweiter Band, Berlin, 1891, S. 1423.
40) Antrag zu der zweiten Berathung des Entwurfs eines Einkommensteuergesetzes: No. 117, Anlagen zu den Stenographischen Berichten über die Verhandlungen des Hauses der Abgeordneten während der 3. Session der 17. Regislatur-Periode.1890/91, Zweiter Band, Berlin, 1891, S. 1424.
41) Stenographische Berichte, a.a.O., S. 859.
42) Ebenda.
43) Stenographische Berichte, a.a.O., S. 860.
44) ゴールドシュミット議員はこの規定を，「商法典第185 a 条の規定」と呼んでいる。その理由は，株式法第1条に，「商法典第2編の第2章第2節および第3章における規定，すなわち第173条から第249 a 条までは次の規定と置き替えられる」と記されていることから分かるように，1884年株式法改正法は一般ドイツ商法典の条文の変更を示したものであるからである。その他の発言者は，「株式法第185 a 条の規定」とか，「1884年法第185 a 条の規定」と言っている。
45) Stenographische Berichte, a.a.O., S. 860.
46) Stenographische Berichte, a.a.O., S. 860f.
47) Stenographische Berichte, a.a.O., S. 861f.
48) Stenographische Berichte, a.a.O., S. 862f.
49) Stenographische Berichte, a.a.O., S. 863.
50) Ebenda.
51) 当時，営業税法の改正作業も進められており，その第22条で「収益の算出にあたり，すべての営業費および価値減少を適切に斟酌した減価記入が控除される」という文言が置かれることになっていた（Gewerbesteuergesetz. Vom 24. Juni 1891, Gesetz-Sammlung für die Königlichen Preußischen Staaten, Berlin, 1891, S. 212)。営業税法改正に関わる委員会の委員長の職にあったティーデマン議員は，営業税法と所得税法とで文言を一致させることを主張したのであった（Stenographische Berichte, a.a.O., S. 843）。
52) Stenographische Berichte, a.a.O., S. 861.
53) Stenographische Berichte, a.a.O., S. 865.
54) Einkommensteuergesetz. Vom 24. Juni 1891, Gesetz-Sammlung für die Königlichen Preußischen Staaten, Berlin, 1891, S. 175-204.
55) Anweisung des Finanzministers vom 5. August 1891 zur Ausführung des Ein-

kommensteuergesetzes vom 24. Juni 1891, in: Krause, Paul, Das preußische Einkommensteuergesetz vom 24. Juni 1891 nebst Ausführungsanweisung vom 5. August 1891, Berlin, 1892, S. 115-169, ここでは特に S. 133f. なお，この「指図」には付録として申告書の記載例が載っている. 記載例Ｉ（1992/93 課税年度の商人 N. N. の納税申告書）には，営業所得の計算例も示されている（S. 165）。

輸入食料品店	1890年 マルク	1891年 マルク
1　決算書による営業利益	5,640	5,936
2　以下の，利益からの非控除支出が加算される：		
a）対人的な国税および地方税	588	588
b）私宅に対する賃借料	1,650	1,800
c）一部は店で，一部は家庭で使われている使用人の，按分した賃金	180	180
3　家事のために店から引き出された商品の価値	192	208
合　計	8,250	8,712
2年分		16,962 マルク
平　均		8,481 マルク

56) Aktenstück Nr. 75: Bericht der X. Kommission über den Entwurf eines Einkommensteuergesetzes, a.a.O., S. 1254.
57) Barth, K., a.a.O., S. 149.
58) Einkommensteuergesetz, vom 22. December 1874, Gesetz- und Verordnungsblatt für das Königreich Sachsen, Dresden, 1874, S. 472.
59) Krause, P., a.a.O., S. 63, Bem. 5.
60) Krause, P., a.a.O., S. 62, Bem. 4.
61) Droste, Zur Auslegung des §14 des Einkommensteuergesetzes vom 24. Juni 1891, Verwaltungarchiv, Bd. 5, Berlin, 1891, S. 544.
62) Entscheidung des V. Senats vom 13. 12. 1895. Entscheidungen des Königlich Preußischen Oberverwaltungsgerichts in Staatssteuersachen, 4.Band, Berlin, 1896, S.241-250.
63) Einkommensteuergesetz vom 19. Juni 1906, Gesetz-Sammlung für die Königlichen Preußischen Staaten, Berlin, 1906, S. 259-310.
64) 1906年プロイセン所得税法の第7条は，相続や贈与などの臨時収入は納税義務ある所得ではなくて，基本財産の増加であることを定めている．また，第8条は，所得計算において控除できるものとできないものを規定している．
65) Entwurf eines Gesetzes, betreffend die Abänderung des Einkommensteuergesetzes und des Ergänzungsgesetzes, Drucksachen des Preußischen Hauses der Abgeordneten, 20. Legislaturperiode, II. Session 1905/06, I. Band, Drucksache Nr. 9, Berlin, 1906, S. 82.

第5章　ハンブルク，リューベック，バイエルンおよびその他の邦国等における基準性原則

第1節　はじめに

　所得税法上の所得計算を商法上の利益計算にリンクさせるという基準性原則は，1874年12月17日のブレーメン所得税法，および同年12月22日のザクセン所得税法において初めて採用された。その後，前者はハンブルク所得税法（1881年）に，後者はプロイセン所得税法（1891年）に大きな影響を及ぼした。さらに19世紀末から20世紀初めにかけて，基準性原則はこれら以外の邦国の所得税法にも順次取り入れられた。

　本章ではまず，上記四つのうちまだ考察を行っていないハンブルク所得税法—時系列的には前章で考察したプロイセン所得税法に10年先立ち，前後してしまうのであるが—への基準性原則導入について検討を加えていきたい。次に，ブレーメン，ハンブルクと同じ自由ハンザ都市であるリューベックの所得税法（1889年），そして最初の帝国統一的な所得税法（1920年）に草案の段階で影響を与えた，バイエルン所得税法（1910年）を取り上げたい。

　さらに，その他の邦国の所得税法（バーデン（1884年），ヘッセン（1895年），ブラウンシュヴァイク（1898年），メクレンブルク・シュヴェーリン（1912年））における基準性原則の規定を概観する。また，戦時税法（1916年等）においても，基準性原則が引き合いに出されたことを指摘する。

　そして最後に，さまざまな邦国で採用された基準性原則の規定の仕方をまとめてみると，そこには二つのタイプがみられることを明らかにしたい。

第2節　1866年/1881年ハンブルク所得税法

(1) 1866年所得税法

　自由ハンザ都市ハンブルクに一般的な所得税が導入されたのは，1866年のことである。それまでは，ナポレオン軍による占領時代（1806-1814年）を経て，1815年に共和国が回復して以来，以前のようにさまざまな人税が存在していた。通常の正規の，すなわち毎年徴収されるものとして，1814年の市民軍隊税（Bürgermilitärsteuer），1819年/21年の（要塞の）撤去税（Entfestigungssteuer），および1842年の火災税（Brandsteuer）があった。これらは財産税と所得税が結合したものであった。すなわち，一定額以上の財産を有している納税義務者（富裕者）にあっては財産に従い，その他の納税義務者にあっては所得（収入）に応じて（しかもいくつかの階層に分け，累進税率により）課税が行われた。富裕者の場合，のちになり，その財産からもたらされる収益が見積収益率により計算され（この場合，営業上の財産の見積収益率はその他の財産のそれより高めに設定された），その収益（所得）が課税されるようになった。なお，一定額以下の所得は非課税であった[1]。

　さまざまな人税の並存および国の財政需要，これらを改善するために，そして租税配分をより良くするために，すでに長期間にわたって，直接的な人的課税の改革の必要性が叫ばれてきた。その改革はなかなか進まなかったが，憲法の改正（1860年），その他の租税（特に消費税（Accise））制度の変更（1861年/65年），「営業の自由」の導入（1865年）ののち，1866年3月26日の所得税法によってやっと実現した[2]。本法により，上記三つの人税に代わって一般的所得税が導入されたのである。

　さて，1866年所得税法[3]第4条をみてみよう。そこには次の規定がみられる。

　　「所得税は純所得または純稼得から，すなわち，どのような源泉から生じたか，当地で取得されたか，他所で取得されたかということとは無関係

に例外なく，貨幣形態または貨幣価値形態にある，納税義務者のすべての収入の合計額―場合によってはありうる自らが住んでいる住居の賃貸価格，また場合によっては空き住居の価値，現物給付などを加算して―から支払われなければならない。なお，この収入の獲得・保護・維持に用いられた支出は控除される。ただし，納税義務者が自身および自らの家族の扶養・効用・娯楽のために利用したものは，かかる支出とはみなされえない（本法への追加を参照せよ）。」

なお，第5条によれば，本来は前年度の所得に対して課税されるのであるが，営業者の場合には年度ごとに収入が変動するので，直前3年間の平均所得に対して課税が行われた。また，第10条が納税義務者に3月31日までに，租税管理事務所に自己申告することを義務づけた。申告された金額は，1863年6月15日の「行政機構に関する法律（Gesetz über die Organisation der Verwaltung）」に定められている審査委員会の審査を受けなければならなかった（第11条）。

所得税法の末尾に置かれた「第4条への追加（Anhang zu § 4）」が，純稼得または純所得とみなされるもの，すなわち所得税が課せられるものとして10項目を掲げている。そのうち，第5号が工業所得，第6号が商業所得に関する規定である。まず，第5号をみてみよう。

「あらゆる種類の手工業・工場制手工業・工場制工業の経営，さらに運送業・貨物輸送業・旅客輸送業―航海船によってであれ，川船によってであれ，荷車などによってであれ―の経営，そして文芸や芸術に関する事業，学校，教授施設，療養所などからの収入。

上記の工業や施設の経営者や所有主などによってその家族や家計のために自家消費された，当該製品および用役給付の価値を含む。

これに対して，以下のものが控除される。

a．加工された原料・材料・半製品（Halbfabrikate），および燃料・照明などとして使用された補助材料の取得原価；

b．納税義務のある工業者自らがその所有者でないことを前提に，必要な工場建物，作業所・販売店およびすべてのその他の建物―これらが

工業経営に利用される限りにおいて—，ならびに船舶および運搬用車両の賃借料；

　これに対して，そうでないケースでは，上記の建物・船舶・運搬用車両などの維持費・修繕費・損耗費，およびそれらについての保険料，ならびに抵当債務の利子；

c．現存する機械，および工場・工業・手工業・営業用器具の維持補修費，実際の状況に基づいた損耗費，それらおよび販売または消費される商品についての保険料；

d．事業主およびその家族以外の，使用人（ただし，事業に使用された場合に限る）の賃金・報酬・生計費，およびそこで使用された動物の飼育費；

e．疑わしい債権に対する不良な，正当な割合の金額；

f．事業経営のために借り入れ，そこで使用される資本の利子。」

次に，商業所得に関して規定した第6号は，次のようになっている。

「すべての商業からの収入—取引は，卸売業であれ，小売業であれ，行商であれ，あるいは販売業であれ，賃貸業であれ，あるいはまた自己売買業であれ，売買取次業であれ，そして現金収入の形であれ，債権の形であれ，商品あるいは貨幣，外国通貨により行われる—，および商業者によって自身および自らの家族のために自家消費された，その商業の対象物の価値。ただし，以下のものは控除される：

a．事業主およびその家族を除く，使用人の賃金・給与・報酬・生計費；

b．事業主がその所有主でないことを前提に，店・倉庫・貯蔵庫として事業経営に使用される建物のための賃借料。そしてそうでないケースでは，それらの維持費や保険料，およびそこに設定された抵当債務の利子；

c．使用された器具や営業用動産の維持費・損耗費・保険料；

d．その他の取引コスト；

e．販売された商品の取得原価；

f．疑わしい債権に対する不良な，事実に即した割合の金額；

g．事業に使用される借入資本の利子。」

　これらから分かることは，支出に対する収入の超過額が商工業の所得とみなされていたことである。ただし，自家消費した商品・製品は収入とされた。また，商業にあっては売上債権も収入に含まれている。建物（工業の場合のみ）や器具の損耗費，および売上債権の貸倒見積額は支出とみなされ，所得の計算にあたり収入から控除された。

(2) 1881年所得税法

　1866年所得税法は1871年1月の小さな修正を経た後，1881年に改正が行われた[4]。そこでは，納税義務者の範囲が自然人から非自然人あるいは私法上の法人にまで拡大された。特に，ハンブルクの株式会社・株式合資会社・登録された協同組合，およびハンブルクに土地を所有しているか，ハンブルクで支店や代理人を通して営業を行っている外国のそれらが新たに納税義務者となった。1881年所得税法はこのような特徴を持つのであるが，われわれはさらに，それがブレーメンに倣って基準性原則を導入した点に興味を惹かれる。

　その第4条は次のようになっており，1866年法に比べて僅かな変更がみられる。

　　「所得税は純所得から，すなわち，自己の家屋における住居，あるいは場合によっては空き住居の賃貸価格，現物給付などを含む，貨幣形態または貨幣価値形態にある，納税義務者のすべての収入の合計額から支払われなければならない。なお，納税義務者の収入の獲得・保護・維持に用いられた支出は控除される（ただし，納税義務者が自身または自らの家族の扶養・効用・娯楽のために利用するもの，および支払った所得税，生命保険に対する掛金，あるいは年金共済金庫への掛金はかかる支出とはみなされえない）。また，次のものも除く：

　　a．納税義務者が他の連邦国家に所有している土地からの所得，および彼が他の連邦国家で営んでいる営業からの所得，

　　b．他の連邦国家の国庫から支払われた俸給，休職給あるいは年金。

（本法への追加を参照せよ。）」

この法律にも「第4条への追加」が付いており，純所得とみなされるものが10項目ほど掲げられている。そのうち工業所得について定めた第5号は，1866年法と同じ文言を置いた後，新たに1文を挿入している。すなわち，「工業者が商人の，商法典の規定に一致する営業簿をつけているならば，彼は課税所得の計算にあたり，商業者のために第6号に立てられている原則に従わなければならない」というものである。

商業所得に関して規定した第6号は，次のように文言が一新した。

「商法典の規定に従って作成された年度貸借対照表から生じる，すべての商業からの利益。ところで，取引は，卸売業であれ，小売業であれ，行商であれ，あるいは販売業であれ，賃貸業であれ，さらにまた自己売買業であれ，売買取次業であれ，商品・有価証券・貨幣および手形，あるいは土地により行われる。

しかしその場合，商業者は，自身および自らの家族によって消費された在庫品・商品・現金，および営業に用いられた自己資本の利子を，課税所得部分として計算しなければならない。」

商業者に対しては基準性原則が適用され，工業者のうち一般ドイツ商法典に従って帳簿をつけている者にもそれが適用されることとなった。その間の事情を，1881年1月31日付の「市議会への市政府の報告書」からみてみよう。

まず商業所得（第6号）に関していえば，その計算についての従来の規定は情勢に合致せず，納税義務者によって守られていなかった。1866年所得税法によれば，①売上原価は収入から控除することができたが，棚卸減耗損は控除できなかった，そして②決算日に商品および有価証券の評価損益を計上することができなかった。これら二つの点が問題視された。実務では，商人たちは一般ドイツ商法典に従って作成された貸借対照表を所得税申告の基礎としていた。したがって，上記二つに関しては，彼らは所得税法の規定とは異なった処理をしていた。商法上の貸借対照表に基づいて税務申告することを正当化するために，1881年法の中に，ハンブルクと同じ自由ハンザ都市ブレーメンに倣って[5] 基準性原則が導入されたのである。

そうすると，従来のように控除項目を個別に列挙する必要はなくなったのであるが，誤解を避けるために，自家消費された商品等および営業に用いられた自己資本の利子，これらを課税所得とみなすことが明文化された。これは商法上の利益計算での取扱いとは異なったのである。

なお第6号に関して，旧法でみられた「商品あるいは貨幣，外国通貨により」という文言が，「商品・有価証券・貨幣および手形（により—中田注）」と変更され，より完全な表現になった。さらに，「あるいは土地により」という文言が追加されている。これは，販売目的で所有する土地から得られた利益は課税対象となることを明らかにするためであった[6]。

次に，工業所得に関する規定（第5号）をみてみよう。ここでは，1866年法と同一の規定を置いたあと，前述した一文が挿入されたのであった。その目的は，商業帳簿をつけ，商法典に従い広義の商人とみなされる工業者（工場主，運送引受人など）に，その所得計算にあたり，商業者にとって基準となるべきものと同じ原則に従わせることにあった[7]。

一般ドイツ商法典第4条は，「本法において，営業目的で商行為を行う者が商人とみなされなければならない」と，商人の定義づけを行っていた。そして第5条では，商事会社，特に株式合資会社および株式会社については商人に関する規定が適用される，と定められていた。このように本来，商業者のために編纂された商法典であったが，帳簿を備えた工業者，とりわけ当時まだ著しく少数であった工場制工業者[8]にも基準性原則が適用されることとなったのである[9]。

第3節　1889年リューベック所得税法

ハンザ自由都市リューベックでは1889年6月14日に公表された，1889年5月27日の所得税法[10]において基準性原則が採用された。リューベックの法律に本原則が導入された事情は他の邦国とは異なっている。興味深いので，当時の資料に基づいてそのことを考察してみよう。

1884年頃から，リューベックでは1872年所得税法の改正作業が始まった。この十年間に経済的状況が変化し，また租税学の進歩——これは近年，他の邦国すなわちブレーメン（1874年）やハンブルク（1886年）というハンザ都市，およびザクセン王国（1874年）の税法で役立てられた——がみられ，改正の必要性が生じたのである[11]。税務官庁は1886年12月15日に所得税法案を添付した「所得税法の改正に係る，鑑定人としての意見表明」[12] 公表した。

法案の第7条は，「課税所得は，下記のものを控除した後の，自己の家屋における住居または空き住居の賃貸価格，および世帯のために消費された自己の農業または自己の営業の産物の価値を含む，貨幣または貨幣価値形態にあるすべての所得の総額（Gesammtbetrag aller Einkünfte）である」と規定している。ここにいう控除項目とは，a）借入資本の利子，およびb）収入の獲得・保護・維持のために用いられた支出，これら二つである。そして同条の最後で，「上記の原則の適用に関して，追加条項Aが詳細な規定を設けている」と述べている。

「課税されるべき純所得の計算についての規定」という見出しを持つ追加条項Aは，その第5号で手工業・工場制工業・運送業等の経営について，また第6号で商業について，それぞれ収入支出計算によって所得を求めることを定めている。しかし第6号の最後には，「商法典の規定に一致する営業簿をつけている営業者（第8条第2項参照）は，正規に作成された年度決算書により課税所得を計算しなければならない」という基準性原則に関する一文が置かれている。この条文にみられるように，基準性原則導入の鍵を第8条が握っていると思われるので，その規定を吟味してみてみたい。第8条の第1項は，課税年度直近の暦年に獲得した所得が課税に対して基準となる，と規定している。その第2項は，「商法典の規定に一致する商人の帳簿をつけなければならない，営業（Geschäft）および企業（Unternehmung）から生ずる収入の申立てと課税に対しては，課税年度直近の3年間の平均収益（Ertrag）が基準となる」と定めている。

この第8条は，当時適用されていた所得税法（1872年法）の第5条を受けて修正されたものである。当時の第5条は所得を固定収入と変動収入に分類して

いた。そして前者については課税年度の総額，後者については課税年度直近の3暦年の平均額がそれぞれ考慮に入れられなければならなかった。改正に当たって，収入を固定的なものと変動的なものとに分類することが困難であるということ，また収入の3年間の平均額を計算することは，帳簿づけを義務づけられていない手工業者，農業経営者，家屋所有者，金利生活者などにとっては容易ではないこと，これらのことが問題となった。そこで，法案の第8条では，ハンブルクやブレーメンに倣って，固定収入と変動収入という区別が廃止された。ただし，商法典の規定に一致する商人の帳簿をつけなければならない商人に対しては，例外的に従来のまま，3年間の収入の平均が課税されることとなった[13]。

このことに関連して，「鑑定人としての意見表明」は追加条項Aの第6号に上記の最終文を置いた理由を次のように説明している。

法案の第8条によって3年間の収益の平均計算が，商法典の規定に一致する商人の帳簿をつけなければならない商工業者に制限されている以上，それにより正規に作成された当該営業（Geschäft）の年度決算書を所得計算の基礎とすることは，首尾一貫しているだけではなく，疑念を抱かせないようにも思われる。もちろん事が起こった場合には，形式的な点でも実質的な点でも決算書の吟味が可能である。特に，控除可能とされた範囲——例えば将来の損失に対する引当，疑わしい債権に係る第6号fにより認められた償却[14]——を超えた控除や償却，あるいは土地の価値の不当な減価などが行われていないか否か，という点である[15]，と。

要するに，もともと，商法典により記帳を義務づけられている営業者は帳簿に基づいて3年間の平均収益を計算し，これを課税の基礎とするという規定が存在していた。この規定と矛盾しないように，基準性原則に関する規定が追加条項Aの第6号に置かれたのである。

その後，1889年に所得税法が公表された。法案と同様に，「課税されるべき純所得の計算についての規定」と題する追加条項Aが置かれている。手工業・工場制工業・運送業等の経営について規定した第5号は法案と全く同じである。ところが第6号は二つの点で変更がみられる。まず，表題が変わってい

る。法案では「商業からの収入，および未回収債権（die Einnahme aus Handelsgewerben und die ausstehenden Forderungen）」となっていたが，法律では「商業からの，収入および未回収債権（die Einnahme und die ausstehenden Forderungen aus Handelsgewerben）」となっており，適切な表現にされた。第6号の本文は収入支出計算により所得を計算することを定めており，法案と同一の規定である。

　第6号に関する，法案からの変更点の二つめは，最終文が削除されていることである。その代わり，第7号に「商法典の規定に一致する営業簿をつけている個人および会社（第8条第2項参照）は，正規に作成された年度決算書により課税所得を計算しなければならない」（傍点―中田）という規定が置かれた。基準性原則に関する規定が項目のうえで独立した（これに伴い，法案の第7号～第10号は法律では第8号～第11号となった）。なお，傍点部分は法案では「営業者」となっていた。法律は，第8条第2項で用いられている「個人および会社」に用語を合わせたのである。

　リューベック所得税法に基準性原則に関する規定が導入されたのは，以上のような経緯からであった。

第4節　1910年バイエルン所得税法

　バイエルン王国では他の邦国より遅れて，1910年になって基準性原則が導入された。1910年8月14日のバイエルン所得税法[16)]は，その第7条で，納税義務者の所得（Einkommen）とは，自己の家屋における住居の賃貸価格，家計のために用いられた自己の経営の製品・商品の価値を含む，貨幣および貨幣価値の形態での総年間所得（gesamte Jahreseinkünfte）であると述べている。そして，その所得（Einkünfte）として，①土地財産，すなわち土地，建物および農林業経営からの所得，②営業，すなわち商業，工業および鉱業からの所得，③資本財産からの所得，④職業（雇用関係など）からの所得およびその他の収入の四つを挙げている。

営業所得については，第14条が次のように詳しく規定している。

「Ⅰ営業からの純所得は，工業，商業および鉱業からの純収益を包括する。

Ⅱ商法典第38条以下の規定に従って商業帳簿をつけている納税義務者においては，純収益は税法規定を遵守して，財産目録および貸借対照表について商法典によって規定されているか，そうでなければ正規の商人の慣習に一致する原則に従って，計算されなければならない。

Ⅲそのような帳簿がなければ，純収益は税法規定を斟酌して，年々の事業収入と事業支出との対比から計算されなければならない。

（Ⅳ～Ⅵは中田による省略）」

ここでは，「税法規定を遵守して」という文言が特徴的である[17]。この文言は―第6章でみるように―最初の帝国統一的な所得税法（1920年）の制定にあたり，特に法案の段階で影響を及ぼした。

バイエルン所得税法に関しては，1911年5月30日に，内務省および財務省から「所得税法の実施に関する1911年5月28日の公示」[18]が出された。その第35条には「帳簿をつけている営業者における純所得の計算」という見出しが付いており，次のように所得計算を具体的に規定している。

「Ⅰ商法典第38条以下の規定に従って商業帳簿をつけている営業者においては，純収益は税法規定を遵守して，財産目録および貸借対照表について商法典によって規定されているか，そうでなければ正規の商人の慣習に一致する原則に従って計算されなければならない。このことは特に，一方では固定資産の増加，他方では相応の価値減少に一致する，規則的な年々の減価記入，およびその他の規則的な年々の減価記入に当てはまる。この場合，継続的に営業活動に供されている固定資産やその他の資産が，貸借対照表作成にあたって，相応な減価を控除して，真実の，場合によっては修正された調達価格または製造価格で評価されるということが前提とされる。

Ⅱその際（第1項），納税義務者が税法上の規定，特に法律の第7条・第8条・第11条・第12条，およびこれについて出された実施規定を守っ

ていない限りは，貸借対照表上の純収益に必要な修正が加えられなければならない。したがって，とりわけ，その控除が法律上認められていない（法律第12条第3項，公示第20条）支出は帳簿において支出として処理されず，場合によっては貸借対照表上の純収益に再び加算されるということ，しかしさらに，すでに帳簿において支出として処理され，そのような方法で損益計算において考慮された控除可能な消費支出（法律第12条第2項，公示第19条，第34条第8項）は，貸借対照表上の純収益から再度は控除されないことに注意が払われなければならない。

Ⅲ 納税義務者によって記帳にあたり採用された原則は，減価記入に関して，また蓋然性の高い経営損失の補償のための準備金（Rücklagen zur Ausgleichung wahrscheinlicher Betriebsverluste）（法律第12条第1項第4号・第9号，公示第18条第4項・第7項）に関して，減価記入の大きさが個別ケースにおいて，一般的慣習に従い行われている程度，または特別な実際の状態により十分な理由のある程度を明白に著しく越えない限りは，異議を唱えられない。このケースにおいて，あるいはその他に基準年度の収益から隠れた準備金が蓄積される場合，税法で認められている限度を越えて控除された金額は，貸借対照表上の純収益に加えられなければならない。」

まず第1項では，1874年ザクセン所得税法や1891年プロイセン所得税法と同様に，固定資産の増加とその損耗償却はGoBに従うことが謳われている。すなわち，資本的支出は所得計算上控除されえない。また，損耗償却は支出を伴わないが控除されうる。

第2項および第3項で述べられていることは，次のように要約することができる。

　　　貸借対照表上の純収益（Reinertrag）
　　＋商法上は支出として記帳したが，税法上は控除不能なもの
　　＋過大な減価記入
　　＋税法で認められた限度を超える経営損失補償準備金および同
　　　様な準備金
　　―――――――――――――――――――――――――――
　　＝税法上の純所得（Reineinkünfte）

「税法規定を遵守しながら GoB に従って所得を計算する」とは，このような方法で所得を求めることを指す。なお，上式にみられる「経営損失」とは，未だ減価記入によって補償されていない，経営に関連している損失を意味する。すなわち，なるほど収入として処理されているが，しかし回収不能である債権に係るものである。したがって，経営損失補償準備金とは利益からの留保項目ではなく，一種の貸倒引当金と解することができる。

第5節　その他の邦国等の所得税法

(1) 1884年/1900年バーデン所得税法

　バーデン大公国においては，1884年所得税法[19]で株式会社および株式合資会社について基準性原則が導入された。また，1900年所得税法[20]では，営利企業について，商法上の年度決算書の結果が営業所得の下限とみなされた。

　1884年法は第2条で，工業・商業・鉱業経営からの所得が課税対象とされることを規定している。第3条が課税所得に関する規定であるが，その詳細な計算方法は「1884年所得税法の実施に関する1885年の命令」[21]の第4条にみられる。それによれば，工場生産または手工業生産による製品の製造を注文によりまたは販売目的で行っている工企業，および商品の購入と販売に携わっている商企業からの課税所得は，収入支出計算により求められる。ところが「命令」の第13条では，年度貸借対照表が株式会社および株式合資会社の課税所得の計算の基礎とされなければならない，と述べられている。

　また，1900年の改正所得税法では次の規定が見出される。「租税の確定にとって基準となる年度所得」という見出しの付いた第12条はその第2項で，一定日の所得状況に応じた所得の測定にあたり，固定収入は基準日の水準に一致するその年度額に従って，変動収入は前暦年または前営業年度の実際の結果に従って──だが経営がまだ1年続いていない場合には，当年度の推定の結果に従って──，見積もられなければならない，と規定している。

これを受けて、同条第7項は次の規定を置いている。「営業簿をつけている営利企業からの所得は、その間に流動資産および固定資産の減少に結びつく、営業の縮小が行われていないということを前提に、基準年度（第2項）について作成された財産目録・貸借対照表・損益計算書によって計算されたそれより小さく測定されてはならない」と。ここでは、商法上の年度決算書の結果が営業所得の下限とみなされていることが分かる。

以上みてきたように、バーデンでは株式会社および株式合資会社に対してのみ基準性原則が適用された。

(2) 1895年ヘッセン所得税法

1895年6月25日の一般的所得税に関するヘッセン大公国の法律[22]には基準性に関する規定はないが、所得計算に際して控除できる項目を列挙した第19条に第8号として次の規定が設けられている。

> 「8. 農業および営業の経営に役立つ建物・機械および経営手段の、価値減少を適切に斟酌した、損耗に対する規則的な年々の償却。これは正規の簿記の原則に従って要求されているごときである。」

注釈書によれば、本来、この規定は必ずしも必要なものではなかった。というのは、控除項目の最初に、「納税義務者によってその所得の獲得および維持のためになされるべき支出」が第1号として掲げられており、上記の第8号はこれに属するからである。それにもかかわらず、第8号が置かれたのは次の理由による。これまで商人の実務において、この損耗に対する控除が好んで用いられており、それは不適切な減価記入であるとして税務当局と衝突していた。そこで第8号を特別に設け、損耗に対する控除はGoBによってのみ認められ、それを超えるものは許容されないこととなった[23]。

このように、ヘッセンの1895年所得税法では、内部取引である減価償却費の計算に対してのみGoBが適用された。

(3) 1896年ブラウンシュヴァイク所得税法

1896年4月16日のブラウンシュヴァイク公国の所得税法[24]は、その第14

条で「鉱業を含む商工業からの所得」に関して次のように定めている。

「鉱業を含む商工業からの所得は，一般的な原則に従って算出された営業利益である。これによれば，商工業からの純利益は，財産目特および貸借対照表について一般ドイツ商法典によって規定されているか，そうでなければ正規の商人の慣習に一致する原則に従って計算されなければならない。特にこのことは，一方では固定資産の増加に，他方では価値減少を適切に斟酌した規則的な年々の減価記入に当てはまる。(以下，中田による省略)」

ここでは，明確に基準性原則が謳われている。

なお，1896年8月27日の施行規則[25]は所得税法第14条に関して次のことを指摘している。商法典の意味における商人ではない工業者においては，利益は事業収入と事業支出の対比によって計算されること，そして商法典第28条以下の規定に従って商業帳簿をつけている納税義務者においては，財産目録作成時の資産部分と債権の評価に対して，および一般に許容された減価記入の大きさに対して，商法典第31条の規定，商人の慣習，およびこれらによって設けられた制約内での納税義務者の判断自体が決定的な役割を果たすこと，である。

(4) 1913年メクレンブルク・シュヴェーリン所得税法

最後に，1913年5月6日のメクレンブルク・シュヴェーリン大公国の所得税法[26]をみてみよう。

まず，第5条に課税対象の一つとして，鉱業を含む商工業，および営業的に経営を行っている投機取引が挙げられている。そして第9条第3項でこう規定している。

「商業，工業および鉱業からの営業利益は，商法典第38条以下の規定に従って帳簿をつけている自然人においては，課税年度直前の3経済年度の平均によって，だが経営が3年間存在していなかったり，その間に大きな変化があったり，帳簿を3年間つけていない場合には，年度決算書が存在する，より短い期間の平均によって，また年度決算書が全く存在しない場

合には，最初の経済年度の推定の収益によって見積もられる。(以下，中田による省略)」

さらに，第12条に商工業所得に関して詳しい規定がある。

「商業，工業および鉱業からの所得は，以下の規定に考慮を払ったうえで，一般原則(第5条～第10条)に従って算出されうる営業利益である：

1. 商法典の第38条以下の規定に従って商業帳簿をつけている納税義務者においては，利益は，財産目特および貸借対照表について商法典によって規定されているか，そうでなければ正規の商人の慣習に一致する原則に従って計算されなければならない。特にこのことは，一方では固定資産の増加に，他方では価値減少を適切に斟酌した規則的な年々の減価記入に当てはまる。(第2号～第4号，中田による省略)」

ここでは，明確に基準性原則に関する規定がみられる。

(5) 帝国の戦時税法

基準性原則がほとんどすべての邦国の税法に導入されたあと，戦時税法においても収益課税にあたり，この原則が引き合いに出された[27]。1916年6月21日の戦時税法によれば，内国法人は臨時の戦争税として超過利益税(戦時営業年(1914年8月を含む連続する3営業年度)に先立つ5営業年度の営業利益の平均と，戦時営業年(上記の3年間)の各年度の営業利益の差額に対する租税)を課された。そして戦時税法は，その第16条第1項第1文で「営業利益は，営業年度において獲得された，法規定および正規の商人の簿記の原則に従って計算された貸借対照表利益である」と規定した[28]。

第一次世界大戦後の1918年，1919年には平和利益(Friedensgewinn)という超過利益に対して臨時の戦争税が課された。平和利益の算定にあたっては，前記戦時税法の営業利益の計算方法が適用された[29]。

このように，企業の収益課税にあたり，邦国だけではなくて帝国でも基準性原則が用いられた。

第6節　基準性原則に関する規定の二つのタイプ

　第2章から本章にかけて、幾つかの邦国の所得税法を基準性原則との関連において吟味してきた。1874年にブレーメン所得税法とザクセン所得税法で初めて，基準性原則が導入された。基準性原則を定めた条文を分析してみると，両者の規定の仕方には違いがあることが分かる。ザクセン所得税法は単に商法上の原則に言及しているにすぎず，かくして実質的基準性（materielle Maßgeblichkeit）に従っている。この場合，理論的には貸借対照表を作成しなくても所得を計算することができる。これに対して，ブレーメン所得税法はすでに──今日そうであるように──形式的基準性（formelle Maßgeblichkeit）に従って，具体的に計算された商法上の利益を引き合いに出している[30]。これら二つのタイプを，それぞれザクセン型，ブレーメン型と名付けよう。

　この違いを図示すれば，図表5-1のようになる。

　ザクセン型はプロイセン，ブラウンシュヴァイク，バイエルン，メクレンブルク・シュヴェーリンの所得税法にみられる。一方，ブレーメン型はその後，ハンブルク，リューベックというブレーメンと同じ自由ハンザ都市に普及した。前述したように，ハンブルクの文書にはブレーメンに従って基準性原則を

図表5-1　基準性原則に関する規定の二つのタイプ

（1）ザクセン型：実質的基準性

```
┌──────────────┐   ┌──────────┐
│商 法 規 定    │──→│貸借対照表│
│正規の商人の慣習│   └──────────┘
│              │   ┌──────────┐
│              │──→│所得の計算│
└──────────────┘   └──────────┘
```

（2）ブレーメン型（自由ハンザ都市型）：形式的基準性

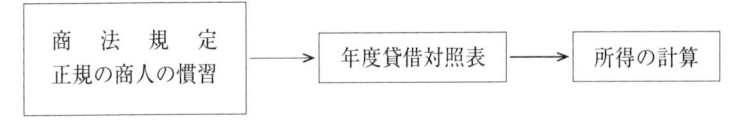

```
┌──────────────┐   ┌──────────────┐   ┌──────────┐
│商 法 規 定    │──→│年度貸借対照表│──→│所得の計算│
│正規の商人の慣習│   └──────────────┘   └──────────┘
└──────────────┘
```

導入したという記述があり，またリューベックの文書でも，固定収入と変動収入の区別の廃止に関して，ハンブルクとブレーメンに倣ったと記されている。したがって，ブレーメン型は自由ハンザ都市型ということもできる。

さて，ザクセン型は実質的基準性に従っているというものの，より詳細に吟味すると，そこには二つの大きな特徴がみられる。一つは，税法上の一般原則（収入支出計算）を守ったうえで，特に固定資産の増減，債権・債務・これらの利子について商法規定あるいは正規の商人の慣習に従って所得を計算することである。したがって，基準性は極めて限定的である。二つめは，既述したプロイセンやバイエルンの例からも分かるように，実際の所得計算にあたっては，貸借対照表上の利益数値に加算・減算を施して所得を算出している点である。

これに対して，ブレーメンやハンブルクで採用されたハンザ都市型においては，貸借対照表上の利益が所得税法上の所得である。しかし，実際には留保規定が存する。ブレーメン所得税法の場合，自家消費した資産を所得とみなす，という唯一の留保規定があった[31]。ハンザ都市型の場合には商事貸借対照表への依存度が極めて強かった。今日的意味での「税務貸借対照表に対する商事貸借対照表の基準性の原則」の生成は，ブレーメンに求められるといえよう[32]。

第7節　おわりに

本章では，ハンブルク，リューベック，バイエルン，バーデン，ヘッセン，ブラウンシュヴァイク，メクレンブルク・シュヴェーリンといった各邦国の所得税法に，19世紀末から20世紀初頭にかけて基準性原則が導入されたことをみてきた。これらの邦国においては，すでに吟味したブレーメン，ザクセン，プロイセンのように基準性原則を巡った本格的な議論は行われておらず，先例を参考にして導入が行われた。

ブレーメン，ザクセン，プロイセンを含む，これまで考察してきた邦国の基

準性原則に関する規定を分析してみると，これを二つのタイプに分類することができた。実質的基準性を要求するザクセン型と，形式的基準性を求めるブレーメン型が，すなわちそれである。前者によれば，商法上の原則に従って所得計算が実施される。プロイセンなど多くの邦国はこのタイプに属する。また，後者に従えば，商事貸借対照表上の利益が税務上の所得とみなされる。このタイプはハンブルク，リューベックというハンザ自由都市で取り入れられたにすぎない。だが，形式的基準性こそが「税務貸借対照表に対する商事貸借対照表の基準性の原則」にとって重要である。

【注】

1) Wagner, Adolph, Finanzwissenschaft, Teil IV, Spezielle Steuerlehre, Die deutsche Besteuerung des 19. Jahrhunderts, Leipzig, 1901, S. 594-596.
2) Wagner, A., a.a.O., S. 596.
3) Gesetz, betreffend Einkommensteuer vom 26. März 1866, Gesetzsammlung der freien und Hansestadt Hamburg, Hamburg, 1866, S. 12-21.
4) Mittheilung des Senats an die Bürgerschaft, Nr. 6 vom 31. 1. 1881, Antrag, betreffend die Revision des Einkommensteuer=Gesetzes, Verhandlungen zwischen Senat und Bürgerschaft im Jahre 1881, Hamburg, 1882, S. 11-35.
5) Mittheilung des Senats an die Bürgerschaft, Nr. 6 vom 31. 1. 1881, a.a.O., S. 22-23.
6) Mittheilung des Senats an die Bürgerschaft, Nr. 6 vom 31. 1. 1881, a.a.O., S. 23.
7) Ebenda.
8) Barth, Kuno, Die Entwicklung des deutschen Bilanzrechts, Bd. 2, Stuttgart, 1955, S. 195.
9) なお，1914年1月9日のハンブルク所得税法では，商業からの利益に関する基準性原則は第10条に置かれている（Einkommensteuergesetz. den 9. Januar 1914, Gesetzsammlung der freien Hansestadt Hamburg, Hamburg, 1914, S. 1-24）。その理由について，ハンブルク租税委員会上級補佐役ペータースは，従来の法律の追加条項に掲げられていた，商業からの利益の課税に関する規定は，その原則的な重要性の故に法律本文に移された，と述べている（Peters, John, Hamburgisches Einkommensteuergesetz vom 9. Januar 1914, Finanz-Archiv, 32.Jg., Osnabrück, 1969 (Neudruck der Ausgabe 1915), S. 326）。
10) Gesetz, betreffend die Einkommensteuer. Vom 27. Mai 1889 (veröffentlicht am 14. Juni 1889), Sammlung der Lübeckischen Verordnungen und Bekanntmachungen, Jg. 56, Lübeck, 1890, S. 28-45.
11) Gutachtliche Erklärung der Steuerbehörde zum Auftrage vom 17. Februar 1886, betreffend Revision des Einkommensteuergesetzes. Nebst Entwurf eines Einkommensteuergesetzes, Verhandlungen des Senats mit dem Bürgerausschusse und der Bürgerschaft, Jg. 1887, Lübeck, 1888, Anlage 2 und Anlage 2a（特にここでは Anlage 2 の1-2ページ）.
12) Ebenda.

13) Gutachtliche Erklärung der Steuerbehörde zum Auftrage vom 17. Februar 1886, a.a.O., Anlage 2（特に 12-13 ページ）.
14) 所得税法案の追加条項Aの第6号は所得計算上控除できるものを列挙しており, その f は「不良債権の額および疑わしい債権に対する適切な額」となっている.
15) Gutachtliche Erklärung der Steuerbehörde zum Auftrage vom 17. Februar 1886, a.a.O., Anlage 2（特に 22 ページ）.
16) Einkommensteuergesetz vom 14. August 1910, Gesetz- und Verordnungs-Blatt für das Königreich Bayern, Nr. 42, München, 1910, S. 493-533.
17) 第4章でみたように, 1906年プロイセン所得税法では「第7条および第8条の規定を遵守して」という文言が置かれていた.
18) Bekanntmachung vom 28. Mai 1911 zum Vollzuge des Einkommensteuergesetzes, Gesetz- und Verordnungs-Blatt für das Königreich Bayern, Nr. 33, München, 1911, S. 455-672.
19) Gesetz vom 20. Juni 1884, die Einführung einer allgemeinen Einkommensteuer betreffend. Friedrich, von Gottes Gnaden Grossherzog von Baden, Herzog von Zähringen, Finanz-Archiv, 3. Jg. 2. Bd., Osnabrük, 1968 (Neudruck der Ausgabe 1886), S. 361-395.
20) Badisches Einkommensteuergesetz in der Fassung vom 9. August 1900/28. September 1906, Finanz-Archiv, 24. Jg. 2. Bd., Stuttgart und Berlin, 1907, S. 148-157.
21) Gesetz vom 20. Juni 1884, die Einführung einer allgemeinen Einkommensteuer betreffend. a.a.O., S. 361-387.
22) Gesetz, die allgemeine Einkommensteuer betreffend. Vom 25. Juni 1895, Großherzoglich Hessisches Regierungsblatt, No. 20, Darmstadt, 1895, S. 107-130.
23) Glässing, C., Die neueste Stand der Reform der direkten Steuern im Grossherzogtum Hessen und die Gesetze über Einkommen- und Kapitalrentensteuer vom 25. Juni bezw. 10. Juli 1895, Finanz-Archiv, 13. Jg. 1. Bd., Stuttgart, 1895, S. 314.
24) Einkommensteuergesetz für das Herzogtum Braunschweig. Vom 16. April 1896. Mit Novelle vom 11. März 1899, Finanz-Archiv, 16. Jg. 2. Bd., Stuttgart, 1899, S. 243-275.
25) Ebenda.
26) Mecklenburgisches Einkommensteuergesetz. Vom 6 Mai 1913, Finanz-Archiv, 31. Jg. 2. Bd., Osnabrück, 1969 (Nachdruck der Ausgabe 1914), S. 213-236.
27) Vogt, Stefan, Die Maßgeblichkeit des Handelsbilanzrechts für die Steuerbilanz, Düsseldorf, 1991, S. 88-89.
28) Kriegssteuergesetz. Vom 21. Juni 1916, Reichs-Gesetzblatt, Berlin, 1916, S. 561-572.
29) Gesetz über eine außerordentliche Kriegsabgabe für das Rechnungsjahr 1918. Vom 26. Juli 1918, Reichs-Gesetzblatt, Berlin, 1918, S. 964-974; Gesetz über eine außerordentliche Kriegsabgabe für das Rechnungsjahr 1919. Vom 10. September 1919, Reichs-Gesetzblatt, Berlin, 1919, S. 1567-1577.
30) Freidank, Carl-Christian/Velte, Patrick, Quo vadis Maßgeblichkeit?, Steuer und Wirtschaft, 87.(40.) Jg. Nr. 2, Köln, 2010, S. 186.
31) ハンブルク所得税法の場合には, さらに, 営業に用いられた自己資本の利子を所得とみなすという留保規定がみられる.
32) 最初の帝国統一的な所得税法である1920年法は, 第6章で考察するように実質的基準性に従った. しかし, 1930年4月30日のライヒ財政裁判所の判決は, 「税務貸借対照

表は独立した貸借対照表ではなくて、商事貸借対照表から派生したものであり、税法によって行われた修正の点でそれと区別される」(RFH-Urteil vom 30. 4. 1930, Reichssteuerblatt, Berlin, 1930, S. 354) と述べ、基準性の効力範囲を形式的基準性だけ拡大した。また、1931年12月9日の判決も、「商事貸借対照表上の価値は税務貸借対照表の基礎にされなければならない」(RFH-Urteil vom 9. 12. 1931, Reichssteuerblatt, Berlin, 1932, S. 148) と述べた。この形式的基準性は連邦財政裁判所の1985年4月25日判決 (BFH-Urteil vom 25. 4. 1985, Sammlung der Entscheidungen des Bundesfinanzhofs, Bonn, 1986, S. 29) によっても確認された (Freidank, C.-C /Velte, P., a.a.O., S. 188)。

なお、今日 (1934年所得税法以降) の基準性に関する規定の仕方を図示すれば、次のようになる。

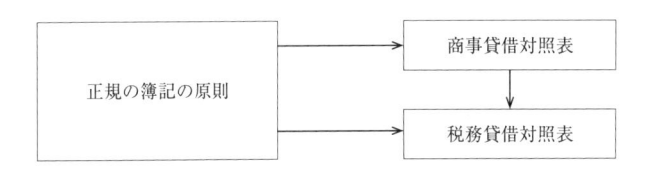

```
                           ┌──────────────┐
                     ┌────▶│ 商事貸借対照表 │
┌──────────────┐    │     └──────────────┘
│ 正規の簿記の原則 │────┤            │
└──────────────┘    │            ▼
                     │     ┌──────────────┐
                     └────▶│ 税務貸借対照表 │
                           └──────────────┘
```

ここでは、実質的基準性を前提とした形式的基準性が求められている (ただし、2009年改正所得税法により、税務上の選択権は基準性の対象から除かれている)。

第6章　税務貸借対照表の自立
（1920年～1960年代前半）

第1節　はじめに

　1874年のザクセン所得税法，ブレーメン所得税法への基準性原則導入以後，19世紀末から20世紀初頭にかけて各邦国で基準性原則が導入された。そこでは，商事貸借対照表上の利益と税務上の所得とは，原則として一致するものであった。ところが，1920年の帝国統一的な所得税法成立後，税法が少しずつ商法とは異なる特別な規定（留保規定）を置くようになってきた。この傾向は1960年代前半まで続いた。

　その理由の一つは，税法が裁判所の判決の影響を受けて，適正で完全な利益（voller Gewinn）を算出しようとしたことである。これは慎重な（保守的な）利益計算を行う商法の考え方とは異なった。また，特に第二次世界大戦後に出現した経済政策的な租税恩典も税務貸借対照表の自立化を促した。ただ，租税恩典については商事貸借対照表での計上を前提とするもの（逆基準性の適用）もあり，全部が全部，基準性原則を侵害したわけではなかった。

　本章では，1920年から1960年代前半までにみられた税務貸借対照表の自立化の過程を考察していきたい。

第2節　1920年/1921年所得税法および1925年所得税法

　1919年租税通則法により，所得税分野での財政権がドイツ帝国に移り[1]，

1920年3月に最初の帝国統一的な所得税法[2]が成立した。それに先だって，1919年11月に法案が公表されているので，これを検討しておきたい。基準性を定めたのは第32条第2項である。

> 「商法典の規定に従って商業帳簿をつけている納税義務者においては，営業利益（Geschäftsgewinn）は本法の規定と相違がない限り，財産目録および貸借対照表について商法典によって規定されている原則に従って計算されなければならない。」

この規定に関して，三つの特徴を指摘することができる。一つは基準性原則が採用されている点である。これについて，法案に添付されている理由書は次のように述べている。「商工業からの所得に係る税額査定は，正規の営業貸借対照表において相対的に確実な基礎を有している。正規に作成された財産目録，貸借対照表および損益計算書には，あらゆる個別の営業事象が記帳されている。したがって，ここでは最も良く管理が行われている」[3]と。

二つめの特徴は，1874年ザクセン所得税法や1891年プロイセン所得税法とは異なり，意識的にGoB（それらの税法中の表現は「正規の商人の慣習に一致する原則」であった）への参照指示が放棄されていることである。これは過大な減価償却などによって慎重な税務貸借対照表が作成される，すなわち過小な所得計算が行われるのを防止するためであった[4]。商法会計から距離を置こうとする姿勢を読み取ることができる。

もう一つの特徴は「本法の規定と相違がない限り」という文言が置かれていることである。これについて，理由書は次のように説明している。ほとんどの邦国の所得税法においては単に，控除および非課税所得（相続財産，遺産，贈与，生命保険証書など）に関する規定を遵守したうえで商人の貸借対照表が基準とされる，という規定が存するのみである。しかし，この自明の規定は十分ではない。所得計算にあたり貸借対照表を基礎にするということは，つまるところ，会計期間の初めと終わりの有高を考慮に入れて，収入と支出を対応させることを意味する。そして帳簿をつけている商人の課税はそもそも，帳簿づけを行っていない商人と同じ規定・規則に従って行われる。したがって，法案においてはバイエルンの所得税法に倣って[5]，営業利益の計算にあたり，法案の

規定と矛盾しない限りにおいて，財産目録および貸借対照表について商法典によって規定されている原則が基準になると定められているのである[6]，と。

　理由書を読む限り，法案の段階では帳簿をつけている商人も，そうでない商人も営業所得を収入支出計算で計算することが原則であった。ただし，帳簿をつけている商人は，期末の貸借対照表と期首のそれを比較して，動産たる固定資産，製品，商品，その他の棚卸資産の有高の相違を把握し，これを収入支出計算にあたり考慮に入れることになっていた。これが基準性の内容であった。

　この法案に関するドイツ憲法制定国民議会の委員会第一読会で，二つのことが問題となった[7]。一つは，幾つかの連邦国家の所得税法では，営業利益の計算にあたり商法典の規定だけではなく，正規の商人の慣習も考慮に入れられているという問題であった。これに対しては，政府側の次官補が，商人は固定資産の減価償却や債権の評価減を過大に行うので，それを客観的に行わせるために「正規の商人の慣習」を条文に置いていないのであると，法案理由書に記載してある通りの説明を行っている。

　もう一つは，商法典の規定により商業帳簿をつけることを義務づけられ，この規定によってそれをつけている納税義務者のみが意図されており，個人的に商法典を遵守しながら商業帳簿をつけている非商人は除外されている，という指摘である。これについては，「商業帳簿（Handelsbuch）」という表現からしてすでに，法律の意味での商人にかかわる問題であるから非商人のことは斟酌しなくてよい，というのが多数の意見であった。

　引き続き第二読会が開催され，そこでは第32条第2項を次のように変更する提案が出された[8]。

　　「商法典の規定に従って商業帳簿をつけている納税義務者においては，営業利益は第14条の規定を遵守して，財産目録および貸借対照表について商法典によって規定されている原則に従って計算されなければならない。」

ここにいう第14条は，所得計算にあたり控除できない一定の金額―資産の改良・増加，営業の拡張，生計などのための支出および支払われた所得税，その他の人税―を定めた箇所である。法案と比較すると，「第14条の規定を遵守

して」という文言が「本法の規定と相違がない限り」というそれに取って代わっている。特定の条項を遵守するというこの文言は，1906年プロイセン所得税法にみられる表現である。

この規定がそのまま1920年所得税法の第33条第2項となった（ただし条文中，第14条という用語が法律では第15条に代わっている）。このようにして完成した第33条第2項の規定を，ライヒ財政裁判所（Reichfinanzhof：以下，RFHと略記する）は実質的な，課税標準の範囲を決定する基準と解釈し，単なる形式的な所得計算規定とはみなさなかった[9]。したがって，広範囲に及ぶほとんど無制限に適用される基準性が存在したのである。

このように1920年所得税法はかなり厳格な基準性を定めたのであったが，実務上，商人はインフレーションによる価格上昇に直面して，商法典で定められた（インフレによる，より高い）「普通価値（gemeiner Wert）」（すなわち客観的売却価値）ではなくて，もともと株式会社等にのみ認められていた調達原価・製造原価で評価を行っていた[10]。なお，普通価値とは1893年プロイセン補充税法で導入された概念[11]であり，以後約30年間にわたってドイツ税法の中心を形成した価値尺度である。

1921年3月24日の所得税法（「1920年3月29日の所得税法の改正についての法律」）[12]が，第33a条の挿入によって重要な改革をもたらした。それは次のように規定している。

> 「営業財産たる資産に対して，調達価格または製造価格が与えられている限り，第32条，第33条の意味における経営利益（Betriebsgewinn）および営業利益（Geschäftsgewinn）の計算にあたって，これらの資産の価値として，損耗（Abnutzung）に対して許容された控除を差し引いた後の，調達価格または製造価格が適用される。ある資産について，調達価格または製造価格が普通価値を上回るならば，納税義務者は普通価値を調達価格または製造価格の代わりに計上することができる。この場合，経済年度末に計上された価値が翌経済年度初めの資産価値として計上されなければならない。」

ここでは，当時の商法上の評価基準である普通価値ではなくて，調達価格ま

たは製造価格での評価がすべての営業者に対して認められた点，そしてより低い普通価値が選択的に認められた点に注目しなければならない。商法上の評価規定とは異なる，税制上の特別規定が採用されたのである。基準性原則への違反が明文化された形でみられる。ただ，この規定は以前から商事貸借対照表において行われていた商人の行動を追認したにすぎない[13]。

　1921年所得税法で初めて採用された，税制上の特別規定すなわち評価留保は，1925年8月10日の所得税法[14]にも引き継がれた。しかも第19条〜第21条に包括的で固有の評価規定が置かれた。その主な内容は次のとおりである。

▶資産は普通価値または調達原価・製造原価（損耗に対する控除または減耗償却後）で評価しなければならない（第19条第1項・第2項）

▶すでに以前から納税義務者に帰属している資産は，供用時の普通価値を超えて評価してはならない（第19条第3項）

▶すでに前年度末に納税義務者に帰属していた資産の場合，前年度末の評価額がその次年度の最高限度額である（第20条：厳格な価値関連性の原則）

▶天然産物・商品・原材料・住居・権利や財貨の享受などのような貨幣形態にない収入は，別段の定めがない限り，消費地の一般的な中間価格でこれを評価しなければならない（第21条）

　さて，1925年所得税法第13条に目を向けてみよう。そこには次のような基準性原則に関する規定が置かれている。

　　「商法典の規定に従って商業帳簿をつける義務を負っているか，またはそのことを義務づけられてはいないが，商法典の規定に従って実際に商業帳簿をつけている納税義務者においては，利益（第7条第2項第1号，第2号）は，正規の簿記の原則により課税期間末に算出された事業財産の，前課税期間末に査定の基礎になっていた事業財産に対する超過額である。利益の算出にあたって，自己の経営からの引出（第12条第2項），控除可能支出（第15条〜第18条）および評価（第19条〜第21条）が遵守されなければならない（zu beachten sein）。第12条第3項の規定は然るべく適用される。」

　ここでは，実際に商業帳簿をつけているすべての商人は，営業所得をGoB

に基づいた財産比較計算により求めなければならない[15]ことが明文化されている。しかし，それは無条件の基準性ではない。法案の理由書は次のように述べている。原則的に，税務貸借対照表は商事貸借対照表に従わなければならない。だが，完全な一致は存在しない。商人の貸借対照表においては，彼に，より広い判断の余地が与えられており，彼が大きく評価するはずはない。税務貸借対照表は商法上の在高貸借対照表ではなくて，成果貸借対照表である。したがって課税期間内の実際の出来事を把握するために，実質的な正確さは別として，価値は適正でなければならず，また一連の特別な税規定が考慮されなければならない[16]，と。

このことは，上記の第13条において参照指示された税法上の特別規定に具体化されている。そこで，これと商法の利益計算規則との関係を吟味してみよう。まず，引出規定（所得税法第12条第2項）への参照指示は，単に明確化のために設けられたにすぎない。控除可能支出に関する規定（第15条〜第18条）は商法上のGoBよりも優先された。これらのことは，従来と同じである。しかし，第19条〜第21条の特別な評価規定（評価留保）については事情が異なった。注釈書によれば，税法上の効力規定（例えば増価記入禁止）は商法上のGoBより優先され，税務上の選択権（例えば普通価値と調達原価との間での選択権）は商法上のGoB（流動資産における厳格な低価主義）によって破棄される，と解された[17]。

要するに，当時の広範囲に及ぶ商法上の操作可能性（特に資産の過小評価）を税務上排除するために，税法に特別な評価規定を置くことによって基準性を制限しなければならなかったのである。税法上の所得は可能なかぎり適正に，完全に把握される必要があった。ここに税務貸借対照表自立化の萌芽をみることができる。

第3節　1926年12月14日および1928年3月27日のライヒ財政裁判所判決

　ドイツ商法会計規定の特徴は慎重性原則を重視していることである。これは

主に，資産の過小評価を通じた利益の過小表示によって図られる。これは当然，できるだけ適正で，完全な利益を算出して，それを課税所得とみなそうとする税法の考え方[18]と対立する。1920年代に始まった，税法上の利益計算と商法上のそれとの乖離，すなわち税務貸借対照表の自立化の主因はこの点に求められる。

税務上できるだけ適正な利益を計算しようとする努力は，RFH の判決に連なった。それは経済財（Wirtschaftsgut）と部分価値（Teilwert）に関するものである。1928年3月27日のその判決は，経済財概念について次のように述べている[19]。

>「税法上は商法上よりも広範な借方計上義務が存する。しかも，商業帳簿をつけている営業者にとって，彼が支出の対価として，したがって通常，貨幣給付の対価として取得した経済財の故に，税法上，次の場合に借方計上義務が存在する。すなわち，その経済財が一般的な取引見解に従えば，それ自体個別的な評価ができ，そしてまさにこの取引見解に従えば，個別の課税期間を本質的に超える大きな価値を企業に対して有している場合である。」

争点はこうである。1926年3月31日にある有限会社と合資会社との間で締結された契約によって，この合資会社は同年7月1日から30年間にわたってある製品の生産のための操業を停止する義務を負った。合資会社は対価として325,000ライヒス・マルク（RM）を受け取った。そのうち48,750RM は有限会社自身が負担した。残額の支払いは，その有限会社と親密な関係にある会社が行った。当有限会社は，支払った48,750RM を当該会計年度（1925年7月1日～1926年6月30日）の費用（損金）として処理した。商法および商人の慣習によれば，このような費用は借方計上能力はあったが義務はなかった。これに反して，税務署は48,750RM を課税所得とみなした。契約相手から有償で取得した権利は，たとえ商法上は借方計上選択権が認められていようとも，税法では計上義務のある資産とみなされたのである。

判決は，このケースでは有限会社が数年間にわたる競争の回避に対する契約上の権利を手に入れたのであり，経済財の有償取得が問題となるのであるか

ら，税務上，借方計上義務があるとした。さらにその判決は，借方計上義務のある経済財は，①民法の意味における物および権利，ならびに②限定できる支出によって入手され，独立した評価が可能で，経済年度を超える効用を経営にもたらすことを約束するその他の経済的便益，これら①と②である[20]，と述べている。このようにして，税務上は商法上よりも広い借方計上義務が存することとなった。

次に，部分価値に目を向けてみよう。これも，税制上できるだけ適正な期間利益を計算しようという目的で作られた価値概念である。この部分価値は普通価値に代わって登場した概念である。普通価値は1893年プロイセン補充税法で導入された価値尺度であった。また，1902年のプロイセン上級行政裁判所の判決も1897年商法典第40条に関連して，「真実の価値として，ここでは一般に，1893年7月14日の補充税法第9条の意味における普通価値，すなわち営業の継続を前提とした客観的売却価値が理解されなければならない」[21]と述べている。

このように19世紀末から20世紀にかけて，税法上も商法上（資本会社を除く）も普通価値（客観的売却価値）で評価が行われていた。その際，普通価値を算出するにあたり，企業の解散ではなくて継続が前提となっていた。ところが，1925年所得税法は，その第19条第1項第2文でこういう規定を設けた。「販売に定められていない資産の普通価値の算定にあたって，各資産の売却に際して個別に獲得できる価格が計算されるのではなくて，むしろ資産は，それが評価時点に帰属する経営の継続に今後も役立つということから出発しなければならない」[22]と。すなわち，固定資産にあっては普通価値は個別的売却価値ではないとされたのである。

そして1926年12月14日にRFHが部分価値という用語を用いて，次のような判決を下した。「経済単位に帰属する資産の場合，実際，経済単位の部分として資産が有する価値—これを簡潔に部分価値という—と，それから切り離されてそれ自体が有するであろう価値—これを簡潔に個別価値という—とは厳密に区別されなければならない」[23]と。この判決から，資産の価値にはその個別的価値とは別に，経済単位全体に対する一部分としての価値があることが理解

できる。これが部分価値と命名された。

　以上みてきた経済財，部分価値というRFHが作り出した新しい概念は，継続を前提とする企業の適正な税務上の期間利益（所得）を算出しようとする税務貸借対照表の立場から生まれたものである。

　しかし，RFHは前記の税法の目的からみて問題視される判決も下した。それは1931年7月29日の，承継取得された暖簾に関するものである。「暖簾は，その価値がおおよそ決定できる期間内に，ある規則性をもって企業のために利用し尽くされるものではない単一的経済財である。それ故に，有償で取得された暖簾は所得税法第16条第2項による損耗控除（Abnutzungsabsetzung）が実施されるのではなく，所得税法第19条第1項の意味における，調達価値ないし簿価より低い普通価値への評価替え目的で償却が実施されるにすぎない」[24]と。商法典第261条第4号が承継取得された暖簾の借方計上およびその規則的な償却を認め，これが広く普及した商人の慣習であったにもかかわらず，RFHは規則的償却を認めず，より低い部分価値への引下げの可能性を許容したにすぎなかった。この判決は，適正な期間利益を求めようとする税法の立場からではなくて，国家の財政的窮乏および貨幣需要を考慮に入れたものだと言われている[25]。

第4節　1934年/1938年/1939年所得税法

(1) 1934年所得税法における基準性の法典化

　国家社会主義による政権力掌握の約2年後，1934年10月16日に，ラインハルトの租税改革に沿って新しい所得税法が公布された[26]。今日のドイツ所得税法はその構成において，この1934年法に由来する。経済財という概念が上記判決から引き継がれ本法の中に置かれた。また普通価値に代わって，部分価値が法律上の評価基準として導入され，調達原価または製造原価と，より低い部分価値との間で選択権が存することとなった。さらに承継取得された暖簾

に関しても，それが法技術的に非償却経済財に分類されたため，規則的減価償却はできないとされた。このように上記 RFH の判決の影響を強く受け，所得税法は根本的に改められたのである。

1934 年以来今日まで，基準性原則はその第 5 条において法典化されている。1934 年法第 5 条第 1 項は次のように規定した。

> 「商法典の規定により帳簿をつけることを義務づけられている納税義務者においては，経済年度末について，正規の簿記の原則に従って表示されるべき事業財産が計上されなければならない（第 4 条第 1 項第 1 文）。引出および出資（第 4 条第 1 項），事業支出（第 4 条第 3 項）ならびに評価（第 6 条）に関する規定に従わなければならない（zu befolgen sein）。」

従来に比して，規定が簡潔になっている。それは，第 4 条第 1 項に次のような利益計算規定が置かれたので，ここでは第 5 条による利益計算の特徴，すなわち GoB への基準性が明示されさえすればよかったのである。第 4 条第 1 項の規定はこうである。

> 「利益は，経済年度末の事業財産と前経済年度末の事業財産との差額に，引出の価値を加え，出資の価値を減じたものである。引出は納税義務者が自身のため，自らの家事のため，あるいは経営とは無関係のその他の目的のために，経済年度中に経営から引き出したすべての経済財（現金引出，商品，製品，便益，給付）である。出資は，納税義務者が年度中に経営に元入れしたすべての経済財（現金元入，その他の経済財）である。利益の算出にあたり，事業支出（第 3 項）および評価（第 6 条）に関する規定が遵守されなければならない。固定資産に属する土地の価値は斟酌されないままである。」

また，同条第 3 項の規定は次のようになっている。

> 「事業支出とは，経営によって引き起こされた費用である。」

第 4 条第 1 項は税務上の利益概念を定めたものであるが，これは 1925 年所得税法の文言に比して，根本的に変更された。1925 年法では部分的に有高比較を取り入れた収入支出計算により税務上の利益が求められた[27]。これに代わり，今や原則的に財産比較計算となった。土地の価値，およびこれに関して

取得または売却によって引き起こされた事業支出あるいは事業収入は，しかしながら，依然として有高比較にあたり考慮されないままである。ただし，この第4条第1項の最終文は帳簿づけの義務のない営業者，農林業者，自由業者にのみ関連しており，記帳を義務づけられている商人には適用されない。というのは，かかる営業者に対しては，基準性原則を定めている第5条が優先的に考慮されなければならないからである[28]。また，この第4条において，「経済財」という用語が用いられている。これに関して所得税法理由書は，「新たに『経済財』という概念が導入された。RFHの判決によって展開されたこの概念は，あらゆる種類の物・権利・経済的価値を包含する」[29]と述べている。

さて，第5条に立ち戻れば，そこでは二つのことを指摘することができる。一つは人に関する適用領域が制限されていることである。任意に帳簿をつける商法上の小商人および非商人は，もはや基準性原則の適用を受けなくなった[30]。今一つは，基準性原則において計上（第5条）と評価（第6条）が分けられた点である。そして基準性は事業財産の計上に対してのみ適用され，評価には適用されないと解釈されうるようになった[31]。

評価を定めた第6条の規定をみてみよう。まず第1号は次のようになっている。

「事業に役立つ個別経済財の評価に対して，以下の規定が適用される：
第1号　損耗する固定資産たる経済財は，第7条による損耗に対する控除（Absetzung für Abnutzung：AfA）[32]だけ減じて，調達原価または製造原価で評価されなければならない。部分価値がそれらより低ければ，部分価値で評価されうる。部分価値とは，経営全体の取得者が総購入価格の範囲内で個別経済財に対して評価するであろう金額である；その際，取得者が経営を継続するということが前提とならなければならない。その通常耐用年数が経験的に5年を超えない固定資産たる経済財においては，第5条の意味において帳簿をつけている営業者，および帳簿をつけている農林業者は，第7条によるよりも大きな損耗控除を，部分価値に考慮を払うことなく測定しうる。すでに前経済年度末に納税義務者の固定資産に属していた経済財の場合，貸借対照表評価額は前貸借対照表評価額を超えることはできな

い。」

第2号はこうである。

「第2号　企業の，第1号に示されている経済財以外のもの（土地，資本参加，営業権，棚卸資産）は，調達原価または製造原価で評価されなければならない。調達原価または製造原価の代わりに，より低い部分価値（第1号第3文）で評価されうる。すでに前経済年度末に事業財産に属していた経済財の場合，納税義務者は翌経済年度以降において，部分価値が前貸借対照表評価額より大きいときでも，部分価値で評価しうる；ただし，それは調達原価または製造原価を超えない範囲で評価されうる。農林業経営の場合，正規の簿記の原則に一致するならば，より高い部分価値での評価も認められる。」

ここでは，事業財産の評価に対する最高限度額として，調達原価（または製造原価）―償却性資産の場合には，損耗に対する控除を行って―が導入されたことが分かる。1925年所得税法では調達原価（または製造原価）を超える普通価値での評価が可能であったが，これが認められなくなった。未実現利益の表示が税法規定上も不可能となったのである。

以上みてきたように，1934年所得税法においても，基準性原則は無制限には適用されなかった。それどころか，計上に対してのみ基準性原則が適用されると解された。評価に関しては、資産の過小評価についての商法上の可能性を排除するために，特別な税制上の評価規定（第6条，第7条）[33]が設けられた。

(2) 経済政策的に根拠づけられた税法規定と税務貸借対照表の自立化

1934年所得税法第6条第1号第4文は，すでにみたように，短期経済財に対する評価自由を規定したものである。これに関しては，1934年12月20日付の財務大臣の同文通達「所得税および法人税における固定資産のうちの短期経済財」が詳しく述べている[34]。そこには短期経済財に該当する経済財の一覧が記載されている。また，その調達原価または製造原価が200RMを超えない経済財はすべて短期経済財とみなすこともそこに述べられている。なおこのとき，国家の財政上の損失に対する補償として，損失の繰越制度が廃止され

た。

　本通達は基準性原則にも言及している。すなわち，この原則は短期経済財の評価自由に対しても適用される。したがって，この種の経済財に対する加速償却は，これが商事貸借対照表において実施される限りにおいてのみ認められる。第6条第1号第4文は，商事貸借対照表への税務貸借対照表の適応の考え方に役立つ。よって当該資産について，商事貸借対照表および税務貸借対照表において異なった評価が行われることはない[35]，と。短期経済財の評価自由という税務貸借対照表での特別な取扱いは，それと同じ処理が商事貸借対照表上でも行われなければならないという逆基準性が要求されていることが理解されうる。

　短期経済財の評価自由に関する規定導入の本来の意味は，ドイツ帝国の経済的問題，特に高い失業率をこの投資促進措置によって克服しようという点にあった[36]。しかし1938年所得税法において，短期経済財に関する規定の適用範囲が，1937年10月1日以前に注文された経済財に制限された[37]。これには二つの理由があった。一つには，完全雇用がほぼ達成されたこと，今一つには帝国の軍備努力が大きな税収不足を長くは許さなかったことである[38]。200RMまでの経済財に対する簡便規定は，しかしながら依然としてそのまま存続した[39]。減価償却自由の廃止に対する部分的補償として，1938年所得税法で繰越損失の制度が復活した[40]。

　このような逆基準性について，RFHは次のように言う。「原則（基準性原則—中田注）は，評価あるいはその他の貸借対照表計上に関連している特別な恩典に対しても適用される。そのような評価恩典あるいは計上恩典もまた，それがすでに商事貸借対照表において利用されている限りにおいてのみ用いられうる。ただし，商事貸借対照表からの乖離が恩典規定において明白に許容されているか，またはその許容が恩典規定の意味や目的から必然的に生じる場合は別として」[41]と。

　われわれは租税恩典が逆基準性という問題を生みだしたことを理解しえた。

第5節　連邦税法における基準性原則の展開

(1) 1955年所得税法の新文言および経済統制的租税恩典

　ドイツ帝国の占領後，1939年所得税法[42]は西側地区においてその原則的な妥当性を持ち続けた。1949年基本法施行により，国家の租税権はドイツ連邦共和国の立法機関に移行した。第二次世界大戦後も，1939年所得税法が引き続き有効であったことから，基準性原則も維持され続けた。戦後，1948年の通貨改革およびそれに続く1949年の「ドイツ・マルクによる開始貸借対照表および資本新確定に関する法律」[43]（通例，ドイツ・マルク貸借対照表法という）公布まで，多くの取引は簿記および貸借対照表に全然記載されなかった[44]。その原因は当時の異常に高い，利益に対する租税負担にあった[45]。

　1949年のドイツ・マルク貸借対照表法によれば，1948年6月21日付でドイツ・マルク開始貸借対照表が作成されなければならなかった。そして同法第74条は「税務上の端緒価値（Ausgangswert）としての商法上の評価」と題して，本法の規定により開始貸借対照表に記入される個別資産の価値は，所得および収益の課税に対しても基礎とならなければならないと述べている[46]。したがって，ドイツ・マルク開始貸借対照表は理念的には，商事貸借対照表と税務貸借対照表の同一性の意味での単一貸借対照表であった。しかし実務においては，この理念は実現されなかった。というのは，税務官庁は「商法上の」開始貸借対照表を無条件には「税法上の」開始貸借対照表として認める必要がなかったからである。すなわち，税務官庁はドイツ・マルク貸借対照表法に置かれている最高限度額規定が侵害されていないかどうか，独自の再調査権を有していた。その限りにおいて，税務官庁はドイツ・マルク貸借対照表法第74条による開始貸借対照表に拘束されてはいなかった[47]。

　所得税法は1955年に改正された[48]。基準性を定めた第5条の文言が次のようになった。

　　「法律の規定に基づいて帳簿をつけ規則的に決算を行うことを義務づけ

られているか，またはそのような義務はないけれど帳簿をつけ規則的に決算を行っている営業者においては，経済年度末について，商法上の正規の簿記の原則に従って表示されるべき事業財産が計上されなければならない（第4条第1項第1文）。引出および出資（第4条第1号），事業支出（第4条第2項），貸借対照表変更の容認（第4条第2項），評価（第6条，第6a条）ならびに損耗に対する控除または減耗償却（第7条）に関する規定が遵守されなければならない。」

　ここでは，従来と二つの点で相違が見られる。その一つは，正規の簿記の原則という用語の前に「商法上の」という形容詞が付されたことである。今一つは基準性原則の人的適用範囲が任意に帳簿をつけ，決算書を作成する営業者にまで拡大された点である。この限りにおいて，強制であろうと，任意であろうと，帳簿をつけている営業者はすべて同一の所得算出ルールに従うこととなった。なお，「商法上の」という形容詞が置かれたことによって，従来と実質的内容が変化したわけではない。任意に帳簿をつけ決算を行う営業者も基準性原則に準拠することになったので，所得計算に際して，彼らは「商法上の」正規の簿記の原則に従って生じる事業財産を税務貸借対照表に計上しなければならない，ということが強調されたのであった。換言すれば，商業登記簿に登録されていないが，今後所得税法第5条に従う営業者も，商法規定の影響下に置かれたのである[49]。

　1955年所得税法の第4条第3項は，帳簿をつけない納税義務者の所得計算について規定している。

「法律の規定に基づいて帳簿をつけ規則的に決算を行うことを義務づけられていない納税義務者，および帳簿づけも決算も行わない納税義務者は，事業支出（第4項）に対する事業収入の超過を利益として計上しうる。損耗に対する控除または減耗償却に関する規定（第7条）が遵守されなければならない。」

　1955年所得税法以後，営業者は所得税法第5条か，あるいは第4条第3項に従って所得を算出することとなり，第4条第1項[50]に準拠して算出しえなくなった。

第二次世界大戦後，二つの要因，すなわち一つは当時の高い税率，今一つは機能を果たす資本市場の欠如，これらが経済促進・統制のために税法を利用した[51]。税法に所得金額を縮小するような恩典規定が置かれ，営業者の税負担が軽減されるようになった。このような，経営の資金調達を容易化するという機能を備えた税務貸借対照表をビューラー＝シェルプフ（Bühler, Ottmar u. Scherpf, Peter）は「金融貸借対照表（Finanzierungsbilanz）」と呼んでいる[52]。戦後最初に設けられた経済政策的規定は，1948年6月22日の「租税の暫定的再編成のための法律」[53]によって，所得税法第7a条「再調達についての評価自由」として導入されたものである。これは帳簿をつけている農林業者・自由業者・営業者に，固定資産たる動産経済財の再調達にあたって，調達（製造）年度および翌年度において合計，調達原価（製造原価）の50％，ただし50,000ドイツマルク（DM）を超えない範囲で評価自由を認めた。

　「金融貸借対照表」の局面は，1949年4月20日の「租税の暫定的再編成のための第二次法律」[54]に沿った，いわゆる「第7条グループ」の導入によってクライマックスを迎えた。所得税法第7a条は動産経済財の再調達についての評価自由を定めたもので，上記の1948年法により導入されたものに変更が加えられた。第7b条は住居についての加速償却，第7c条は住宅建設のための助成金または無利息の借入金の全額の初年度事業支出算入，第7d条は船舶についての評価自由，第7e条は工場建物および農業用建物についての評価自由をそれぞれ規定した。さらに，1953年の所得税法変更法によって第7f条として，負担調整の事前金融のための補助金・貸付金の即時事業支出算入規定が導入された。これらに対して，財政行政は基準性原則の維持を要求した[55]。

　朝鮮戦争の勃発によるインフレーションにより，税法にさまざまな実体維持措置も導入された。まず棚卸資産の固定評価が認められた。1949年6月3日の最高財政裁判所（Oberster Finanzgerichtshof：以下，OFHと略記する）の鑑定において，「経営内に比較的大量に存在し，根本的に同種・同価値である棚卸資産は，固定資産に類似した性質を有する限り，『恒常有高（eiserner Bestand）』という集合項目にまとめられうる。これはその後の貸借対照表において，一定の価値（固定価値）で継続されうる」[56]とされた。

財政行政はこのOFH鑑定を認めず，恒常有高による評価を許容しなかった。それを行った者はあたかも恒常有高がなかったかのように税額査定された。だが，それによってもたらされた税の超過負担は，連邦財政裁判所（Bundesfinanzhof：以下，BFHと略記する）が恒常有高の問題に対して態度を明らかにするまで猶予された[57]。BFHは1955年3月1日および同年3月3日に判決を下した[58]。その中で，1950年～1954年の査定期間に対して，OFHの見解が遡及的に認められた。しかし1955年1月1日以降，恒常有高計算は認められないとされた。

価格騰貴準備金（Preissteigerungsrücklage）は1955年所得税法において，法律上の根拠をもった。すなわちその第51条第1項第2号により，連邦政府は一定の前提の下に，流動資産のうちその都度定められる一定の経済財に対して価格騰貴準備金を設定することができるとされたのである。これを受けて1955年所得税法施行令第74条に，価格騰貴準備金に関する詳細な規定が置かれた[59]。また，その第5項では基準性が要求された。しかし，1956年の所得税法施行規則変更のための規則において，基準性に関する文言が削除された[60]。その理由は明らかでない。

輸出促進法は，一定の輸出給付に対して1951年に非課税準備金の設定を認めた。ここでは基準性は適用されなかった[61]。木材産業の企業に対して，1954年に関連する価格騰貴準備金についても命令により基準性が中断された[62]。

以上みてきたように，第二次世界大戦後，租税政策的観点から設定された恩典措置により税務貸借対照表の自立化が進んだ。しかし，その多くに対しては逆基準性が適用され，商事貸借対照表と税務貸借対照表で同じ会計処理が実施された[63]。

(2) 1969年2月3日の連邦財政裁判所決定

すでにみたように，RFHは経済財という概念を導入し，商法よりも広い範囲の借方計上義務を受け入れていた。この傾向は1950年代，1960年代にBFHにより強化された。慎重性原則に基づく商法に比べ，税法は動的貸借対

照表論に拠り所を求めて，適正な期間利益（所得），特に適正な期間費用（損金）の算出に考慮を払った。

当時，BFH は無形価値，計算限定項目について多くの借方計上命令に関する判決を下した[64]。その際，商法上の取扱い，すなわち商法上借方計上選択権または借方計上禁止が存在しているか否かには関係なく，税務上の借方計上が要求された。これは「借方計上のうねり（Aktivierungswelle）」[65]と呼ばれ，広告宣伝費や競争禁止に対する支出が税務貸借対照表において借方計上されることとなった。

例えば，1958 年 10 月 28 日の「『競争禁止』の貸借対照表上の取扱い」に関する BFH の判決をみてみよう[66]。論争点はこうである。抗告人である有限会社が，その有限会社と同じ製品を製造する製造業者Aに，競争を回避するための補償金を支払った。その時に交わされた契約によれば，Aは補償金を受け取る代わりに次の義務を負った。①従来の製品の製造を中止し，そのために利用されていた建物・設備を他の目的のために転用するか，撤去すること，②抗告人の生産地域で同一の事業を再び始めないこと，また同種の企業に資本参加したり，そこで活動したりしないこと，③顧客リストの交付の点で抗告人を支援すること，これらがその内容である。

当該有限会社は，支払った補償金を 1953 年 12 月 31 日の貸借対照表で「Aに対する補償金（商号価値（Firmenwert））」として借方計上し，翌 1954 年 12 月 31 日のそれにおいて減価償却した。これに対して，税務官庁は償却を認めなかった。税務官庁の見解は，Aによって引き受けられた義務は競争禁止を越え，ライバル企業の買収，それに続く活動停止と同一視される，すなわち営業価値（暖簾：Geschäftswert）の取得とみなされるのであるから，減価償却は正当化されないというものであった。

ここでは，営業価値が取得されたのか，あるいは「競争禁止」という経済財が取得されたのかという点が判断の拠り所となる。もし後者であるとされれば，損耗に対する控除（AfA）または減価（Wertabschreibung）が実施されなければならない。BFH は，全体としての経営が取得されたのではないから補償金は営業価値ではない。その取引は「競争禁止」という経済財の取得である，

と判断した。ただし，契約の中にその期限が示されていないので損耗に対する控除はできないとした。しかしながら，得意先および売上高の減少を理由に，補償金の3分の1の減価を認めた。このように，「競争禁止」という無形価値が経済財として税務貸借対照表において借方計上されたのである。

商法よりも広範囲な借方計上義務を要求するという税務上の動向は，基準性の抑制を意味した。またそれによって，特に不確実な無形価値の貸借対照表計上にあたり用いられる，商法上の「慎重」という考え方が税務貸借対照表において無視された。納税義務者にとってみれば，税負担の増大であった。

税務貸借対照表の自立化は，最終的に1969年2月3日のBFH大部の決定（Beschluß）でも証明された[67]。そこでは，①1965年株式法第153条第3項における無償で取得された無形経済財の表示の禁止はGoBを反映しない，②無償で取得された無形経済財に対する支出が商事貸借対照表において借方計上されうる（選択権）限り，それについて税務貸借対照表において借方計上義務が存する，と述べられた。前記②は，商法上の借方計上選択権は税務上借方計上命令に連なる，ということを意味する。またその判決要旨の中で，商法上の貸方計上選択権は税務貸借対照表においては貸方計上禁止として取り扱われなければならないと述べている（税法に固有の規定がある場合，すなわち所得税法第6 a条の貸方計上選択権は例外である）。

要するに，商法において借方計上選択権・貸方計上選択権が与えられている場合，商人は慎重性の見地から，借方非計上・貸方計上を選択するのが常である。しかしそれは，「当然あるよりも貧しく」利益を計算しようとする行動であり，「完全な利益（voller Gewinn）」を把握しようとする税法の立場と異なるのである。さらに，同決定は上記の商法上の選択権は，基本法第3条にいう（課税の）公平性原則にも反する，と指摘する。

1969年の決定は，上記のように計上の適用領域を制限しただけではなくて，基準性原則の有効領域についての重要な確認も行った。すなわち，商法上の計上命令および計上禁止は，特別な税法規定が存しない限り，税務上遵守されなければならないということである。

第6節　おわりに

　本章では，税務貸借対照表が商事貸借対照表から乖離した時代，すなわち1920年代～1960年代の基準性原則の展開について考察してきた。その結果，税務貸借対照表の自立化を促した要因が二つあることを理解しえた。一つは，適正で完全な期間利益を算出しようとする税法の立場であり，今一つは経済政策的な租税恩典の出現である。

　歴史的にみると，まず第一の要因が基準性原則に影響を及ぼした。1925年所得税法は，実際の経済的諸関係に合致する意味での正しい利益計算を行うことを目的を有していた。当時の商法は，商人が秘密積立金を設定できるように自由裁量の余地を与えていたのである。この税法の考え方は，1926年12月14日および1928年3月27日の判決に顕著に現れた。前者は部分価値に関するものであり，後者は経済財に関するものであった。貸借対照表評価・計上について，商法とは異なった概念が提唱され，これらは1934年所得税法の中に導入されるに至った。

　税法で主張される適正で完全な期間利益という考え方は，経営経済学で展開されていた，適正な期間利益を求めることを課題とする，シュマーレンバッハ (Schmalenbach, Eugen) の動的貸借対照表論と同じであった。経営経済学の成果が税法上の利益計算方法に影響を及ぼしたと考えることができる。そして，こうした考え方は1969年2月3日のBFH決定によって決定的なものとなった。そこでは，商法上の借方計上選択権は税法上の借方計上命令であり，商法上の貸方計上選択権は税法上の貸方計上禁止であるとされた。

　税法を経済政策のために利用しようとする考え方は，特に第二次世界大戦後に際だって目についた。当時の高い税率および機能的な資本市場の欠如が，減価償却の緩和・非課税準備金の設定などの租税恩典を生み出した。それにより営業者の税負担は軽減された。このようにして税務貸借対照表の自立化が進んだ。

　しかし注意しなければならないのは，これによって必ずしも基準性原則が完

第6章　税務貸借対照表の自立（1920年～1960年代前半）　129

全に破られたわけではないということである。というのは，営業者がこれらの恩典を税務貸借対照表で利用しようとする場合には，そこで行われるのと同じ会計処理を商事貸借対照表でも実施することが要求されたからである。すべての租税恩典に対してこのことが求められたわけではないが，少なくとも逆基準性が求められた恩典については，基準性原則は侵害されなかった。しかし逆基準性が適用されなかった恩典に関しては，基準性原則が侵害された。

【注】
1) Reichsabgabenordnung vom 13. 12. 1919, Reichsgesetzblatt, Berlin, 1919, S. 1993-2100; vgl. Pohl, Klaus F., Die Entwicklung des ertragssteuerlichen Maßgeblichkeitsprinzips, Oberhausen, 1983, S. 61.
2) Einkommensteuergesetz. Vom 29. März 1920, Reichsgesetzblatt, Berlin, 1920, S. 359-378.
3) Begründung zum Entwurf eines Reichseinkommensteuergesetzes, Verhandlungen der verfassunggebenden Deutschen Nationalversammlung, Band 340, Berlin, 1920, S. 59.
4) Ebenda.
5) 最初の帝国所得税法における基準性原則に関する規定は，法案の段階ではプロイセン所得税法ではなくて，バイエルン所得税法の影響を受けている。なお，1910年バイエルン所得税法第14条では「税法規定を遵守して」と表現されている（本書第5章第4節参照）。
6) Begründung zum Entwurf eines Reichseinkommensteuergesetzes, a.a.O., S. 59.
7) Bericht des 10. Ausschusses übrt den Entwurf eines Reichseinkommensteuergesetzes, Verhandlunge der verfassunggebenden Deutschen Nationalversammlung, Band 341, Berlin, 1920, S. 2270.
8) Bericht des 10. Ausschusses übrt den Entwurf eines Reichseinkommensteuergesetzes, a.a.O., S. 2289.
9) 1923年1月16日のライヒ財政裁判所の判決は，「所得税法第33条第2項は単なる計算規定ではなく，課税所得の大きさを決める実質的な規定である」と述べている（RFH-Urteil vom 16. 1. 1923, Sammlung der Entscheidungen und Gutachten des Reichsfinanzhofs, 11. Bd., Bonn, 1923, S. 249-257，ここでは特にS. 249）。なお，ライヒ財政裁判所は1918年7月26日の法律により設立された（Gesetz über die Errichtung eines Reichsfinanzhofs und über die Reichsaufsicht für Zölle und Steuern. Vom 26. Juni 1918, Reichs=Gesetzblatt, Berlin, 1918, S. 959）。
10) Vogt, Stefan, Die Maßgeblichkeit des Handelsbilanzrechts für die Steuerbilanz, Düsseldorf, 1991, S. 160. 第一次世界大戦後に現れたインフレーションにより，1920年所得税法は有効性を決定的に損なわれ，その本来の文言において適用されなかった（vgl. Popita, Johannes, Einkommen, in: Elster, Ludwig u. a. (hrsg.), Handwörterbuch der Staatswissenschaften, 4. Aufl., 3. Bd., Jena, 1926, S. 446f.）。
11) Ergänzungssteuergesetz vom 14. Juli 1893, Gesetzsammlung für die Königlichen Preußischen Staaten, Berlin, 1893, S. 137. 普通価値（gemeiner Wert）はもともと，1884

年株式法改正法の理由書において用いられた用語である。すなわちそこでは、一般ドイツ商法典第31条は普通価値を意味している、と述べられているのである（第1章注5を参照）。

12) Gesetz zur Änderung des Einkommensteuergesetzes vom 29. März 1920. Vom 24. März 1921, Reichsgesetzblatt, Berlin, 1921, S. 313-328.
13) Schmidt, Lutz, Maßgeblichkeitsprinzip und Einheitsbilanz, Heidelberg, 1994, S. 25.
14) Einkommernsteuergesetz. Vom 10. August 1925, Reichsgesetzblatt, Teil I, Berlin, 1925, S. 189-208.
15) 条文中の「正規の簿記の原則により」という文言は、1897年商法典第31条に依拠したものである（Hennrichs, Joachim, Der steuerrechtliche sog. Maßgeblichkeitsgrundsatz gem. § 5 EStG—Stand und Perspektiven—, Steuer und Wirtschaft, 76.(29.) Jg. Nr. 2, Köln, 1999, S. 140）。
16) Begründung zum Entwurf eines Einkommensteuergesetzes, Verhandlungen des Reichstags, III. Wahrperiode 1924, Bd. 400, Berlin, 1925, S. 46.
17) Enno, Becker, Grundfragen aus den neuen Steuergesetzen, Steuer und Wirtschaft, 4. Jg., Stuttgart, 1925, Sp. 1824f.
18) こういった考え方は特に1925年所得税法以降、顕著にみられる。1925年所得税法は、実際の経済的諸関係に真に合致する利益計算の意味での正しい利益計算に役立つよう、利益の表示に関する商法上の自由裁量の余地を税制上制限するという目的を持っていた。この目標はシュマーレンバッハ（Schmalenbach, Eugen）の動的貸借対照表論に一致した（Pohl, K. F., a.a.O., S. 102）。
19) RFH-Urteil vom 27. 3. 1928, I A 470/27, Steuer und Wirtschaft, 7. Jg., Stuttgart, 1928, Sp. 705.
20) Ebenda.
21) Entscheidung des V. Senats vom 2. 7. 1902, Entscheidungen des Königlich Preußischen Oberverwaltungsgerichts in Staatsteuersachen, 10. Bd., Berlin, 1903, S. 303.
22) Einkommensteuergesetz. Vom 10. August 1925, a.a.O., S. 193.
23) RFH-Urteil vom 14. 12. 1926, VI A 575/26, Sammlung der Entscheidungen und Gutachten des Reichsfinanzhofs, 20. Bd., Bonn. 1927, S. 88.
24) RFH-Urteil vom 29. 7. 1931, Reichssteuerblatt, 21. Jg., Berlin, 1931, S. 852.
25) Pohl, K. F., a.a.O., S. 127.
26) Einkommensteuergesetz. Vom 16. 10. 1934, Reichssteuerblatt, 24. Jg., Berlin, 1934, S. 1261-1286.
27) 1925年所得税法は、その第12条で利益を次のように定義づけている。利益は支出に対する収入の超過である。ただし、課税期間末の、製品・商品・原材料、事業活動に役立つ建物および附属設備、動産たる固定資産の、前課税期間末の在高に比しての増加価値は加算し、減少価値は控除する。固定資産に属する土地の売却からの収入は無視される、と。
28) Begründung zum Einkommensteuergesetz vom 16. Oktober 1934, Reichssteuerblatt,25. Jg., Berlin, 1935, S. 37.
29) Ebenda.
30) なお、基準性原則の人的適用領域に関しては、1938年所得税法において再度変更があり、そこでは商業登記簿への登録が要件とされた（Gesetz zur Änderung des Einkommen

steuergesetzes. Vom 1. Februar 1938, Reichsgesetzblatt, Teil I, Berlin, 1938, S. 99）。
31）Sittel, Thomas Christoph, Der Grundsatz der umgekehrten Maßgeblichkeit, Frankfurt am Main, 2003, S. 38.
32）"Absetzung für Abnutzung" を「損耗に対する控除」と訳出した。"Abnutzung" は「減耗」とも訳されるが，わが国では「減耗」という用語は地下資源の実体減少（減耗償却）の場合に用いられることが多い（田沢五郎『独＝日＝英ビジネス経済法制辞典』郁文堂，1999年，7ページ参照。なお，同書では"Abnutzung"に「減損」という訳語が当てられているが，減損会計でいう減損と混同するのを回避するため，本書では損耗とした）。
33）第6条は「評価」，第7条は「損耗に対する控除または減耗償却（Absetzung für Abnutzung oder Substanzverringerung）」を規定している。
34）Runderlaß des Reichsministers der Finanzen: Kurzlebige Wirtschaftsgüter des Anlagevermögens bei der Einkommensteuer und Körperschaftsteuer, Reichssteuerblatt, 25. Jg., Berlin, 1935, S. 1-14.
35）Runderlaß des Reichsministers der Finanzen: Kurzlebige Wirtschaftsgüter des Anlagevermögens bei der Einkommensteuer und Körperschaftsteuer, a.a.O., S. 2.
36）Begründung zum Einkommensteuergesetz vom 16. Oktober 1934, a.a.O., S. 38.
37）Gesetz zur Änderung des Einkommensteuergesetzes. Vom 1. Februar 1938, a.a.O., S. 102.
38）Begründung zum Einkommensteuergesetz vom 1. Februar 1938, Reichssteuerblatt, 28. Jg., Berlin, 1938, S. 100.
39）短期経済財の評価自由の一形態として認められた，200RMまでの経済財に対する簡便規定は，その後，低額経済財の評価自由として取り扱われることとなり，その条件としての調達原価（製造原価）も1953年所得税法では600DM以下，1965年以降は800DM以下に変更された。
40）この規定は第10条第1項第6号として導入された。Gesetz zur Änderung des Einkommensteuergesetzes. Vom 1. Februar 1938, a.a.O., S. 100.
41）RFH-Urteil vom 22. 11. 1938, I 364/38, Reichssteuerblatt, 29. Jg., Berlin, 1939, S. 356.
42）Einkommensteuregesetz. Vom 27. Februar 1939, Reichsgesetzblatt, Teil I, Berlin, 1939, S. 297-320.
43）Gesetz über die Eröffnungsbilanz in Deutscher Mark und die Kapitalneufestsetzung(D-Markbilanzgesetz). Vom 21. August 1949, Verordnungsblatt für die Britische Zone, Hamburg, 1949, S. 419-436.
44）Bühler, Ottmar/Scherpf, Peter, Bilanz und Steuer, 6. Aufl., Berlin, 1957, S. 5. このような取引は「計算なき取引（OR-Geschäft: Geschäft ohne Rechnung）」と呼ばれている。
45）当時，超過累進所得税率の最高税率は，1946年（連合国管理理事会法第12号）：95％，1953年（所得税法）：80％，1955年（所得税法）：55％であった (Jahreseinkommensteuertabelle für 1946 (Nach dem Gesetz Nr. 12 des Alliierten Kontrollrats vom 11. Februar 1946), Steuer- und Zollblatt, Jg. 2, Hamburg, 1947, S. 351-369, ここでは特に S. 369 ; Barth, Kuno, Die Entwicklung des deutschen Bilanzrechts, Bd. 2, Stuttgart, 1955, S. 117-121 des Anhangs)。
46）Gesetz über die Eröffnungsbilanz in Deutscher Mark und die Kapitalneufestsetzung (D-Markbilanzgesetz). Vom 21. August 1949, a.a.O., S. 434.

47) Pohl, K. F., a.a.O., S. 181.
48) Einkommensteuergesetz in der Fassung vom 21. Dezember 1954 (EStG 1955), Bundesgesetzblatt, Teil I, Bonn, 1954, S. 441-466.
49) Pohl, K. F., a.a.O., S. 185-187.
50) 1955年所得税法第4条第1項の規定は次のようになっている。「利益は，経済年度末の事業財産と前経済年度末の事業財産との差額に，引出の価値を加え，出資の価値を減じたものである。引出は納税義務者が自身のため，自らの家計のため，あるいはその他の，経営とは無関係の目的のために，経済年度中に経営から引き出したすべての経済財（現金引出，商品，製品，便益，給付）である。出資は，納税義務者が年度中に経営に元入れしたすべての経済財（現金元入，その他の経済財）である。利益の算出にあたり，事業支出（第4項）および評価（第6条，第6a条）ならびに損耗に対する控除または減耗償却（第7条）に関する規定が遵守されなければならない。固定資産に属する土地の価値は斟酌されないままである。」
51) Vogt, S., a.a.O., S.112.
52) Bühler, O./Scherpf, P., a.a.O., S. 16.
53) Gesetz Nr.64 zur vorläufigen Neuordnung von Steuern, Steuer- und Zollblatt, Jg. 3, Hamburg, 1948, S. 123-128. この中で1939年所得税法の変更・補充が定められている。
54) Zweites Gesetz zur vorläufigen Neuordnung von Steuern. Vom 20. April 1949, Steuer- und Zollblatt, Jg. 3, Hamburg, 1949, S. 135-140. これも所得税法に関する部分は，1939年法の変更を規定したものである。
55) Vogt, S. a.a.O., S. 113.
56) OFH-Gutachten vom 3. 6. 1949, Ministerialblatt des Bundesministeriums der Finanzen, 1949, S. 333; vgl. Zum Gutachten des OFH vom 3. 6. 1949, Steuer und Wirtschaft, 26. Jg., München, 1949, Sp. 1133-1140.
57) Barth, K., a.a.O., S. 194f.
58) BFH-Urteil vom 1. 3. 1955, Bndessteuerblatt, Teil III, Bonn, 1955, S. 144-150; BFH-Urteil vom 3. 3. 1955, Bundessteuerblatt, Teil III, Bonn, 1955, S. 222f. この間の事情については次を参照されたい。中田清『ドイツ実体維持会計論』同文舘出版，1993年，108-111ページ。
59) Einkommensteuer-Durchführungsverordnung (EStDV 1955). Vom 21. Dezember 1955, Bundessteuerblatt, Teil I, Bonn, 1955, S. 726.
60) Verordnung zur Änderung der Einkommensteuer-Durchführungsverordnung, Vom 14. März 1956, Bundessteuerblatt, Teil I, Bonn, 1956, S. 72.
61) Gesetz über steuerliche Maßnahmen zur Förderung der Ausfuhr vom 28. Juni 1951, Bundessteuerblatt, Teil I, Wiesbaden, 1951, S. 228.
62) Abs. 4 des Erlassen des Nordrhein-Westfalen-Finanzministers (Erlaß über betr. Preissteigerungsrücklage für 1954 bei Unternehmen der Holzindustrie, des holzverarbeitenden Handwerks und des Holzhandels), Bundessteuerblatt, Teil II, Bonn, 1956, S. 44.
63) 当時の租税恩典は，これを逆基準性との関連で次のように分類することができる。すなわち，①商事貸借対照表での同一処理が強制されるもの，②税法上明確な規定がないが，財政行政によって商事貸借対照表での同一処理が要求されるもの，③商事貸借対照表での同一処理が必要とされないもの，である。①の例としては，所得税法第6b条第

3項第6文による再投資準備金，②の例としては，所得税法第7b条による加速償却，所得税法施行規則第80条による輸入商品評価減，③の例としては本文で述べた輸出促進法の他に，1967年4月11日の炭鉱の休止時の租税措置に関する法律第3条などがある（Sittel, T. C., a.a.O., S. 39）。

64) Vogt, S., a.a.O., S.116.
65) Sigloch, Jochen, Ein Valet dem Maßgeblichkeitsprinzip?, Betriebswirtschaftliche Forschung und Praxis, 52. Jg. Heft 2, Herne, 2000, S. 160.
66) BFH-Urteil vom 28. 10. 1958, Bundessteuerblatt, Teil III, Bonn, 1959, S. 242.
67) BFH-Beschluß vom 3. 2. 1969, Bundessteuerblatt, Teil II, Bonn, 1969, S. 291-294.

第7章　商事貸借対照表と税務貸借対照表の再接近・結合（1960年代後半～1990年代）

第1節　はじめに

　前章では，1920年代から1960年代にかけて，適正で完全な利益を算出しようとする税法が，慎重性原則に基づいて利益計算を行う商事貸借対照表から乖離し，自立化を強めたことを考察した。本章ではその後，1960年代後半から1990年にかけて試みられた二つの貸借対照表の再接近の時代に焦点を当て，基準性原則の展開に関して整理してみたい。

　その際，その接近は「計上」に関して図られたのであって，「評価」については税法固有の規定があったこと，その計上についても，国家の税収不足を回避するために基準性原則から乖離する例外規定が税法に置かれたこと，しかしその多くはその後，商法において計上選択権とされたこと，これらのことをまず明らかにしたい。そして次に，これまで曖昧だった逆基準性に関して包括的な規定が設けられ，これにより二つの貸借対照表の結びつきが強化されたことを検討したい。

第2節　1969年～1990年の基準性原則の展開

(1) 1969年所得税法による第5条の変更

　第1章第5節で吟味したように，1965年株式法に第152条第9項（計算限

定項目の制限）および第153条第3項（無形固定資産の借方計上選択権の制限）の規定が設けられた。これらの新規定を巡り，それが税務上の利益計算にとって，すなわち法形態とは無関係にすべての商人にとって，拘束力のあるGoBであるのかどうかという論争が起こった。当時，まだ財政行政，文献，裁判所によって見解が示されていなかった。1969年所得税法変更法案の理由書にこう記述されている。「したがって，1965年株式法の会計規定が，税務貸借対照表に対する商事貸借対照表の基準性原則の故にどの程度税法上も拘束力をもつのか，法的に不安定である」[1]と。

従来の所得税法第5条第1項の規定——第6章第5節(1)参照——によれば，事業財産比較による営業所得計算にあたり，GoBによって表示されるべき事業財産が計上されなければならない。その際，所得税法第5条第2項により，評価および減価償却に関する税法規定が遵守されなければならない。第5条の規定は次のように解釈されている。評価されるべきものは何であるか，すなわち税務貸借対照表計上能力のある経済財が存在するか否かはGoBが決定する。貸借対照表計上能力のある経済財がいかに評価されるべきであるかは，税法に従って決定される。したがって，GoBを表現している商法上の貸借対照表計上規定は，直接的に税法に影響を及ぼす。商法上の評価規定は税法上の評価留保の故に，税法が別の評価を規定していない限りにおいてみ適用される[2]，と。

これに対して，BFH（連邦財政裁判所）はこの時点まで借方計上・貸方計上の問題に関して，商法上のGoBの視点からではなくて，原則的に所得税法第6条（評価に関する規定）および経済財概念の解釈を通して判決を下してきた[3]。したがって，BFHは個別ケースにおいて，商事貸借対照表で借方計上が考慮されない場合でも，税務貸借対照表借方計上を要求した。

上述した税務貸借対照表計上・評価についての一般的解釈，およびBFHの計上に対する立場を要約してみると，図表7-1および図表7-2のようになる。

これらの図から理解できるように，税務貸借対照表と商事貸借対照表との間で，税法上の評価留保についてだけではなく，株式法への上記新規定の挿入によって「理由によって（dem Grunde nach）」計上されるべき財産の価値についても相違が生じる危険が大きくなった。そして所得税法第6条の評価留保規定

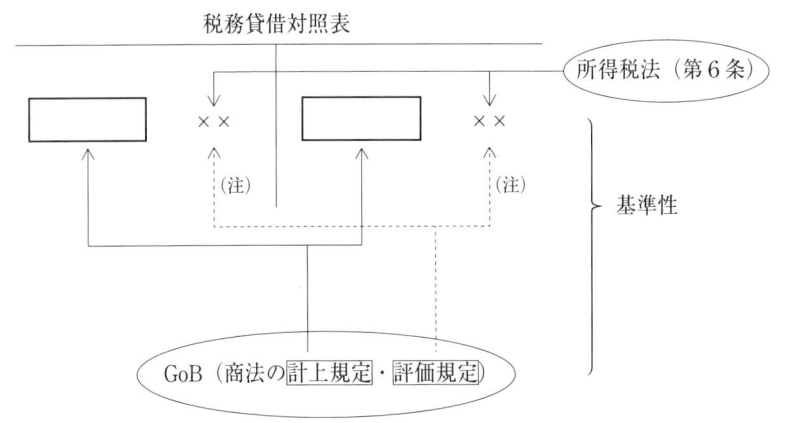

図表7-1 所得税法第5条の一般的解釈

税務貸借対照表

所得税法（第6条）

基準性

GoB（商法の 計上規定・評価規定）

(注) 評価に関しては，税法に別の定めがない場合に基準性が適用される。

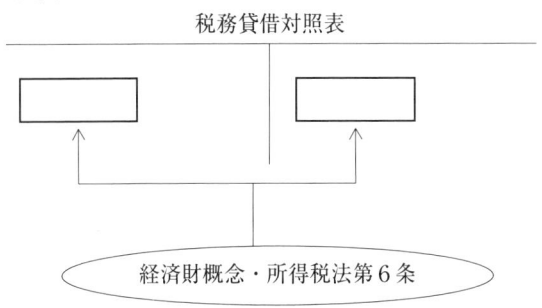

図表7-2 税務貸借対照表計上に対する BFH の立場

税務貸借対照表

経済財概念・所得税法第6条

に含まれていないにもかかわらず，税務貸借対照表上での計上価額が商事貸借対照表のそれと異なる恐れがでてきたのである。BFH が今後，計上問題に対してどのような判決を下すか不明確であったので，租税立法者は法的不安定性を取り除くために先手を打ち，所得税法第5条を変更し拡充した。すなわち，1969年5月16日の所得税法変更法により従来の第5条第1項第2文を第5条第4項とし，そして第1項と第4項の間に次の二つの新しい項を挿入した[4]。

「(2) 固定資産たる無形経済財については，それが有償で取得された場合に限り，借方項目が計上されなければならない。

(3) 計算限定項目として，

1. 借方に，決算日以後の一定期間に対する費用を示す，決算日以前の支出，
2. 貸方に，決算日以後の一定期間に対する収益を示す，決算日以前の収入のみが計上されなければならない。」

これは株式法の規定をほぼそのまま引き継ぎ，すべての商人に対して税務上の適用可能性を保証したのである。その際，「してもよい（"dürfen"）」という用語で表現されている株式法上の選択権が，税法では「しなければならない（"zu sein"）」という用語によって強制的になった。これは，商事貸借対照表借方計上選択権は税務上の借方計上命令に連なるという，1969年2月3日のBFH決定を反映したものであろう。

1969年所得税法改正に際し，立法者は当時の文献上の支配的な見解に従い，第5条は税務貸借対照表に何が計上されなければならないかを定めた—すなわち，それは商法上のGoBに依拠するのであるが—ものであり，評価は税法自体が決定する，という立場をとった。それは，所得税法第6条第1項第1文に，「第4条第1項または第5条により事業財産として計上されなければならない個別経済財の評価に対して，以下のことが適用される」（傍点—中田）という文言が置かれた[5]ことからも明らかである。所得税法第6条を評価の領域に制限することによって，商法上の計上規定の基準性を保証したのであった[6]。

また，立法者はこう述べている。株式法のこれらの規定（第152条第9項および第153条第3項）は形式的には株式会社に対してのみ適用される。しかし実質的には，商法典第38条第1項を経て一般的な商法上のGoBとして商事貸借対照表において，そして所得税法第5条第1項を経て税務貸借対照表において，すべての商人に対しても拘束力を持つ[7]，と。ここに，基準性原則が今まで以上に明確に，所得税法に根付かされたことが窺われる。

(2) 1974年租税改革

政府は抜本的な税制改革に向けて，1968年に租税改革委員会を設置した。当委員会は2年3か月の活動を終え，1971年3月に連邦首相に宛てて鑑定意

見書を提出した。それは所得税のみならず，法人税，財産税，相続税，地方税，流通税の改革を含む膨大なものであった。その中で所得税に関連して，商事貸借対照表と税務貸借対照表の分離を提案した。二つの貸借対照表の関係について，鑑定意見書は次のように述べている[8]。

① 税法上の利益計算について，「独立した税務貸借対照表 (eigenständige Steuerbilanz)」という概念を導入する。

② その意味において論争の余地のある，税務貸借対照表に対する商事貸借対照表の基準性の原則は，なるほど形式的には広範囲にわたって放棄されるが，しかし商法上の借方・貸方計上規定は本質的には内容的にそのまま株式法から所得税法へ引き継がれる。

③ 税法は原則的にもはや，独立した貸借対照表計上選択権および評価選択権を持たない。商事貸借対照表において認められ行使された選択権は，商人をその税務貸借対照表の作成に際しても拘束する。

④ 税務貸借対照表への借方計上あるいは貸方計上に関して疑念を抱く場合は，一般的な商法上の，正規の簿記・貸借対照表作成の原則に従わなければならない。

税務貸借対照表を商事貸借対照表から独立させ，所得税法の中に税務貸借対照表作成のための計上・評価規定を置くという提案である。ただし，形式的には税務貸借対照表を商事貸借対照表に依存させずに作成するが，商法上の計上規定はこれを所得税法に引き継ぎ，さらに税法固有の計上・評価選択権を放棄するのであるから，内容的には今以上に二つの貸借対照表は接近することになる。

このような提案を受けて，連邦経済・財務省 (Bundesministerium für Wirtschaft und Finanzen) は1972年に，1974年所得税法の担当部局草案 (Referentenentwurf) を公表した。商法典においては貸借対照表作成原則が必ずしも十分には編纂されていないので，基準性原則に従って税務上の利益計算を行う場合，しばしば困難にぶつかる。そこで税法の中に，税務貸借対照表についての詳細な計上・評価規定を置くことによって，商事貸借対照表との結びつきを放棄した，というのが草案の考え方であった[9]。

担当部局草案の第10条第1項は次のように規定し，初めてドイツ所得税法の中に独立した税務貸借対照表概念を取り入れた。それは，「経営のために帳簿をつけ規則的に決算を行うことを法律上義務づけられている納税義務者は，この経営のために，記帳義務の開始の時点と各経済年度末（貸借対照表日）について，税務貸借対照表を作成しなければならない」[10]というものであった。

ところが，1974年1月に連邦議会に送付された連邦政府草案「第三次租税改革法案」の「第1条　1975年所得税法」においては，所得税の体系は一新されたものの基準性は維持された。法案に添付されている理由書は「政府は租税改革委員会の提案に反し，従来の基準性原則は放棄されてはならないという見解を有している」[11]と述べている。さらに，「法秩序の一貫性および法令の適用の簡便性の理由から，商法と税法の乖離をできるだけ小さくし，課税に対しても商事貸借対照表を利用することが今後も必要である」[12]と指摘している。

そして，1974年8月5日に認証された「所得税・家族負担調整・貯蓄促進の改革に関する法律（所得税改革法）」の「第1条　所得税法」をみてみると，所得税法の体系は従来のままであり，また基準性原則を定めた第5条も，第4項の評価留保に関する規定の括弧書きが削除された点を除けば従前通りであることが分かる[13]。

このように，1968年から数年間にわたって展開された租税改革議論の中で，最終的には基準性原則を維持することが確認された。そして今後は政府の見解に沿って，二つの貸借対照表が限りなく接近してくるのである。

(3) 1977年租税通則法施行法第9条第1号による所得税法第5条の拡大

1970年代になると，BFHの判決に対する反応という形で所得税法第5条が変更されるようになる。1975年2月26日のいわゆるビール税判決[14]において，BFHはビールの期末棚卸高に含まれるビール税は借方計上能力がないと述べた。これを巡って，第5条が変更された。

ビール税の納税義務は，ビールが醸造所から搬出されるとき（醸造所内で消費されるときは引き取られたとき）に製造業者に対して生じる。1975年まで，

第7章　商事貸借対照表と税務貸借対照表の再接近・結合（1960年代後半〜1990年代）　　141

期末棚卸高に含まれるビール税の会計処理は，借方に資産を，貸方に租税債務をそれぞれ計上するものであった。その際，借方の資産項目として三つの可能性があった。一つは独立した経済財，すなわち将来のビール購入者に対する債権（ビール価格に含まれる債権）とみなす方法，二つめは製造原価を構成するものとみなす方法，そして最後に計算限定項目と考える方法である。いずれにしても，納税義務発生時に資産を借方計上することによって，販売時まで費用計上を延期していた[15]。

ところが，これらの会計処理方法に対して，BFHは次のように批判し，納税義務発生年度の費用とみなした。すなわち，独立した資産としての考え方は実現原則に反すること，租税債務はビールの製造段階ではなく製造後に発生するので製造原価に算入しえないこと，そして租税債務の発生はその期間に割り当てられるべきものであり，次期以降の一定期間に対する費用（前払費用）ではないこと，これらがBFHの見解である[16]。

これに対して租税立法者は，①納税義務者の経済的負担の観点から，消費税および関税は，それを負担した製品が販売されたときに費用として考慮されるべきであること，②BFHの見解がビール税のみならず，タバコ税，石油税にまで拡大されると，会計処理の変更時に（一度きりではあるが）8億7,500万DMという大きな税収不足に陥ること[17]，という二つの理由から次の第5条第4項第2文第1号の規定をつくった[18]。

　　「さらに，費用として考慮に入れられた関税および消費税は，それらが決算日に表示されるべき棚卸資産たる経済財に割り当てられる場合に限り，借方に計上されなければならない。」

このように，主として租税立法者が一度きりの税収不足を回避するために，基準性原則の例外を設けたのである。その後，この規定は計上選択権として，第1章でみたように，1985年貸借対照表法指令法を通して改正された商法典に盛り込まれた（第250条第1項第2文第1号）。

なお，上記ビール税判決（1975年2月26日）の中で，BFHは重要なことを述べている。「経済財（Wirtschaftsgut）という税法上の概念（所得税法第4条，第5条，第6条）は資産（Vermögensgegenstand）という商法上の概念（商法典第

38条，第39条，第40条）と異なるものではない。特にまた，税法上の経済財は法律の本文によれば事業財産（Betriebsvermögen）に属し，その限りにおいて『資産』である」[19]，と。税法上の経済財と商法上の資産は等しい，と述べられているのである。

(4) 1978年6月12日の連邦財政裁判所決定

BFHの大部は1978年6月12日に基準性原則に関する重要な決定（Beschluß）を下しているので，それを概観したい。これは土地取得後の，土地上にある建物の撤去費用とその残存簿価の所得税法上の取扱いに関するものである。BFHは次のように述べる[20]。

① 客観的，技術的または経済的にもはや使用されない建物の取得者が，取得後にこれを取り壊すとき，取壊しの意図をもたずに建物を取得したのであれば，彼は所得税法第4条第3項に関連した第7条第1項第4文による異常な損耗に対する控除を実施し，取壊し費用を事業支出（必要経費）として控除することができる。これに対して，彼が取壊しの意図をもってかかる建物を取得したのであれば，（帳簿）価値と取壊し費用は，建物の取壊しが新経済財の製造に密接に経済的に関連しているときはこの経済財の製造原価に，そうでなければ土地の調達原価に属する。

② 建物の取壊しが取得後3年以内に開始されるならば，それは取得者が建物を撤去する意図をもって取得したことを裏づける証拠となる。

要するに，建物が建っている土地を，建物を撤去する意図をもって取得した場合—取得後3年以内の撤去もこれに該当する—，建物の残存簿価と撤去費用は，新築が行われた場合は建物の製造原価として，そうでなければ土地の追加的調達原価として税務貸借対照表借方計上されるのである。

これに対して，連邦法務省は株式法上の最低限度評価規定（Mindestbewertungsvorschrift）に基づいて，次のような結論に達している。いずれにせよ株式会社にあっては，撤去された建物の取壊し費用と残存価値は原則的に土地の調達原価として借方計上され，過大な計上価額の故にもはやそこに計上されえないときにのみ，新建物の製造原価として計上されなければならない[21]．

と。BFH 大部は連邦法務省によって主張されたこの法律見解が GoB であるか否かを，未決定のままにしておくことができると言う。というのは，経済財の評価に対しては原則的に，税務貸借対照表に対する商事貸借対照表の基準性（所得税法第5条第4項，第6条）が存在しないからである[22]。

このように，BFH は決定文の中で，税務貸借対照表における評価については，基準性原則が存しないと主張しているのである。

(5) 1980 年所得税法による借方項目の導入

ここでは，前受金に含まれている売上税の取り扱いが問題となる。売上税という費用と，売上高という収益を同一期間に対応させるために，前受金に含まれている売上税は当時の実務では資産計上されていた。その際，資産項目として三つの可能性があった。製造原価への算入，借方計算限定項目，債権に類似した独立した経済財がそれである[23]。

しかし 1979 年 6 月 26 日の BFH 判決[24] は，これらの会計処理すなわち資産計上を禁止した。その理由は次のようである。前受金に含まれている売上税は，1965 年株式法第 153 条第 2 項（商法典第 255 条第 2 項第 2 文第 6 文）により，調達原価・製造原価として把握することができない。というのは，その規定によれば，売上税は販売費に属し，調達原価または製造原価に算入されてはならないからである。借方計算限定項目は双務契約による契約当事者への前給付を要件とするが，売上税はそれを満たさない。また，1967 年売上税法第 10 条第 1 項第 1 文（現行売上税法第 13 条第 1 項第 1 号 a 第 4 文）によれば，売上税は前受金に強制的に含まれているので，独立した経済財とみなすこともできない。

このようにして，前受金に含まれている売上税の資産計上は BFH 判決によって不可能となり，費用計上されることとなった。しかしそうすると，国庫の観点から一度きりではあるが 60 億 DM の税収不足が生じる[25] こととなるので，立法者はそれを回避するために所得税法第 5 条第 4 項第 2 文第 2 号として，次の規定をつくった[26]。

「（さらに借方に―中田注）費用として考慮に入れられた，決算日に表示

されるべき前受金にかかる売上税（が計上されなければならない―中田注）」

この場合も，すでにみた消費税・関税のケースと同様に，税収不足を回避するために基準性原則が侵害されたのである。なお，その後商法典の立法者も，これは実現原則に反するのでGoBとは認められないのであるが，税務貸借対照表との単一化を危うくしないように，1985年貸借対照表指令法を経て，第250条第1項第2文第2号としてこの規定を商法典の中に取り入れた[27]。ただし，税法においては借方計上義務であるが，商法においては借方計上選択権とされた。

(6) 1983年財政付随法による所得税法第5条の変更

当時一部の企業にあっては，特許権所有者がその権利の侵害を知っていなくても，他人の特許権・著作権の侵害に対する引当金が設定されていた。これに対して，財政行政は特許権所有者が権利侵害について知っており，請求が出される可能性が高い場合にのみその引当金設定を認めていた[28]。この場合，不確定債務に対する貸方項目たる引当金の設定要件が争点であった。

BFHは1981年11月11日の判決において，他人の特許権侵害に対する負債性引当金の計上義務を確認した[29]。その引当金設定の前提は，その権利の所有者が請求を主張したり，あるいは訴訟を提起したりしていなくても，負債が存在し，納税義務者がそれに対して請求されるであろうという推測が少しでも存在することであった。

これに対し租税立法者は，他人の特許権侵害のための引当金設定についての実務を尊重しながらも，著しい税収不足に陥らないように配慮し[30]，BFH判決よりも設定要件を厳しくした。1983年財政付随法第3号を通して，所得税法第5条に挿入された第3項は次の通りである[31]。

「他人の特許権，著作権または類似の権利の保護権の侵害に対する引当金は，
  1. 権利所有者が権利侵害を理由として請求を主張したとき，あるいは
  2. 侵害を理由とした請求が真剣に考慮に入れられなければならないとき

に初めて設定されうる。第1文第2号により設定された引当金は，請求が主張されなかったならば，遅くとも最初の設定に続く第3経済年度の貸借対照表において取り崩され，収益に戻し入れられなければならない。」

　これは基準性原則を満たさないのであるが，税収不足回避のためこのような内容になったのである。なお従来の第3項，第4項は，それぞれ第4項，第5項になった。

(7) 1990年租税改革法による新たな第5条第4項の挿入

　ここでは一般的な労働対価とは別に，一定期間の，被用者の経営への帰属に対して支払われる経営者の給付約束のための引当金が争点である。BFHは1987年2月5日のその判決[32]において，法的拘束力をもって約束された勤続記念日手当のための引当金を不確定債務に対する引当金と解した。

　この判決に対して，租税立法者は1990年租税改革法の中で反応を示した。すなわち，その法律を通じて1990年所得税法第5条第4項に次の規定が設けられた[33]。

「勤続記念日手当の義務に対する引当金は，雇用関係が少なくとも10年続き，勤続記念日が少なくとも15年の勤務関係の存続を前提とし，そしてその約束が文書により交わされている場合に限り設定されうる。」

　この規定は，勤続記念日として少なくとも15年の勤務関係を予定しており，それより短い勤続記念日に対する手当を引当金設定対象から排除することによって，租税収入が減少しないようにという国庫上の利害も考慮に入れている。なお，この引当金は1992年12月31日以後に生じる債務に対して初めて認められる[34]。これに対して，1990年租税改革法発効までに設定された引当金は，3経済年度内に取り崩されなければならなかった（第52条第6項）。

　その他に，この1990年租税改革法によって，棚卸資産のうち同種の経済財について，輸入商品評価減が利用されていないことを前提に，後入先出法が適用されえた[35]。その際，法律は後入先出法は「商法上のGoBに一致するとき」利用されうると規定し，基準性の原則が明確に表現された（第6条第1項第2a号）。また，価格騰貴準備金の利用は1990年1月1日以前に終了する経済年

度で打ち切りとなった（第51条第1項第2号b）。

　以上みてきたように，この時代には，国庫上の理由から基準性原則に違反する計上規定が税法に置かれたことが理解できる。その際，二つの方法がとられた。一つは，GoBに反する税務貸借対照表項目をつくるものである。これは棚卸資産の期末棚卸高に含まれる消費税・関税の借方計上，および前受金に含まれる売上税の借方計上である。今一つは，GoBに合致した項目を税務貸借対照表で限定的に容認するものである[36]。特許権侵害に対する引当金，および勤続記念日手当に対する引当金がこれに該当する。これらは商法上も不確定債務に対する引当金として計上されうる。しかし，税法上は設定要件が厳格にされた。

　そして上記の第1の方法，すなわち消費税・関税の借方計上および売上税のそれに関しては，それがGoBとは認められない項目であるにもかかわらず，その後1985年に，商法立法者が税法との調和を図るために，それを計上選択権として商法典に取り入れた。このように一方では商法典が税法に接近した。また他方では，1969年所得税法変更法が無形経済財および計算限定項目の計上に関する商法規定を取り入れ，商法に歩み寄った。このように，この時代には商事貸借対照表と税務貸借対照表の接近が図られ，単一貸借対照表の可能性が模索されたのである。ジグロッホはこの時代を，二つの貸借対照表の結合の時代と位置づけている[37]。

　特別なケースではあるが，1990年9月の「ドイツ・マルクで表示された開始貸借対照表および資本の新確定に関する法律（ドイツ・マルク貸借対照表法）」第4条により，旧東ドイツの企業は1990年7月1日付で商法上の開始貸借対照表を作成しなければならなかった。また，同法第50条により税務上の開始貸借対照表の作成も要求された[38]。これは小さな相違を除けば，商法上の開始貸借対照表に一致するものであった。まさに単一貸借対照表であった。

　なお，1955年から1990年までの所得税法第5条の内容の変遷をまとめてみると，図表7-3のようになる。計上留保規定が拡大してきていることが分かる。

第 7 章　商事貸借対照表と税務貸借対照表の再接近・結合（1960 年代後半〜1990 年代）　147

図表 7-3　所得税法第 5 条の内容の変遷：計上留保規定の拡大化（1955 年〜1990 年）

① 1955 年	② 1969 年	③ 1974 年	④ 1977 年	⑤ 1980 年	⑥ 1983 年	⑦ 1990 年
第 1 文	→ 第 1 項	→ 第 1 項	→ 第 1 項	→ 第 1 項	→ 第 1 項	→ 第 1 項 第 1 文
第 2 文	**第 2 項（新）**	→ 第 2 項	→ 第 2 項	→ 第 2 項		→ 第 2 文（新）
	第 3 項（新）	→ 第 3 項	→ 第 3 項	→ 第 3 項	**第 3 項（新）**	→ 第 2 項
	第 4 項	→ 第 4 項（括弧書を削除）	→ 第 4 項第 1 文	→ 第 4 項第 1 文	**第 4 項（新）**	→ 第 3 項
			〃　　 第 2 文（新）	〃　　 第 2 文第 1 号	第 5 項	→ **第 4 項（新）**
				〃　　　　　　 第 2 号（新）		→ 第 5 項
						第 6 項

〈説　明〉

① 1955 年：「法律の規定に基づいて、帳簿をつける義務を行うことを義務づけられている、またはそのような義務はないけれど帳簿をつける規則的に決算を行っている営業者においては、経済年度末に、商法上の正規の簿記の原則に従って表示されるべき事業財産の計上されなければならない（第 4 条）。ならびに損益に対する表示変更の容認（第 4 条第 1 文）。引出および出資（第 4 条第 1 号）、事業支出（第 4 条第 2 項）、貸借対照表項目が計上されなければならない。評価（第 6 条、第 6 条第 2 項）。」

② 1969 年：「固定資産たる無形経済財については、それが有償で取得された場合に限り、借方項目が計上されなければならない。」
第 3 項：「計算限定項目として、
1．借方に、決算日以後の一定期間に対する費用を示す、決算日以前の支出、
2．貸方に、決算日以後の一定期間に対する収益を示す、決算日以前の収入
のみが計上されなければならない。」

③ 1974 年：第 4 項（1955 年所得税法第 5 条第 2 文）の括弧書きの削除。

④ 1977 年：第 4 項第 2 文：「さらに、費用として考慮に入れられた関税および消費税は、それらが決算日に表示されるべき棚卸資産たる経済財に割り当てられる場合限り計上されなければならない。」
第 4 項第 2 文第 2 号：「（さらに借方に：中田注）費用として考慮に入れられた、決算日以前に支払われた、請求が主張されたときよりあとに設定されたよりも請求に当金は、引当金として設定されなければならない。」

⑤ 1980 年：「他人の特許権、著作権または類似の権利の権利侵害の保護権の侵害に対する引当金は、
1．権利所有者が権利侵害を理由として請求を主張したとき、あるいは
2．侵害を理由とした請求が真剣に考慮に入れられなければならないとき
に初めて設定されるだろう。第 1 文第 2 号により設定されなかった引当金は、遅くとも最初の設定されるよりあとに引当金は、収益に戻し入れられなければならない。」
照表において取り崩され、収益に戻入されなければならない。」

⑥ 1983 年：［利益計算にあたっての税法上の選択権は、商法上の年度貸借対照表に一致して行使されなければならない。」

⑦ 1990 年：第 1 項第 2 文：「勤続記念日手当の義務に対する引当金は、雇用関係が少なくとも 10 年経過、勤続記念日が少なくとも 15 年の勤務関係の存続を前提とし、そしてその約束が文書により交わされている場合に限られる。」
第 4 項：「勤続記念日手当の義務に対する引当金は、雇用関係が少なくとも 15 年の勤務関係の存続を前提とし、勤続記念日が少なくとも 15 年の勤務関係の存続を前提とし、そしてその約束が文書により交わされている場合に限り設定されるだろう。」

第3節　逆基準性の問題の生成と展開

(1) 逆基準性原則に関連する商法上の規定

　すでに第6章でみたように，1934年の財務大臣の同文通達で，短期経済財の評価自由（評価に関する選択権）という税法上の特別な取り扱いが認められ，その前提として商事貸借対照表での同一処理が要求された。その後，第二次世界大戦後にも数々の租税恩典が所得税法に導入された。これらの多くに対しても，同様であった。

　1955年所得税法制定後，その第5条第1項の基準性原則に関連して次のような問が投げかけられた。税法で認められた選択権は無条件に税務上行使されうるのか，それともその選択は商事貸借対照表上での具体的な計上に一致しなければならないのか，というものである。この場合，特に租税恩典が問題となる。前者が是認されれば，例えば非課税準備金が税務上認められ，税法上の利益がそれだけ減じられても，商法上はその準備金の額だけ大きな利益が表示され，場合によっては配当にあてられる。資金を拘束するという効果が半減してしまう[39)]。

　租税恩典が然るべき商事貸借対照表項目に依存しているか否かは議論の余地があったので，立法者は差しあたり個別ケースに対して，その依存性を規定した[40)]。すなわち，1965年の株式法改正にあたり，第152条第5項，第154条第2項第1文第2号，第155条第3項第2号，第155条第4項を置いたのである。これらはGoBに一致しない税務上の選択権を商事貸借対照表に計上するために門戸を開いたという意味で，開放条項（Öffnungsklausel）と呼ばれる。

　第152条第5項は，税法規定に基づきその取り崩しの際に初めて課税される項目が貸方に計上されるときは，「準備金的性質を有する特別項目」として商事貸借対照表に表示しなければならない，と定めている。非課税準備金がこれ

に該当する。第154条第2項第1文第2号は，固定資産について，税法で認められた減価記入を行う場合，商事貸借対照表で計画外減価記入または価額修正ができるとしている。第155条第3項第2号も流動資産について，調達原価または製造原価，あるいはこれらより低い取引所価格または市場価格ではなくて，それらより低い税法で認められた価額を商事貸借対照表に計上することができると規定している。第155条第4項は前項を受けて，低価評価額はその根拠がなくなった場合でも保持されうる，としている。

　以後，財政行政は原則的に商事貸借対照表での然るべき計上を前提に租税恩典を認めた。しかし，1965年株式法の上記規定に基づいた逆基準性が規範的な原則として認められるかどうか――これは依然として議論の余地があった。

　1978年に，欧州委員会（EC）理事会が加盟国間で一定の法形態の会社の会計調和化を図る目的で，第4号指令[41]を出した。これは各加盟国の国内法に変換されなければならないので，各国の事情を考慮に入れた内容とする必要があった。その際，特に商事貸借対照表への税務貸借対照表の依存性を有するドイツの貸借対照表作成システムを斟酌しなければならなかった。

　そこで第4号指令は，基準性原則が適用される場合に限り，商事貸借対照表において税法上の価額計上を認めることとした。すなわち，その第35条第1項dおよび第39条第1項eは，加盟国に，商事貸借対照表において税法に従って価額修正を行うことを許容した。商事貸借対照表では第4号指令による価額計上額のみが認められるのが原則であるが，しかし，国内の税法が必要とする限りにおいて，その例外が容認されたのである。このようにして，第4号指令の影響下にある資本会社は，国内の税法が租税恩典の利用を商事貸借対照表での然るべき表示を前提としているとき，税法上の特別償却・増加控除などを利用することができることとなった。

　上記のような内容の第4号指令のドイツ国内法への変換（貸借対照表指令法）により，1986年改正商法典の第3編「商業帳簿」，第1章「すべての商人についての規定」に次のような規定が設けられた[42]。

　　　第247条第3項「所得税および収益税の目的上認められている貸方項目は，これを貸借対照表に設定することができる。それは準備金的性質を有

する特別項目として表示し，税法に従って取り崩されなければならない。その限りにおいて引当金を必要としない。」

第254条「固定資産または流動資産に属する資産については，税法によって認められている減価記入に基づく，より低い価額で計上するためにも，減価記入を行うことができる。第253条第5項を準用しなければならない。」

これらの規定は，すでにみた1965年株式法の規定（第152条第5項，第154条第2項第1文第2号，第155条第3項第2号，第155条第4項）を引き継いだものである。しかし，ここでは非資本会社も，税法上の租税恩典に由来する貸借対照表項目を商事貸借対照表において設定することが可能となった。ただし，義務ではなかった。なお，第247条第3項および第254条に関して，資本会社に対しては補充規定が設けられたので，これらの規定は今後，個人企業および人的会社に対してのみ有効であった[43]。

株式会社などに対しては，第4号指令（第35条第1項dおよび第39条第1項e）に合致するように，第3編第2章「資本会社（株式会社，株式合資会社および有限会社）についての補充規定」の中に以下のような規定が置かれた[44]。

第273条「準備金的性質を有する特別項目（第247条第3項）は，特別項目を貸借対照表に設定することを条件に，税法が税法上の利益決定に際して計上価額を認める範囲に限り，これを設定することができる。それは貸方の引当金の前に表示しなければならず，設定の根拠となった規定を貸借対照表または付属説明書に記載しなければならない。」

第279条第2項「第254条による減価記入は，それが貸借対照表から明らかになることを条件に，税法上の利益決定に際して税法がそれを認める範囲に限り，これを行うことができる。」

第280条第2項「第1項による増価記入は，より低い計上価額を税法上の利益決定に際して保持することができ，かつ当該保持の前提がより低い計上価額を貸借対照表上も保持することにあるのであれば，これを行わないことができる。」

第273条は，資本会社は税法上許容された準備金を，税法自身が租税恩典を

然るべき商事貸借対照表項目に依存させている場合にのみ計上しうることを定めたものである。1965年株式法の場合とは異なり，税法が前記の前提を満たさない限り，非課税準備金については「準備金的性質を有する特別項目」という貸方項目を設定することができなくなった。税務上の減価記入に関しても同様なことがいえる。これは第4号指令に従ったものである。

(2) 1985年貸借対照表法指令法による所得税法第6条第3項の挿入

税務貸借対照表での計上は商事貸借対照表でのそれを前提とするという逆基準性は，BFHによって疑問を投げかけられた。

BFHは1985年4月24日のその第1部判決[45]，および1985年4月25日のその第4部判決[46]において初めて，租税恩典に係る逆基準性に対して態度を表明した。4月24日の判決のケースでは，納税義務者（株式会社）が有限会社の持分の売却益を所得税法第6b条第3項第1文による非課税準備金へ組み入れた。第6b条第3項第6文により，商事貸借対照表においても然るべき準備金が設定された。これは後に（償却性固定資産たる）新経済財に繰り越され，その調達原価または製造原価から控除された。すなわち，新経済財が圧縮記帳された。その株式会社は翌年度以降に，商事貸借対照表においてこの金額を再び増価記入した。税務貸借対照表においては，そのような増価記入は1969年所得税法第6条第1項第1号第4文により禁止されていた。それに基づいて税務官庁は租税調整法第4条第3項第2号を引き合いに出して，納税義務者に対し遡及的に第6b条による租税恩典を取り消した。

BFH第1部はこのケースで，納税義務者は商事貸借対照表で増価記入する資格があり，これは租税恩典の承認とは関係ない，という判決を下した。その根拠として次のことを挙げた。

第一に，秘密積立金の非課税の繰越しの意味は，再投資に必要な資金の配当の阻止にある。しかし，新経済財の調達後にはこの目的は果たされる。その結果，増価記入は所得税法第6b条の意味に違反することなく，商法上可能である。第二に，配当禁止は資本会社の場合のみ有効である。というのは個人商人および人的会社はいつでも利益を引き出すことができるからである。その限り

において，商事貸借対照表への税務貸借対照表の結合，すなわち基準性は課税の公平性原則に合致しない[47]。このような理由から，逆基準性は存在しないとされた。

これに対して，別の事案についてではあるが，BFH第4部は4月25日の判決において，所得税法第6b条による秘密積立金の繰越年度における（所得税および営業税に対する）商事貸借対照表の基準性を確認した。これは上記の第1部判決と対立するものであった。

貸借対照表指令法の草案の作成にあたり指導的役割を果たしたドイツ連邦議会の財務委員会は，審議の最終局面に至るまで，逆基準性に関して包括的に法律で規定することを必要なものとはみなさなかった。従来通り，個別ケースに関する規定で足りると考えていた。しかし，1985年4月24日に上記の驚くべきBFH判決が下されたので，それへの対応措置として，秘密積立金の設定に関する従前の実務の明瞭化と保護のために，次の第6条第3項を所得税法に挿入することとした[48]。そこでは，同時に租税恩典的減価記入実施後の償却性固定資産に係る厳格な価値関連[49]の廃止も規定されている。

「増加控除，特別償却，第2項による償却，固定資産たる経済財に係る第6b条第1項または第3項第2文による控除，および第51条第1項第2号mまたはzにより認められている，流動資産たる経済財の価値の控除，これらの利用の前提は，経済財が商法上の年度貸借対照表において，それらによって生じる，より低い価額で計上されているということである。翌経済年度に商法上の年度貸借対照表の経済財において，第1文により実施された評価が増価記入によって取り崩される限りにおいて，増価記入の金額は経済財の簿価を高める。固定資産たる経済財の場合，第1項第1号第4文はこれらのケースにおいて適用されない。」

所得税法第6条の変更によって，特別償却・増加控除などが租税恩典を得るためには，商事貸借対照表と税務貸借対照表において今後も同じ会計処理が実施されなければならないこと（租税恩典利用年度の商事貸借対照表の基準性），そして後年度に行われる商事貸借対照表上の増価記入が税務貸借対照表上の利益増加に連なること（租税恩典利用後の年度における商事貸借対照表の基準

なお，1985年貸借対照表指令法により，暖簾が税法上固定資産たる償却性経済財に分類された。その際，大きな税収不足を回避するために，その耐用期間が15年とされた。

(3) 1989年住宅建設促進法（補充法）による所得税法第5条第1項第2文の導入

すでにみたように，1985年貸借対照表指令法により所得税法第6条に第3項が挿入された。しかしそこでは，逆基準性が明文化されているのは，減価記入に係る金額に対してのみである。非課税準備金に対しては，企業での資金拘束のために然るべく貸方項目（商法典第247条による「準備金的性質を有する特別項目」）の，同一金額での設定を命じる規定は法律の中に置かれなかった。当時の支配的な見解によれば，非課税準備金に対する特別項目の設定は，商事貸借対照表と税務貸借対照表とでの計上選択権の統一的な行使を要求する一般的原則により保証されていた[51]。

しかし他方では，非課税準備金について明文化されていなかったので，立法者の意志によれば逆基準性は非課税準備金に適用されるべきではない，という解釈も行われた。このような理解の仕方は，次のことを意味している。所得税法第6条第3項の適用前の法律見解とは異なり，非課税準備金は原則的に，商事貸借対照表において然るべく準備金的性質を有する特別項目が計上されていない場合でも利用されうる[52]，と。

このように非課税準備金の逆基準性に関する解釈は曖昧であった。そこで，法的安定化のために，非課税準備金に対する逆基準性の適用についての疑問を取り除く努力が，租税立法者によって行われた。それは1990年租税改革法の流れに沿って行われた。1990年所得税法についての担当部局草案では，基準性原則を定めた所得税法第5条第1項の中に，次の新しい第2文を挿入することが提案された[53]。

「税法上の計上選択権または評価選択権に商法上の選択権が一致する限りにおいて，商法上の年度貸借対照表での選択権の行使が税法上の利益計

算に対して基準となる；」

しかし, 互いに一致する選択権に分類するのが困難である[54]との理由から, 政府案の段階で次のようになった[55]。

「税法上の計上選択権または評価選択権は商法上の年度貸借対照表に一致して行使されなければならない；」

この政府案を巡って議論が展開された。だが結局, 1988年7月に公布された「1990年租税改革法」には間に合わなかった。その後も議論が続けられ, 1989年12月に公布された「住宅建設の税制上の促進および1990年租税改革法の補充についての法律」(この法律の正式な略称は「住宅建設促進法」であるが, 本章では「補充法」と呼ぶ) の第1条第4号において, 所得税法第5条第1項に第2文として次の文章が付け加えられることとなった[56]。

「利益計算にあたっての税法上の選択権は, 商法上の年度貸借対照表に一致して行使されなければならない。」

政府案にみられる「計上選択権または評価選択権」という文言が,「利益計算にあたっての税法上の選択権」に代わっている。これについて, 1989年12月5日付の連邦議会財務委員会の「第2決議勧告書および第2報告書」は, 第5条第1項第1文の規定が誤解されるのを回避するためであると述べている。すなわち, 第1文の規定によれば, 商法上の原則に従い表示されるべき事業財産が税法上の利益計算のために「計上 (Ansatz)」されなければならない。もし計上選択権と評価選択権とが, 政府案のように第2文で別個に言及されるならば, このことから, 第1文においては「理由による計上 (Ansatz dem Grunde nach)」のみが意図され,「大きさによる計上 (Ansatz der Höhe nach)」は意図されていないと結論づけられるであろう[57], と。

要するに, 前記の「第2勧告書および第2報告書」が述べていることは, 第1文にいう「計上」には理由による計上と大きさによるそれ, 換言すればいわゆる (狭義の) 計上と評価が含まれているということである。このようにして, 逆基準性が明確に法律の中で表現された。

なお, 第6条第3項は存在意義を失ったので削除された。またこの補充法において同時に, 償却性固定資産についての無制限の価値関連の原則が第6条第

1項第1号第4文において放棄された。その代わりに，増価記入の可能性が調達原価または製造原価に制限された。

第4節　おわりに

　本章では，1960年代後半から1990年にかけての，商事貸借対照表と税務貸借対照表の関係について考察を試みた。その結果，以下のような特徴を見出すことができた。

　まず第一に，所得税法第5条第1項第1文に規定する基準性原則の内容が明瞭にされたことである。すなわち基準性は「計上」について要求されるのであって，「評価」については税法が規定する。税法が別の評価規定を置いていない場合にのみ，商法上の評価規定が税務貸借対照表にも適用される[58]。第二に，税法立法者は税収不足回避のため，「計上」（理由による計上）に関して基準性原則に違反する規定を設けたことが挙げられる。

　第三には，税法との調和を図るために，商法典にGoBとは認められないものも規定されたことが確認される。そして，包括的な逆基準性に関する規定が第5条第1項に置かれ，商事貸借対照表と税務貸借対照表の結びつきがより強固にされた点を第四の特徴と考えることができる。これに関連して，逆基準性による商事貸借対照表での情報機能の侵害は附属説明書の充実によって解決しようとされたことも理解できた。

【注】
1) Begründung, zum Entwurf eines Gesetzes zur Änderung des Einkommensteuergesetzes, BT-Drucksache, 5/3187, Bonn. 1968, S. 3.
2) Ebenda.
3) Pfahl, Franc, Die Maßgeblichkeit der Handelsbilanz, ein dem Steuerbilanzrecht vorgegebenes Grundprinzip?, Frankfurt am Main, 1999, S. 77.
4) Gesetz zur Änderung des Einkommensteuergesetzes. Vom 16. Mai 1969, Bundes-gesetzblatt, Teil I, Bonn, 1969, S. 421f.
5) 従来（1955年所得税法）は，「経営に役立つ個別経済財の評価に対して，以下のことが適用される」となっていた。新規定では「経営に役立つ経済財」が，「第4条第1項

または第5条により事業財産として計上されなければならない個別経済財」に変わり，計上に対する経済財概念の解釈の重要性が小さくなった。なぜなら，第4条第1項および第5条では商法上の資産（Vermögensgegenstand）概念が用いられているからである。もはや，1928年3月28日のライヒ財政裁判所判決によってつくりだされ，1934年所得税法に引き継がれた，いわば税法上の概念である経済財ではなくて，商法上の概念である資産が税務貸借対照表を決定するようになったのである（vgl. Pfahl, F, a.a.O., S. 79）。

6) Vogt, Stefan, Die Maßgeblichkeit des Handelsbilanzrechts für die Steuerbilanz, Düsseldorf, 1991, S. 119.
7) Begründung, zum Entwurf eines Gesetzes zur Änderung des Einkommensteuergesetzes, a.a.O., S. 4.
8) Bundesministerium für Wirtschaft und Finanzen (Hrsg.), Gutachten der Steuerreformkommission 1971, Schriftenreihe des Bundesministeriums der Finanzen, Heft 17, Bonn, 1971, S. 432f.; ohne Verfasser, Gutachten der Steuerreformkommission 1971―Kurzfassung―, Der Betrieb, Beilage Nr. 5/71, Düsseldorf, 1971, S. 8.
9) Rau, Hans-Gerd, Der Referentenentwurf des Einkommensteuergesetzes 1974, Der Betrieb, 25. Jg. Heft 4, Düsseldorf, 1972, S. 158.
10) Wöhe, Günter, Betriebswirtschaftliche Steuerlehre Band I, 2. Halbband, 7. Auflage, München, 1992, S. 90.
11) Begründung, zum Entwurf eines Dritten Steuerreformgesetzes, BT-Drucksache, 7/1470, Bonn, 1974, S. 223.
12) Ebenda.
13) Gesetz zur Reform der Einkommensteuer, des Familienlastenausgleichs und der Sparförderung (Einkommensteuerreformgesetz―EStRG). Vom 5. August 1974. Bundessteuerblatt, Teil I, Bonn, 1974, S. 532.
14) BFH-Urteil vom 26. 2. 1975, I R 72/73, Sammlung der Entscheidungen des Bundesfinanzhofs, Bonn, 1975, S. 243-249.
15) Pfahl, F., a.a.O., S. 84f.
16) BFH-Urteil vom 26. 2. 1975, a.a.O., S. 248f.
17) Bericht des Finanzausschusses zu dem von der Bundesregierung eingebrachten Entwurf eines Einführungsgesetzes zur Abgabenordnung, BT-Drucksache, 7/5458, Bonn, 1976, S. 9.
18) Einführungsgesetz zur Abgabenordnung (EGAO 1977). Vom 14. Dezember 1976, Bundesgesetzblatt, Teil I, Bonn, 1976, S. 3346.
19) BFH-Urteil vom 26. 2. 1975, a.a.O., S. 245.
20) BFH-Beschluß vom 12. 6. 1978, GrS 1/77, Bundessteuerblatt, Teil II, 1978, S. 620-621.
21) BFH-Beschluß vom 12. 6. 1978, GrS 1/77, a.a.O., S.622 u. 625.
22) Ebenda.
23) Pfahl, F., a.a.O., S. 89f.
24) BFH-Urteil vom 26. 6. 1979, VIII R 145/78, Sammlung der Entscheidungen des Bundesfinanzhofs, Bonn, 1979, S. 243-247.
25) Bericht des Finanzausschusses zu dem von der Bundesregierung eingebrachten Entwurf eines Gesetzes zur Änderung des Einkommensteuergesetzes, des Körperschaft-

第 7 章　商事貸借対照表と税務貸借対照表の再接近・結合（1960 年代後半～1990 年代）　157

steuergesetzes und anderer Gesetze, BT-Drucksache, 8/4157, Bonn, 1980, S. 4.
26) Gesetz zur Änderung des Einkommensteuergesetzes, des Körperschaftsteuergesetzes und anderer Gesetze, Vom 20. August 1980, Bundesgesetzblatt, Teil I, Bonn, 1980, S. 1545.
27) Pfahl, F., a.a.O., S. 92f.
28) Pfahl, F., a.a.O., S. 93.
29) BFH-Urteil vom 11. 11. 1981, I R 157/79, Sammlung der Entscheidungen des Bundesfinanzhofs, Bonn, 1982, S. 432-434.
30) Gesetzentwurf der Fraktionen der CDU/CSU und FDP: Entwurf eines Gesetzes zur Wiederbelebung der Wirtschaft und Beschäftigung und zur Entlastung des Bundeshaushalts (Haushaltsbegleitgesetz 1983), BT-Drucksache, 9/2074, Bonn, 1982, S. 62.
31) Gesetz zur Wiederbelebung der Wirtschaft und Beschäftigung und zur Entlastung des Bundeshaushalts (Haushaltsbegleitgesetz 1983). Vom 20. Dezember 1982, Bundesgesetzblatt, Teil I, Bonn, 1982, S. 1858.
32) BFH-Urteil vom 5. 2. 1987, IV R 81/84, Sammlung der Entscheidungen des Bundesfinanzhofs, Bonn, 1987, S. 55-61.
33) Steuerreformgesetz 1990. Vom 25. Juli 1988, Bundes, gesetzblatt, Teil I, Bonn, 1988, S.1095.
34) この規定の現行の運用は，次のようになっている。これは連邦財務省が 2008 年に出した文書上の例示の一つである（BMF-Schreiben: IVC6-S2137/07/10002 vom 8. Dezember 2008, Bundessteuerblatt, Teil I, Bonn, 2008, S. 1013-1016）。

▶ 勤続記念日手当取得のために必要な勤務年数　　　　　　30 年
▶ 手当の額　　　　　　　　　　　　　　　　　　　　　　3,000 €
▶ 基準となる雇用関係の開始　　　　　　　　　　　　　　1990 年 3 月 1 日
▶ 2008 年 12 月 31 日の計算：
　a）2008 年 12 月 31 日の引当金
　　経過した勤務年数（端数切り上げ）　　　　　　　　　19 年
　　1,000 € あたりの付表*）上の価値　　　　　　　　　　225 €
　　引当金：225 € × 3 =　　　　　　　　　　　　　　　　675 €
　b）1992 年 12 月 31 日の引当金
　　経過した勤務年数（端数切り上げ）　　　　　　　　　3 年
　　1,000 € あたりの付表*）上の価値　　　　　　　　　　14 €
　　引当金：14 € × 3 =　　　　　　　　　　　　　　　　 42 €
　　2008 年 12 月 31 日の引当金計上額 675 € － 42 € =　　633 €

　　*）文書に添えられている付表には「1,000 ユーロあたりの記念日手当の支給義務に係る一括価値法による部分価値の大きさ」という表題が付いている（中田注）。
35) 後入先出法は一定の貴金属に対して，1985 年租税調整法によりすでに導入されていた（Steuerbereinigungsgesetz 1985. Vom 14. Dezember 1984, Bundesgesetzblatt, Teil I, Bonn, 1984, S. 1499）。
36) Pfahl, F., a.a.O., S. 103.
37) Sigloch, Jochen, Ein Valet dem Maßgeblichkeits ?, Betriebswirtschaftliche Forschung und Praxis, 52. Jg. Heft 2, Herne, 2000, S. 158.

38) Gesetz über die Eröffnungsbilanz in Deutscher Mark und die Kapitalneufestsetzung (D-Markbilanzgesetz—DMBilG). Vom 23. September 1990, Bundesgesetzblatt, Teil II, Bonn, 1990, S. 1169-1193.
39) Pfahl, F., a.a.O., S. 103.
40) Pfahl, F., a.a.O., S. 104.
41) Vierte Richtlinie 78/660/EWG des Rates vom 25. Juli 1978 aufgrund von Artikel 54 Absatz 3 Buchstabe g) des Vortrages über den Jahresabschluß von Gesellschaften bestimmter Rechtsformen, Amtsblatt der Europäischen Gemeinschaften, Nr. L222, Luxemburg, 1978, S. 11-31.
42) Gesetz zur Durchführung der Vierten, Siebenten und Achten Richtlinie des Rates der Europäischen Gemeinschaften zur Koordinierung des Gesellschaftsrechts (Bilanzrichtlinien-Gesetz—BiRiLiG). Vom 19. Dezember 1985, a.a.O., S. 2357 u. 2359.
43) Pfahl, F., a.a.O., S. 105.
44) Gesetz zur Durchführung der Vierten, Siebenten und Achten Richtlinie des Rates der Europäischen Gemeinschaften zur Koordinierung des Gesellschaftsrechts (Bilanzrichtlinien-Gesetz—BiRiLiG). Vom 19. Dezember 1985, a.a.O., S. 2365 u. S. 2367.
45) BFH-Urteil vom 24. 4. 1985, I R 65/80, Sammlung der Entscheidungen des Bundesfinanzhofs, Bonn, 1986, S. 14-20.
46) BFH-Urteil vom 25. 4. 1985, IV R 65/80, Sammlung der Entscheidungen des Bundesfinanzhofs, Bonn, 1986, S. 25-30.
47) BFH-Urteil vom 24. 4. 1985, I R 65/80, a.a.O., S. 18f.
48) Gesetz zur Durchführung der Vierten, Siebenten und Achten Richtlinie des Rates der Europäischen Gemeinschaften zur Koordinierung des Gesellschaftsrechts (Bilanzrichtlinien-Gesetz—BiRiLiG). Vom 19. Dezember 1985, a.a.O., S. 2325.
49) 厳格な価値関連は無制限の価値関連ともいわれている。それは，1955年所得税法第6条第1項第1号第4文にいう「すでに前経済年度末に納税義務者の固定資産に属していた経済財にあっては，貸借対照表計上額は最終の貸借対照表計上額を超えてはならない」ことを意味する（黒田全紀（編著）『解説 西ドイツ新会計制度』同文舘出版，1987年，111ページ参照）。
50) Gesetzentwurf der Fraktionen der CDU/CSU und FDP: Entwurf eines Gesetzes zur Wiederbelebung der Wirtschaft und Beschäftigung und zur Entlastung des Bundeshaushalts (Haushaltsbegleitgesetz 1983), BT-Drucksache, 9/2074, Bonn, 1982, S. 62.
51) Gesetzentwurf der Fraktionen der CDU/CSU und FDP: Entwurf eines Steuerreformgesetzes 1990, BT-Drucksache, 11/2157, Bonn, 1988, S. 139.
52) Ebenda.
53) Vgl. Vogt, S., a.a.O., S. 129.
54) Vogt, S., a.a.O., S. 129.
55) Gesetzentwurf der Bundesregierung: Entwurf eines Steuerreformgesetzes 1990, BR-Drucksache, 100/88, Berlin, 1988, S. 6f.
56) Gesetz zur steuerlichen Förderung des Wohnungsbaus und zur Ergänzung des Steuerreformgesetzes 1990 (Wohnungsbauförderungsgesetz—WoBauFG). Vom 22. Dezember 1989, Bundesgesetzblatt, Teil I, Bonn, 1989, S. 2408.

57) Zweite Beschlußempfehlung und Zweiter Bericht des Finanzausschusses zu dem Gesetzentwurf der Fraktionen der CDU/CSU und FDP, zu dem Gesetzentwurf der Bundesregierung, BT-Drucksache, 11/5970, Bonn, 1989, S. 36.
58) しかし，本文でもみたように，1990年頃になってくると，「計上」には理由による計上と大きさによるそれとの両方が含まれると，解釈されるようになってきた。

第8章　基準性原則の崩壊（1）
（1990年代後半の基準性原則違反）

第1節　はじめに

　1990年代後半は，ドイツでは商法会計制度においても企業課税制度においても国際化が進んだ時代であった。すなわち，商法会計制度は資本調達容易化法（1998年），企業領域における統制と透明性に関する法律（1998年），資本会社指令法（2000年），透明性・開示法（2002年），貸借対照表法改革法（2004年）を通して，国際的展開への適応化のために大きく変わった。

　他方，企業課税制度に関しても，企業課税改革の継続のための法律（1997年）および「1999/2000/2002年租税軽減法」（1999年）によって，税務上の利益計算のあり方に変更が加えられた。当時は，各国が競って税率の引き下げを行い，自国での企業立地の有利性を訴えていた。その反面，税収不足に陥らないように課税標準の拡大が図られた。ドイツでも事情は同じであった。課税標準の拡大化の中で，税務上の利益計算の，商法会計上のそれへの結びつき（基準性）が犯されたのである。

　本章は，この時代の基準性原則の展開について考察しようとするものである。まず次節で，国際的に認められた会計基準のドイツ法への受入れを中心に展開された商法会計制度の変遷を概観したい。次に，企業課税改革の継続のための法律，および1999/2000/2002年租税軽減法において，主にそれぞれの法案に添付されていた理由書を通して，基準性原則が侵害された経緯を考察してみよう。そして，商法会計制度は国際会計基準またはアメリカ会計原則のドイツ国内への受入れを巡って展開されたのであり，基準性原則（個別決算書上

の）には直接影響を及ぼさなかったこと，税法の側では税率引き下げによる収入減少を補償するために基準性原則を犯して課税標準の拡大が図られたこと，これらのことを明らかにしたい。

なお，図表8-1は本章第2節で取り扱うドイツ法の位置づけを示したものである。

第2節　商法会計制度の展開

(1) 資本調達容易化法

資本調達容易化法（Kapitalaufnahmeerleichterungsgesetz）は，正式には「資本市場でのドイツ・コンツェルンの競争力改善，および社員貸付の受入れのための法律」という。これは1998年4月20日に認証され，4月23日に公布された。そして4月24日に効力を発した[1]。ただし，商法典第292a条だけは2004年12月31日に失効することになっていた。なお，政府案は「国際的資本市場でのドイツ・コンツェルンの競争力改善，および社員貸付の受入れの容易化のための法律」[2]という名称であったが，連邦議会において「国際的」という用語が削除された。

この法律の最大の目的は，ドイツ企業が外国の資本市場で資金調達をしやすいように，国際的に認められた会計基準（国際会計基準（International Accounting Standards：以下，IASと略記する）またはアメリカ会計原則（以下，US-GAAPと記す））により作成された連結決算書を国内でも認めるよう，ドイツ商法典を改正することにあった。従来，外国の証券取引所への上場目的で国際的に認められた会計基準により連結決算書を作成するドイツのコンツェルンは，さらに国内向けにドイツ法によりそれを作成しなければならないので，追加的な負担を強いられていたのである。

資本調達容易化法制定の直接の動機は，当時のダイムラー・ベンツ株式会社のニューヨーク証券取引所への上場にあった。同社は1993年10月5日の上場

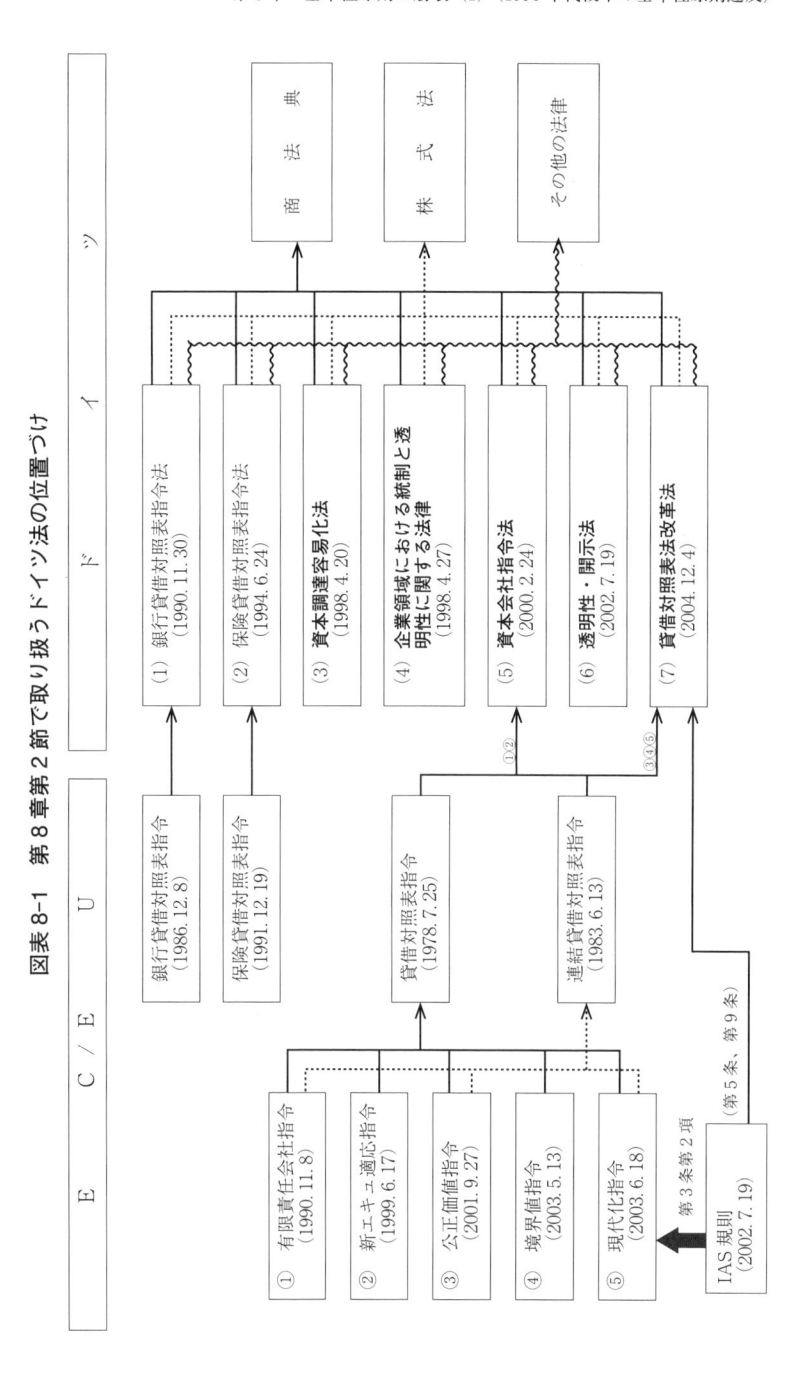

第8章　基準性原則の崩壊（1）（1990年代後半の基準性原則違反）　163

図表8-1　第8章第2節で取り扱うドイツ法の位置づけ

EC/EU	ドイツ	ドイツ法関連
銀行貸借対照表指令 (1986.12.8)	(1) 銀行貸借対照表指令法 (1990.11.30)	商　法　典
保険貸借対照表指令 (1991.12.19)	(2) 保険貸借対照表指令法 (1994.6.24)	株　式　法
貸借対照表指令 (1978.7.25)	(3) 資本調達容易化法 (1998.4.20)	その他の法律
連結貸借対照表指令 (1983.6.13)	(4) 企業領域における統制と透明性に関する法律 (1998.4.27)	
① 有限責任会社指令 (1990.11.8) ② 新エキュ適応指令 (1999.6.17) ③ 公正価値指令 (2001.9.27) ④ 境界値指令 (2003.5.13) ⑤ 現代化指令 (2003.6.18)	(5) 資本会社指令法 (2000.2.24)	
IAS規則 (2002.7.19) 第3条第2項	(6) 透明性・開示法 (2002.7.19)	
（第5条，第9条）	(7) 貸借対照表法改革法 (2004.12.4)	

（注）ゴシック体で表示した法律が本章第2節で取り扱うものである。

以来，証券取引委員会に毎年フォーム 20-F による報告書を，そして半年ごとに中間報告書を，それぞれ提出することを義務づけられていた。そのために特に，ドイツ連結決算書に関する US-GAAP への移行計算書の提出が必要であった[3]。また当時，ダイムラー・ベンツ以外にも幾つかのドイツ企業が，ニューヨーク証券取引所への上場を目指していた。しかし，異なった貸借対照表計上規定・評価規定によって二種類の連結決算書を作成することは，当該企業にとって重い負担であり，また投資家に対しても誤解を与えやすい。少なくとも，10 の国際的に活動しているドイツ企業が，そのような理由からニューヨーク証券取引所への上場を断念した[4]。

このようなことを背景に，資本調達容易化法第 1 条第 4 号により，商法典第 292 条の後に第 292 a 条が挿入された。これには「作成義務の免除」という見出しが付されている。第 292 a 条第 1 項は，コンツェルン企業の親企業である取引所相場のある企業は，一定の要件を満たす連結決算書および連詰状況報告書を作成し，それらをドイツ語およびドイツ・マルクで開示するならば，商法典第 3 編第 2 節（第 290 条～第 315 条）の規定による連結決算書および連結状況報告書を作成する必要がない，と定めている。ここに，「取引所相場のある（börsennötiert）」企業とは公式市場，規制市場，新規市場に株式が上場されているそれをいう[5]。

なお，第 292 a 条は時限立法であり，2004 年 12 月 31 日に失効するとされた。その理由はこうである。国際的な基準への国内規定の適応は，特に取引所相場のある企業にとっては望ましいことであるが，審議するには会期（第 13 会期）が残り少ないこと，そして IAS はまだ開発途上にあり，現時点で連結会計規定をそれに適応させることは適切でないこと，これらのことから法務委員会は連邦政府が翌会期（第 14 会期）に連結会計規定の適応についての提案—これは遅くとも 2004 年までに法律になっていなければならない—を完成することを期待して，そのような措置を講じたのである[6]。

(2) 企業領域における統制と透明性に関する法律

1998 年 4 月 27 日に認証された「企業領域における統制と透明性に関する法

律（Gesetz zur Kontrolle und Transparenz im Unternehmensbereich）」は，同年4月30日付連邦官報で公布され，5月1日に効力を発した[7]。これは1990年代初めの企業危機と，それと結びついていた監査役会および決算監査人による監視に対する批判を契機として制定されたものである。したがって，本法律により監査役会の業務の改善，透明性の増大，株主総会における統制の強化，会計監査の品質の改善など，主に監査面の改革が図られた[8]。

しかし会計制度に関しても，本法律を通して商法典改正が行われた。重要な改正点は会計基準委員会の設置，および取引所相場のある親企業での資金計算書とセグメント報告書の採用である。これらは政府案にはなかったが，連邦議会の法務委員会での審議過程で取り入れられた。

まず，連結決算書の内容を定めた商法典第297条で，取引所相場のある親企業の連結附属説明書の範囲が資金計算書とセグメント報告書だけ拡大された。上場企業の連結決算書を国際的に一般に行われている会計規定に適応させるために，このような措置が講じられたのである[9]。

次に，本法律により商法典第342条および第342a条が新設された。その理由は次のようであった。会計基準を作ることは国際的に一般化している。しかもその場合，基準の設定機関は民間である。アメリカの財務会計基準審議会（Financial Accounting Standards Board：以下，FASBと略記する）や国際会計基準委員会（International Accounting Standards Committee；以下，IASCと略記する）がそうである。また当時，ドイツに会計基準設定機関がなかったために，国際的な基準設定プロセス，特にIASCの作業に及ぼすドイツの影響力が小さい，という非難が国内で唱えられていた。このような理由から，ドイツで民間の会計基準委員会を設置することは喫緊の課題であった[10]。

こういった事情を背景に，商法典第341o条の後に，「第5節　私的会計委員会：会計審議会」として，第342条「私的会計委員会」および第342a条「会計審議会」が挿入された。

第342条第1項第1文は，連邦法務省は私的に組織された機関を契約によって承認し，それに三つの任務を委譲することができると謳っている。その任務とは，①連結会計に関する原則の適用についての勧告の開発，②会計規定に関

する立法計画に当たっての連邦法務省への助言，③国際的な基準設定委員会でのドイツ連邦共和国の代表，である。そして第342 a条は，第342条第1項による私的会計委員会が承認を得られないのであれば，連邦法務省が会計審議会を設置しうると定めている。実際には，私的な会計委員会であるドイツ会計基準委員会（Deutsche Rechnungslegungs Standards Committee：DRSC）が設立された。これを連邦法務省は1998年9月3日の契約により，商法典第342条の意味における私的委員会として承認した[11]。

(3) 資本会社指令法

　資本会社指令法（Kapitalgesellschaften- und Co-Richtlinie-Gesetz）の正式名称は，「その適用領域に関する，貸借対照表指令および連結貸借対照表指令の変更についてのEU理事会指令（90/605/EWG）の実施，年度決算書の開示の改善，ならびにその他の商法規定変更についての法律」である。これは2000年2月24日に認証されたのち，同年3月8日に公布され，3月9日から施行されている[12]。

　本法律は多くの目標を持っていた。政府案に付されていた理由書によれば，下記のものがを主な目標として掲げられていた[13]。

① 「その適用領域に関する，年度決算書ないし連結決算書に関する指令（78/660/EWGおよび83/349/EWG）の変更についての1990年11月8日の理事会指令（90/65/EWG）」[14]（有限責任会社指令と呼ばれることもある）を国内法に変換すること

② 1998年9月29日の欧州裁判所の判決—これは年度決算書を開示しなかった場合の制裁が不十分であることに対して下されたものである—にドイツ商法典を適応させること

③ 「貸借対照表指令（76/660/EWG）のエキュで表示された金額に関する変更についての1999年6月17日の理事会指令（1999/60/EG）」[15]（以下，新エキュ適応指令という）への適応を図ること

④ 連結貸借対照表指令（83/349/EWG）第6条第5項の経過規定の期間満了に伴い適切な措置を講じること

⑤　商法典第 292 a 条の適用領域を拡大すること

　これらのうち③については，当指令によって資本会社を大規模・中規模・小規模に分類する基準のうち，貸借対照表総額および売上高の境界値が約 25％引き上げられたので，商法典第 267 条においてそれへの適応が図られた。小規模会社に関する基準値を規定している第 267 条第 1 項において，①借方に表示された欠損金控除後の貸借対照表総額が 5,310,000DM から 6,720,000DM へ，②決算日前 12 か月間の売上高が 10,620,000DM から 13,440,000DM へそれぞれ引き上げられた。また，中規模会社に関する基準値を定めている第 2 項においても，①借方に表示された欠損金控除後の貸借対照表総額が 21,240,000DM から 26,890,000DM へ，②決算日前 12 か月間の売上高が 42,480,000DM から 53,780,000DM へそれぞれ引き上げられた。

　上記④に関して，連結決算書作成免除について規定した第 293 条において，基準値の引き下げが行われた。連結貸借対照表指令の第 6 条に，それを超えればコンツェルンの親企業が連結決算書の作成を義務づけられる，貸借対照表総額・売上高・雇用者数についての一定の境界値に関する規定が置かれている。ところが第 6 条第 5 項（これは経過措置であり，現在は削除されている）により，EC 加盟国に，1990 年 1 月 1 日（もしくは 1990 年中に開始する営業年度の期首）から起算して 10 年経過するまではこれらの境界値を一定限度（貸借対照表総額・売上高については 2.5 倍，雇用者数については 500 名）まで増加させる選択権が与えられていた[16]。ドイツもこの選択権を行使していた。しかし経過期間満了に伴って，その境界値の引き下げを行わなければならなくなったのである。

　それは具体的には次のようにして行われた。商法典第 293 条第 1 項第 1 号において，①親企業および連結決算書に組み入れられるべき子企業の貸借対照表総額の合計額（欠損金控除後）が 63,720,000DM から 32,270,000DM へ，②親企業および連結決算書に組み入れられるべき子企業の，決算日前 12 か月間の売上高の合計額が 127,400,000DM から 64,540,000DM へそれぞれ引き下げられた。また，③親企業および連結決算書に組み入れられるべき子企業の，決算日前 12 か月間の平均雇用者の最小数が 500 名から 250 名へ引き下げられた。さ

らに，同項第2号において，①親企業の貸借対照表総額（欠損金控除後）が53,100,000DMから26,890,000へ，②親企業の，決算日前12か月間の売上高が106,200,000DMから53,780,000DMへそれぞれ引き下げられた。また，③親企業および連結決算書に組み入れられるべき子企業の，決算日前12か月間の平均雇用者の最小数が500名から250名へ引き下げられた。

さらに，上記⑤の目標に関して，資本調達容易化法によって挿入された商法典第292a条が変更された。従来は取引所相場のある企業のみが連結決算書を国際的に承認された会計基準により作成することができた。今後は上場申請企業もそれが可能となった。これに加えて，組織化された市場（公式市場，規制市場，新規市場）で株式を発行している企業だけではなく，その他の有価証券（例えば受益証券，債務証書）を発行している企業にも認められた。この適用領域の拡大には，将来は，非上場企業にも国際的な会計基準により連結決算書を作成する可能性を与えようという意図があった[17]。

(4) 透明性・開示法

透明性・開示法（Transparenz- und Publizitätsgesetz）の正式名称は「透明性と開示のための，株式法および貸借対照表法の一層の改革のための法律」という。2002年7月19日に認証された本法律は，7月25日に公布され，一部を除いて7月26日に効力を発した[18]。この法律の目標は，主に2001年7月10日のコーポレート・ガバナンス政府委員会の勧告，および同年8月のドイツ会計基準委員会（DRSC）の提案（「会計の国際化についての法律の提案（Vorschlag eines Gesetzes zur Internationalisierung der Rechnungslegung）」[19]を法律に取り入れることにあった。これらの勧告および提案を考慮に入れて，透明性・開示法を通して次のような商法典の変更が行われた。

親企業が，それ自身によってまたはその子企業によって発行された有価証券を通し，組織化された市場を利用しているか，あるいは組織化された市場へのそのような有価証券の上場を申請している場合，連結決算書の範囲が拡大された。すなわち，資金計算書，セグメント報告書および自己資本一覧表がそれに含まれることとなった（第297条第1項）。第298条を変更して，税法に根拠を

もつ計上規定・評価規定の連結決算書への適応が排除された。連結決算書の作成期日を定めている第299条第1項も変更され,「連結決算書は親企業の年度決算書の期日に作成されなければならない」こととなった。

　第301条は資本連結に関する規定を置いている。その第1項第4文（新規評価法にかかる調達価値制限）が廃止された。従来,コンツェルン企業間の資産の引渡や給付による中間損益（未実現損益）について,引渡や給付が一般的な市場条件で行われ,中間損益を計算するのに相当なコストがかかる場合には,中間損益の除去をしなくてもよかった。このことを規定した第304条第2項が廃止された。

　第308条第3項も廃止され,連結決算書での逆基準性が排除された[20]。連結附属説明書の記載事項を規定した第314条も,数カ所変更された。例えば,その第1項第6号において,管理機関構成員に関する記載事項の一つである「新株引受権」が「新株引受権および株式に基づいたその他の報酬」に改められた。あるいは,その第2項が変更され,強制的にまたは任意に,セグメント報告書を作成している親企業は,第1項第3号で要求されている売上高の活動領域別,地域別記載が免除されることとなった。

(5) 貸借対照表法改革法

　貸借対照表法改革法（Bilanzrechtsreformgesetz—BilReG）の正式名称は「国際会計基準の導入および決算書監査の品質の確保に関する法律」という。これは2004年12月4日に成立し,12月9日に公布された。そして,その翌日に効力を発した[21]。

　本法律は貸借対照表法の国際化への対応と,決算監査人の役割の強化という二つのテーマに重点を置いている。ここでは,前者に限ってみていきたい。貸借対照表法の領域については,特にEUの四つの法的行為への国内法の適応が肝要である[22]。その四つの法的行為とは,以下のものである。

　① 「IASの適用に関する2002年7月19日の,欧州議会および理事会の規則（EG）Nr. 1606/2002」[23]（以下,IAS規則という）
　② 「一定の法形式の会社,銀行およびその他の金融機関,ならびに保険企

業の年度決算書および連結決算書に関する指令（78/660/EWG, 83/349/EWG, 86/635/EWG, 91/674/EWG）の変更についての，2003年6月18日の欧州議会および理事会の指令（2003/51/EG）」[24]（以下，現代化指令という）

③ 「ユーロで表現された金額に関する一定の法形式の年度決算書に関する指令（78/660/EWG）の変更についての，2003年5月13日の理事会指令（2003/38/EG）」[25]（以下，境界値指令という）

④ 「一定の法形式の会社，ならびに銀行およびその他の金融機関の年度決算書および連結決算書において許容された評価に関する理事会指令（78/660/EWG, 83/349/EWG, 86/635/EWG）の変更についての，2001年9月7日の欧州議会および理事会の指令（2001/65/EG）」[26]（以下，公正価値指令という）

　上記②〜④の指令は，貸借対照表指令および連結貸借対照表指令に反映され，これが貸借対照表法改革法（一部は今後制定される予定の「貸借対照表法現代化法（Bilanzrechtsmodernisierungsgesetz）」[27]）を通して，ドイツ商法典などの貸借対照表法に変換されるのである。なお，IAS規則第5条および第9条に置かれた加盟国選択権の行使も貸借対照表法改革法で行われる。

1) IAS規則への適応：コンツェルン決算書の場合

　IAS規則はその第5条において，資本市場指向的でない親企業へのIASの適用を認めること，あるいは命じることを加盟国の自由裁量に任せている。これへの対応として，商法典第3編第2章第2節に「第10款　国際会計基準による連結決算書」として，第315a条が新設された。この規定はIAS規則を補い，またそれと一緒になってIASによる連結会計に対する新しい枠組みを形成する。

　第315a条は三つの項から成っている。第1項は，商法典第290条〜第293条によるコンツェルン決算書作成義務があり，その際そのコンツェルン決算書をIASによって作成することを義務づけられている親企業に関連している。そしてそれは，IASに従い作成されるコンツェルン決算書に，このIASと並ん

で一定の国内規定が依然として適用されうるということを定めている。IASは原則的に，企業に要求されるべき透明性要件を包括的に述べた，それ自体完結した規制用具である。したがって，各加盟国が広い範囲で追加的な，または異なる透明性要件に関する規定を国内法に置けば，これは資本市場指向的企業の決算書の比較可能性を確保しようとするIAS規則の目標に反することになる。

　しかしそのことは，IASによってカバーされない一定の範囲に対しては当てはまらない。すなわち，①どの企業がコンツェルン決算書作成を義務づけられるのかに関する規定（これに対して，連結範囲の境界はIASによって決められる），②コンツェルン附属説明書での一定の記載事項，③コンツェルン状況報告書，④コンツェルン決算書およびコンツェルン状況報告書の監査，⑤コンツェルン決算書・コンツェルン状況報告書・補足情報の開示，がそうである[28]。第1項によれば，商法典第3編第2章第2節の第2款～第8款（294条～第314条）のうち第294条第3項，第298条第1項，第313条第2項～第4項，第314条第1項第4号・第6号・第8号のみ，ならびに第9款の規定およびコンツェルン決算書およびコンツェルン状況報告書に関する第2節以外の規定が，IASと並んで適用されるのである。

　第315a条第2項は，IAS規則の適用領域を超えて，貸借対照表日までに国内の公式市場または規制市場での取引のために有価証券の上場が申請されているケースに対する，IASの強制適用を規定している。この規定は潜在的投資家の，間近に迫っている上場でもって効果を発揮する情報要求を考慮に入れている。なお，子企業の上場申請の場合には，IASの適用義務は生じない[29]。

　第3項は資本市場指向的でない親企業に，そのコンツェルン決算書を商法典の規定ではなく，IASによって作成するという可能性を与えている。その場合，企業がこの選択権を利用するならば，IASおよび第1項に挙げられている商法典の規定に完全に従わなければならない。

　次に，コンツェルン決算書に関するもう一つの加盟国選択権をみてみよう。IAS規則第9条は，①債務名義（株式ではなく）のみを発行する企業，および②EUまたは欧州経済領域（Europäischer Wirtschaftsraum）に属さない国―特にアメリカ―に有価証券を上場しており，そのためにIASとは異なる国際的

に認められた会計基準，すなわち US-GAAP に従ってコンツェルン決算書を作成する企業，これらに対し IAS によるコンツェルン決算書作成義務を2年間猶予している。貸借対照表法改革法はこれをそのまま受け入れている（商法施行法第57条）。これにより2年間は，IAS によりコンツェルン決算書を作成する親企業と，US-GAAP に基づいてそれを作成する親企業が併存する可能性もありうるわけであり，その点で比較可能性が損なわれる。しかし，立法者は当該企業に対する過大な負担を回避するために，このような措置を講じたのである。

なお，資本調達容易化法により商法典の中に第292 a条が新設されたのであった。しかし今後，国際的な会計基準の適用は IAS 規則および商法典への新たな第315 a条の挿入により，新しい法的根拠に置かれるようになった。したがって，国際的な会計基準に関する新規定との関連を明瞭にするために，第292 a条は削除された。

2）IAS 規則への適応：個別決算書の場合

IAS 規則第5条はさらに，EU 加盟国に個別決算書にも IAS の適用を認めるか，命じる権限を与えている。これに基づいて，商法典第325条第2 a項が挿入された。それをまとめると次のようになる。

① 投資家およびその他の利害関係者に対する情報目的のための個別決算書への IAS の適用は，任意でのみ行われる。

② 情報目的のために IAS によって個別決算書を開示することを決めた企業は，それとは別に，会社法および税法の目的のために商法典による年度決算書を作成しなければならない。

③ この二重の貸借対照表作成により生じる超過コストは，大規模会社の場合，連邦官報での開示が IAS による個別決算書に対してのみ要求されることによって減じられる。

④ 小規模会社および中規模会社の場合には，商法典による年度決算書を登記裁判所に提出することによって開示しうる。それとは別に，IAS による決算書を作成し，これについて場合によっては任意に監査を受け，それを

利害関係者に周知することは企業の自由裁量に任されている。

このようにして，貸借対照表法改革法は個別決算書への IAS の適用に関して，企業に高度な柔軟性を認め，従来の貸借対照表法および会社法の体系に適合する解決策を与えたのである。

3) 現代化指令への適応

現代化指令は貸借対照表指令，連結貸借対照表指令，銀行貸借対照表指令および保険貸借対照表指令という四つの形態にある現行の欧州の会計指令を広範囲に現代化する変更指令である。

IAS 規則第 3 条第 2 項は，IAS が貸借対照表指令および連結貸借対照表指令で述べられている原則と矛盾しない場合のみ，EU で受け入れられると指摘している。IAS とこれらの指令との間で矛盾があれば，調整されなければならない。会計指令と IAS との間の矛盾の除去が現代化指令の目標の一つとされている。

現代化指令は多くの個別規定において加盟国選択権を設けており，指令の国内法への変換にあたって，加盟国はそれを企業に順送りしうる追加的な選択権（企業選択権）をつくっている。とはいえ，現代化指令はいくつかの強制的な規定も含んでいる。その一つは，状況報告書の内容の拡大に関するものである。状況報告書は IAS では要求されていない。しかし EU はそれに大きな意義を認め，内容的な充実を図ろうとしている。これを受けて，商法典第 289 条および第 315 条において，状況報告書およびコンツェルン状況報告書はリスク情報・非財務的情報・環境報告などを含むこととされた。状況報告書の内容の拡大を通じて，利害関係者の意思決定に適した情報が提供されることが期待されている[30]。

貸借対照表法改革法は商法典を現代化指令の強制的な規定に適応させることに限っている。時価評価の利用を目指している指令規定の変換などは，今後制定される貸借対照表法現代化法の中で取り扱われることになっている。

4）境界値指令への適応

商法典は資本会社を大規模会社，中規模会社，小規模会社の三つに規模別に分類している。そして，それがさまざまな免除や軽減措置に対する基礎となっている。例えば，小規模資本会社は年度決算書の監査が免除されている。また，大規模資本会社のみがその年度決算書を連邦官報で告知しなければならない[31]。

EU の境界値指令において，基準値が約17％引き上げられた。それへの適応が貸借対照表法改革法により行われた。ただし，国内法への変換にあたり，EU の貸借対照表指令第12条第2項を利用して，10％だけ引き上げが実施された。すなわち，次の三つの基準値のうち少なくとも二つを満たさない資本会社が小規模会社とみなされることとなった（商法典第267条第1項）。

① 借方に表示された，欠損金控除後の貸借対照表総額：4,015,000 ユーロ，

② 決算日前12か月間の売上高：8,030,000 ユーロ，

③ 年平均の雇用者数：50人。

また，中規模資本会社は上記三つの基準のうち少なくとも二つを満たし，しかも次の三つの基準のうち少なくとも二つを満たさないものである（商法典第267条第2項）。

① 借方に表示された，欠損金控除後の貸借対照表総額：16,060,000 ユーロ，

② 決算日前12か月間の売上高：32,120,000 ユーロ，

③ 年平均の雇用者数：250人。

そして，大規模資本会社は前記第2項に掲げた三つの基準のうち少なくとも二つを満たすものである。なお，上場資本会社および上場申請資本会社は，常に大規模資本会社として取り扱われる（商法典第267条第3項）。

さらに，規模に基づいてコンツェルン決算書作成義務免除を規定した商法典第293条に示されている基準値の変更も行われた。その第1項第1号によれば，その年度決算書の決算日および前決算日に次の三つの基準のうち少なくとも二つに該当すれば，親企業はコンツェルン決算書の作成を免除される。

① 親企業およびコンツェルン決算書に組み入れられるべき子企業の貸借対

照表総額の合計が，借方に表示された欠損金額控除後に，19,272,000 ユーロを超えない，
② 親企業およびコンツェルン決算書に組み入れられるべき子企業の売上高の合計が，決算日前 12 か月間において 38,544,000 ユーロを超えない，
③ 親企業およびコンツェルン決算書に組み入れられるべき子企業の，決算日前 12 か月間の平均雇用者数が 250 人を超えない。

あるいは，同条同項第 2 号によれば，親企業によって作成されるべきコンツェルン決算書の決算日および前決算日に，次の三つの基準のうち少なくとも二つが当てはまる場合も，コンツェルン決算書の作成が免除される。
① 借方に表示された欠損金控除後の親企業の貸借対照表総額が 16,060,000 ユーロを超えない，
② 決算日前 12 か月間の親企業の売上高が 32,123,000 ユーロを超えない，
③ 親企業および連結決算書に組み入れられるべき子企業の，決算日前 12 か月間の平均雇用者数が 250 人を超えない。

このような基準値の引き上げ措置により，多くの企業が小規模会社または中規模会社のカテゴリーに入るようになり，これらの企業にとっては官僚支配の緩和および費用の節約がもたらされる。というのは，小規模会社に位置づけられれば，状況報告書の作成や，その決算書の経済監査人による監査という義務から解放されるからである。また，中規模会社は連邦官報でのその決算書の，費用負担義務のある公告をしなくてよいからである。

5) 公正価値指令への適応

本指令の制定の経緯は次のようである。現行の貸借対照表指令第 32 条によれば，年度決算書における諸項目は調達原価または製造原価に基づいて評価されなければならない。第 33 条は加盟国が会社に，一定の資産を再評価するか，またはその再調達価値で評価することを認めるか，あるいは命じることができるとしている。国際的な金融市場では，株式や債務証券のような古典的・本源的金融商品だけではなく，先物取引，オプション，スワップのようなさまざまな形態の派生的金融商品も利用されている。IAS はこれらの金融商品に関し

て，歴史的原価ではなくて公正価値での評価を支持している。IAS と貸借対照表指令・連結貸借対照表指令・銀行貸借対照表指令との間の連関性を保つため，公正価値での，一定の金融資産および金融負債の評価を認めるようそれらの指令を変更するために出されたのが公正価値指令である。

さて，この公正価値指令を受けて，貸借対照表法改革法は 2004 年 1 月 1 日までに国内法に変換されなければならない，附属説明書と状況報告書に関連する規定のみを置いている。公正価値指令に規定されている金融商品の計上と評価などの変換は，貸借対照表法現代化法の中で行われる予定である。

商法典の主な変更箇所をみてみよう。附属説明書の記載事項として，派生的金融商品の種類・範囲およびその公正価値が商法典第 285 条の第 18 号として付け加えられた。また，状況報告書について規定した商法典第 289 条も変更された。それは金融商品の利用に関連して，状況の判断や将来の展開の判断にとって重要である限り，①会社のリスク管理目標およびリスク管理方法，②会社が晒されている価格変動リスク，不履行リスク，流動性リスク，キャッシュ・フローリスクを，それぞれ状況報告書に記載しなければならないというものである。

貸借対照表法改革法はさらに，コンツェルン附属説明書の記載事項として次のものを追加している（商法典第 314 条）。すなわち，派生的金融商品の種類・範囲およびその公正価値，ならびに財務固定資産に属する金融商品の公正価値などである。またそれは第 315 条の変更により，上記第 289 条で述べられたのと同じことを連結状況報告書に求めている。

6) 適用される会計原則

貸借対照表法改革法により，決算書の種類別，企業の上場／非上場別に適用される会計原則は次ページの図に示されるようになった（ローマ数字は項を示す）。

世紀の転換期に商法会計制度は大きく変化したが，基準性原則と関連する個別決算書（年度決算書）は上場・非上場を問わず，従来どおり商法典（GoB）によって作成することが強制された。その上で IAS により年度決算書を作成

▶資本市場指向的企業・国内で上場申請中の企業のコンツェルン決算書：

商法典§315a, I, Ⅱ： IAS ⟶ コンツェルン決算書

▶非資本市場指向的企業のコンツェルン決算書：

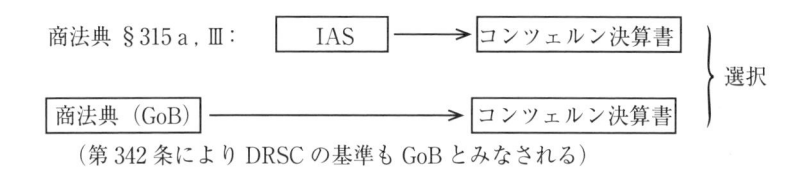

商法典§315a, Ⅲ： IAS ⟶ コンツェルン決算書 ⎫
商法典（GoB） ⟶ コンツェルン決算書   ⎬ 選択
（第342条によりDRSCの基準もGoBとみなされる）   ⎭

▶個別決算書：

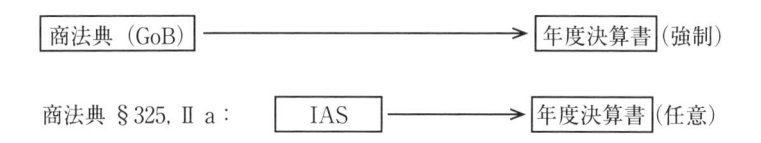

商法典（GoB） ⟶ 年度決算書（強制）

商法典§325, Ⅱa： IAS ⟶ 年度決算書（任意）

することは任意とされた。

この時代の商法会計について詳しく吟味してきた。これから分かるように，個別決算書の貸借対照表計上・評価に関する変更はなく，商法の側から基準性原則に影響を及ぼすことはなかった。

第3節　企業課税改革の継続のための法律(1997年)による基準性原則違反

1990年代後半には，所得税法の領域でも国際化が進んだ。すなわち，各国が企業立地条件の良さをアピールするために競って税率を引き下げたのであった。しかし他方では，それによる税収減を回避するために課税標準の拡大が図られた。ドイツではそれはまず，1997年10月29日に認証された「企業課税改革の継続のための法律（Gesetz zur Fortsetzung der Unternehmenssteuerreform）」により行われた[32]。本法律により，所得税法第5条第4項の後に第4

a項が置かれた。それは「未決取引から生じる恐れのある損失に対する引当金は，これを設定することができない」と定めている。

当初, 1997年3月18日に, CDU/CSU および F.D.P. 会派が連邦議会に提出した「1998年租税改革法案 (Entwurf eines Steuerreformgesetzes 1998)」では異なった文言となっていた。すなわち，「未決取引から生じる恐れのある損失に対する引当金は，これを設定することができない。継続的債務関係でないすべての未決取引から生じる恐れのある損失全体に対して，区分して貸方項目が設定されうる。ただし，生じる恐れのある損失の金額が，この取引から生じる未実現利益の金額を超える場合に限る」（所得税法第5条第4a項）というものである[33]。

もともと1998年租税改革法案は二つの目的を持っていた。一つは，1997年1月22日の，財務大臣を座長とする租税改革委員会の租税案（いわゆるペータースベルク租税案）に沿って，1999年について計画されている租税大改革の第一歩を1998年に実現しようということであった。今一つは，世界的競争力のある雇用機会の保証と創出のために，納税義務者の税負担を軽減すると同時に，過大な国家支出割合を減少させることであった。そのため，特に企業課税に関しては，営業所得にかかる所得税率を47％から40％へ引き下げること，また法人税率についても留保利益分に対しては45％から30％へ，配当利益分に対しては30％から28％へそれぞれ引き下げることが提案された[34]。

しかしその一方で，税収減少を補償するために，厳格に利益計算を行うことなどが法案に盛られた。その一つとして，上記の引当金廃止が提案されたのである。法案に添付された理由書により，その経緯を詳しく引用してみよう。

当時の所得税法によれば，未決取引から生じる恐れのある損失に対する引当金の設定が認められている。その限りにおいて，商法上の利益計算規定と税法上のそれは一致している。自然人および法人の所得課税における税率の著しい下落は，税法上の利益計算規定において引当金設定の可能性を従来より厳格に制限することを正当化する。未決取引から生じる恐れのある損失に対する引当金の表示を税法上禁止することが考慮に入れられる。

継続的債務関係でない（例えば，販売・調達取引に対するもの）未決取引か

ら生じる恐れのある損失に対して，区分された貸方項目によってのみ貸借対照表表示が行われる。未決の継続的債務関係から生じる恐れのある損失に対しては，貸借対照表表示は全く行われない。継続的債務関係という概念は，例えば，消費貸借関係，使用賃貸借関係，用益賃貸借関係の他に，継続的供給契約を含む。

未決取引から生じる恐れのある損失に対する引当金は，今まで一般原則によれば，貸借対照表日に未決のあらゆる個別取引について，区分して評価されなければならなかった。その際，例外的なケースにおいてのみ，経済的単位よりも多くの取引を一括することが可能であった。

将来は第一段階で，貸借対照表日に未決の，継続的債務関係でないあらゆる取引について，一般原則により損失が生じるかどうかが吟味されなければならない。しかし，そのような損失を引当金によって直接表示することは行われない。第二段階において，これらの取引からそのつど生じる損失は，一つの金額にまとめられなければならない。そして第三段階で，貸借対照表日に未決のすべての，継続的債務関係でない取引から生じる未実現利益が計算されなければならない。第二段階で算出した損失の金額が，第三段階の未実現利益の金額より大きければ，この差額が区分した貸方項目として貸借対照表に表示されうる。その項目は貸借対照表日ごとに計算し直し，貸借対照表に記載されなければならない[35]。

以上が1998年租税改革法案理由書にみられる記述である。

そこでは，まず基準性原則に違反することの正当性が指摘されている。商法典ではその第249条第1項第1文において，「引当金は，不確定な債務および未決取引から生じる恐れのある損失に対して，これを設定しなければならない」と規定しており，税法も同様な考え方を採用していた。しかし法案理由書によれば，税率引下げの対応措置としての厳格な利益計算の一環として，継続的債務関係でない未決取引を除いて当該引当金は設定できなくなった。

また，1998年租税改革法案は，所得税法第52条の第6項の後に，次の第6a項を設けることを予定していた。「第5条第4a項は，1997年12月31日以後に終了する経済年度から適用されなければならない。1998年1月1日以前

に終了する最後の経済年度末に設定された，未決取引から生じる恐れのある損失に対する引当金は 1997 年 12 月 31 日以後に終了する最初の経済年度，およびそれに続く 4 経済年度において，少なくとも 5 分の 1 ずつ利益増加的に取り崩されなければならない。継続的債務関係でない未決取引から生じる恐れのある損失に対する引当金が第 2 文によって表示されなければならない限りにおいて，区分された貸方項目は第 5 条第 4 a 項第 2 文により減少する」[36]と。

このような議論が展開されたのであるが，しかし 1998 年租税改革は挫折し，法案は成立しなかった[37]。その一方で，連邦議会では 1995 年 3 月に CDU/CSU および F.D.P. 会派が提出した「1996 年度租税法案 (Entwurf eines Jahressteuergesetzes 1996)」[38]に関する審議が行われていた。これは 1992 年から始まった企業課税改革の第三段階部分（営業資本税の廃止など）を含むものであったが，その部分を除いて 1995 年 10 月 11 日に 1996 年度租税法は認証された。そして 1996 年度租税法案のうち法律にならなかった企業課税改革に関する部分は，「企業課税改革の継続のための法案 (Entwurf eines Gesetzes zur Fortsetzung der Unternehmenssteuerreform)」と名付けられ，1997 年 2 月にそれが連邦議会に提出された[39]。この法案には未決取引から生じる恐れのある損失に対する引当金に関する規定はなかった。

本法案は連邦議会では可決されたものの，連邦参議院では同意を得ることができず，両院協議会が招集された。両院協議会で作成された修正案において，所得税法第 5 条第 4 a 項として，「未決取引から生じる恐れのある損失に対する引当金は，これを設定することができない」という規定が挿入されることとなった。これは，表向きは営業資本税の廃止に伴う税収減の補償措置の一つとして設けられた。また，次の第 52 条第 6 a 項も新設された。「第 5 条第 4 a 項は，1996 年 12 月 31 日以後に終了する経済年度から適用されなければならない。1997 年 1 月 1 日以前に終了する最後の経済年度末に設定された，未決取引から生じる恐れのある損失に対する引当金は 1996 年 12 月 31 日以後に終了する最初の経済年度，およびそれに続く 5 経済年度において，初年度は少なくとも 25％，2 年目から 6 年目まではそれぞれ少なくとも 15％ ずつ利益増加的に取り崩されなければならない」[40]というものである。

両院協議会では，1998年租税改革法案にみられたように，継続的債務関係とそうでないものを区別したり，未実現利益を計算したりすることは困難であるので，未決取引から生じる恐れのある損失に対する引当金の設定は無制限に禁止された[41]。両院協議会のこの修正案は1997年10月29日に認証された。このようにして税務上の利益計算の「厳格化」を拠り所に，未決取引から生じる恐れのある損失に対する引当金に関して，基準性原則が破られたのである。

　1960年代後半から行われてきた，商事貸借対照表と税務貸借対照表の再接近・結合への歩みがここで止まった。止まったというより，反対方向に進み出した。

第4節　1999/2000/2002年租税軽減法（1999年）による基準性原則違反

　1998年11月に，SPDおよび90年連合/緑の党の会派は連邦議会に「1999/2000/2002年租税軽減法案（Entwurf eines Steuerentlastungsgesetzes 1999/2000/2002）」を提出した[42]。本法案は，①企業の投資力の強化による成長と雇用の改善，および国内需要の持続的活性化，②労働者および家族の顕著な負担軽減，③より公平な税制の創出，④税法の簡素化を目的としていた。そしてこれらの目的を達成するために，企業課税に関しては特に，所得税率や法人税率の引き下げを予定する一方で，租税恩典の廃止および税法の再編整理のために78の個別措置によって課税標準を拡大することが計画されていた。それらの内ここでは，所得税（および法人税）の課税標準の見直しの必要性について，本法案に添付された理由書に従って吟味してみよう。

　収入支出計算によってその課税標準を算定する労働者等に比して，財産比較によってそれを算出する企業家は秘密積立金を設定する可能性を有する。それにより彼は，利益の表示を将来に繰り延べ，長期間にわたって課税が猶予される。これは課税の公平に反する。企業家も労働者と同様に，その実際の給付能力に応じて課税されなければならない。税務上秘密積立金が生じるのは，債権者保護を図ることを目的とした商法会計に依拠して課税所得を計算するという

システムに問題がある。立法者はこのように指摘したあと,「税務上の利益計算は租税改革の流れに沿って客観化される。商事貸借対照表への結びつき（基準性）は,その限りにおいて放棄される」[43]と述べ,基準性原則を犯すことの正当性を主張している。

さて,法案は秘密積立金が生じる主な理由として二つのものを挙げている。一つは,過大な部分価値評価減,あるいは価値回復にもかかわらず保持される部分価値評価減であり,二つめは引当金の設定である。ドイツでは引当金は国際的にみて比類のない大きさに達していると,理由書で指摘されている。そのため,税務上の利益計算の客観化を図ることが必要となる。ここに,客観化とは利益および損失はそれが実現したときに初めて認識される,という原則（実現原則）を意味する。実現原則によれば,損失はそれが実際に生じたときに初めて認識されるのであって,損失が発生する蓋然性がある場合に認識されるのではない[44]。税務上の利益計算の客観化は基準性原則を犯すのである。

具体的には次のような個別措置が予定された。所得税法第6条第1項第1号（償却性固定資産たる経済財に関して規定した箇所）第2文を「より低い部分価値は,これを計上することができない」と変更すること,また同第2号（非償却性固定資産および流動資産たる経済財に関して規定した箇所）第2文を「第1号第2文が然るべく適用される」と変更することである。さらに,同第3号第2文として「金銭給付義務に対する引当金は評価法第12条第3項に従い割り引かれなければならない」という規定を付け加えることも提案された。

以上のように,第6条第1項第1号第2文および第2号第2文により,償却性固定資産,非償却性固定資産および流動資産に関して部分価値評価減を廃止する。また第3号第2文分により,負債の評価に当たっても調達価値原則を適用するという理由から,金銭給付義務に対する引当金において割引計算を導入する。こういった措置が予定されていた。

この法案に関する関係諸委員会の見解および公聴会での意見に基づいて,法務委員会は1999年3月に,上記法案を大きく変更した決議勧告書および報告書を提出した[45]。基準性原則との関連でいえば,次の三点が目を引く。

① 所得税法第6条第1項第1号第2文,および第2号第2文：「部分価値

第8章　基準性原則の崩壊（1）（1990年代後半の基準性原則違反）　183

は予測される継続的な価値減少に基づいて，より低い（簿価より低いの意
—中田注）場合に，これを計上することができる。」

② 所得税法第6条第1項第3号：「債務は，第2号の規定の意味に即した
適用のもとで計上され，5.5％の利子率で割り引かれなければならない。
その期間が貸借対照表日に12か月以下である債務，および利子が付くか，
あるいは前受金または前給付に基づいている債務は，割引の対象外であ
る。」

③ 所得税法第6条第1項第3a号e：「義務に対する引当金は5.5％の利子
率で割り引かれなければならない；第3号第2文が然るべく適用される。
物的給付に対する引当金の割引については，履行の開始までの期間が基準
となる。原子力発電所の操業を停止するという義務に対する引当金の割引
については，dの第2文から生じる期間（最初の利用時点から操業停止が開
始されなければならない時点までの期間—中田注）が基準となる。」

これらについて，法務委員会は次のような個別的理由付けを行っている[46]。
まず①について，法案で予定された部分価値評価減の完全な廃止は野党
（CDU/CSUおよびF.D.P.の会派）の激しい批判に会った。そこで，継続的な価
値減少が予測される場合に限定して，部分価値評価減を維持し続けることと
し，一時的な価値減少の場合には部分価値評価減を禁止することとした。ここ
に，継続的な価値減少という概念は，商法典第253条第2項にいう「基準とな
る簿価を下回る持続的な価値下落」を意味するとされている。

これにより，従来みられた部分価値評価減の過度な利用，あるいは誤解によ
る利用がなくなることが期待された。さらに，評価減後に価値が回復した場合
には，従来の価値保持選択権に代わって，厳格な価値回復命令が導入されるこ
ととなった。いわゆる洗替えの強制である。その際の評価増加額は，所得税法
第52条第16項第3文により利益増加的準備金に組み入れられ，課税対象とな
る。

次に②に関しては，秘密積立金の設定を制限するために，負債の評価に調達
価値原則が適用される。そのため，法案では長期の無利子の債務，および前受
金または前給付に基づいていない債務の評価に対して割引計算を行うことが求

められていた。

　前受金または前給付の場合は割引を行うことは正当ではない。というのは，前受金または前給付の調達原価が借方に計上されるので，割り引かれた価値で義務（商品または役務の提供義務）を貸方計上すれば，その差額として未実現利益が表示されることになるからである。

　③についてみてみよう。すでにみたように，法案は金銭給付義務に対する引当金についてのみ割引計算を予定していた。しかし法務委員会の議決勧告書は，それは物的給付に対する引当金にも適用されると指摘する。ただ，引当金の設定が要求される義務が短期的に履行されない場合にのみ，割引が行われるべきであり，そして計算利子率を5.5％とすべきであると言う。物的給付義務に対する引当金の場合，引当金の最初の設定から履行の開始までの期間が割引期間とみなされる。

　これら①から③はいずれも，商法上のGoB（正規の簿記の原則）とは異なる会計処理である。商法上の取り扱いをみてみよう。

　上記①について，継続的ではない，一時的な価値減少の場合の減価記入は次のようになっている。固定資産に関しては，資本会社以外の商人の場合は減価記入選択権（第253条第2項第3文）が与えられている。資本会社の場合には，金融資産について減価記入選択権（第253条第2項第3文，第279条第1項第2文），その他の固定資産については減価記入禁止（第279条第1項第2文）がそれぞれ規定されている。また，流動資産に関しては，資本会社を含むすべての商人に対して減価記入命令（第253条第3項第1文，第2文）が要求されている。これから分かるように，税務上の取扱いと関連づけて吟味すれば，資本会社における固定資産（ただし金融資産を除く）の場合以外は，基準性原則が侵害される。なお，選択権が与えられているケースでは，その選択権が行使されなければ，その場合には基準性は維持される。

　継続的価値減少が予測されるので減価記入を実施したものの，その後価値が回復したときには，商法上，資本会社にあっては価値回復命令（商法典第280条第1項）が，資本会社以外の商人にあっては価値保持選択権（第253条第5項）が存在する。したがって，資本会社以外の場合には，選択権が行使されれ

ば基準性原則が犯されることとなる[47]。

上記②に関しては，商法上，債務はその償還金額で価額計上されなければならない（商法典第253条第1項）ことになっており，基準性原則が破られる。また，③についても，商法典第253条第1項は引当金の基礎となる債務が利子部分を含んでいる場合にのみ割引を認めており，この点で基準性原則の侵害が認められる。

最終的には，この決議勧告書に盛られた法案が1999年3月24日に「1999/2000/2002年租税軽減法」として認証を受け，1999年1月1日に遡って効力を発した（1999年所得税法）[48]。

以上，本節では1999/2000/2002年租税軽減法の中に基準性原則を侵害する諸規定が置かれた根拠，および侵害の範囲についてみてきた。「税務上の利益計算の客観化」を図ることが，GoBとみなされる商法規定と異なった計上・評価規定を税法に設けた理由であった。理由書は，実現原則により損益計算を行うことが客観化であると述べていた。しかしある論者は，客観化という概念は正体不明である，と批判している[49]。もともと，「税務上の利益計算の客観化」という概念はBFH（連邦財政裁判所）判事ヴェーバー・グレレット（Weber-Grellet, H.）が用いたものである[50]。彼は，1969年2月3日のBFH大部の決定[51]を引き合いに出し，そこでは無形経済財の借方計上，完全な利益（voller Gewinn）の把握，課税の公平と関連づけて税務上の利益計算の客観化が要求されている，と述べているのである[52]。

これから理解できるように，立法者は課税標準の拡大を図るために，「税務上の利益計算の客観化」という不明確な概念を用いて，基準性原則の放棄を主張し，実施したのであった。

第5節　お わ り に

1990年代後半は，商法会計制度も税務会計制度も，どちらも国際的な展開への適応を図るために大きな変更がみられた時代であった。そして，1960年

代後半から1990年代にかけて,商事貸借対照表と税務貸借対照表の単一化（単一貸借対照表）を目指して払われてきた努力が,特に税法の側から方向転換された時代でもあった。

商法会計制度の国際化は,ドイツ企業の決算書（特に連結決算書）において国際的な会計基準であるIAS（当時）またはUS-GAAPをどのようにして認めるか,これを巡って展開された。したがって,個別の貸借対照表計上規定や評価規定のあり方が問題にされたのではなかった。

これに対して,企業課税制度の国際化は税率を引き下げ,課税標準を拡大するという形で展開された。当時は多数の国で自国での企業立地の有利性をアピールするために,税率引き下げが実施された。ドイツでも同じであった。税率の引き下げによる税収減少を課税標準の拡大により補償する必要があった。その際,税務上の利益計算について,企業課税改革の継続のための法律においては「厳格化」,1999/2000/2002年租税軽減法においては「客観化」というそれぞれ抽象的な概念が利用された。そして基準性原則への違反が行われたのであった。正面から税務上の利益計算のあり方が議論されたわけではなかった。

この基準性原則違反はまた,基準性原則の崩壊の始まりを意味するものでもあった。

【注】
1) Gesetz zur Verbesserung der Wettbewerbsfähigkeit deutscher Konzerne an Kapitalmärkten und zur Erleichterung der Aufnahme von Gesellschafterdarlehen(Kapitalaufnahmeerleichterungsgesetz―KapAEG), Bundesgesetzblatt, Teil I, Köln, 1998, S.707-709.
2) Gesetzentwurf der Bundesregierung: Entwurf eines Gesetzes zur Verbesserung der Wettbewerbsfähigkeit deutscher Konzerne an internationalen Kapitalmärkten und zur Erleichterung der Aufnahme von Gesellschafterdarlehen(Kapitalaufnahmeerleichterungsgesetz―KapAEG)（Gesetzentwurf der Bundesregierung (1) と略記する―中田注）, BT-Drucksache, 13/7141, Bonn, 1997, S. 4-12.
3) 1993年10月にニューヨーク証券取引所に上場したダイムラー・ベンツ株式会社は,1993年度についてアメリカ会計原則により1,839百万DMの損失を公表する一方,ドイツ商法により615百万DMの年度利益（Jahresüberschuß）を計上した。このことは世界中の利害関係者を驚かせた。ドイツ法に内在する貸借対照表政策余地のために,世界中でドイツの連結決算書に対し不信感が抱かれるようになった（Gesetzentwurf der Bundesregierung (1), a.a.O., S.7）。
4) Gesetzentwurf der Bundesregierung (1), a.a.O., S. 7.

第 8 章　基準性原則の崩壊 (1) (1990 年代後半の基準性原則違反)　187

5) Beschlußempfehlung und Bericht des Rechtsausschusses (6. Ausschuß) : zu dem Gesetzentwurf der Bundesregierung—Drucksache 13/7141—, BT-Drucksache, 13/9909, Bonn, 1998, S. 12.
6) Beschlußempfehlung und Bericht des Rechtsausschusses (6. Ausschuß), a.a.O., S. 11.
7) Gesetz zur Kontrolle und Transparenz im Unternehmensbereich (KonTraG), Bundesgesetzblatt, Teil I, Köln, 1998, S. 786-794.
8) Gesetzentwurf der Bundesregierung: Entwurf eines Gesetzes zur Kontrolle und Transparenz im Unternehmensbereich (KonTraG) (Gesetzentwurf der Bundesregierung (2) と略記する—中田注), BT-Drucksache, 13/9712, Bonn, 1998, S. 1.
9) Beschlußempfehlung und Bericht des Rechtsausschusses (6. Ausschuß) : a) zu dem Gesetzentwurf der Bundesregierung—Drucksache, 13/9712—u.a., BT-Drucksache, 13/10038, Bonn, 1998, S. 26.
10) Beschlußempfehlung und Bericht des Rechtsausschusses (6. Ausschuß), a.a.O., S. 27.
11) これについては，ドイツ会計基準委員会のホーム・ページ (http://www.standardsetter.de/drsc/docs/fmj_contract.html) (2012 年 8 月 1 日現在) を参照。なお，ドイツ会計基準委員会は 2011 年に組織が変わり，2011 年 12 月 2 日に連邦法務省と契約を締結し直している (http://www.drsc.de/docs/drsc/standardisierungsvertrag/111202_SV_BMJ-DRSC.pdf) (2012 年 8 月 1 日現在)。
12) Gesetz zur Durchführung der Richtlinie des Rates der Europäischen Union zur Änderung der Bilanz- und Konzernbilanzrichtlinie hinsichtlich ihres Anwendungsbereichs (90/605/EWG), zur Verbesserung der Offenlegung von Jahresabschlüssen und zur Änderung anderer handelsrechtlicher Bestimmungen (Kapitalgesellschaften- und Co-Richtlinie-Gesetz—KapCoRiLiG), Bundesgesetzblatt, Teil I, Köln, 2000, S. 154-162.
13) Gesetzentwurf der Bundesregierung: Entwurf eines Gesetzes zur Durchführung der Richtlinie des Rates der Europäischen Union zur Änderung der Bilanz- und Konzernbilanzrichtlinie hinsichtlich ihres Anwendungsbereichs (90/605/EWG), zur Verbesserung der Offenlegung von Jahresabschlüssen und zur Änderung anderer handelsrechtlicher Bestimmungen (Kapitalgesellschaften- und Co-Richtlinie-Gesetz—KapCoRiLiG) (Gesetzentwurf der Bundesregierung (3) と略記する—中田注), BT-Drucksache, 14/1806, Bonn, 1999, S. 1f.
14) Richtlinie des Rates vom 8. November 1990 zur Änderung der Richtlinien 78/660/EWG und 83/349/EWG über den Jahresabschluß bzw. den konsolidierten Abschluß hinsichtlich ihres Anwendungsbereichs (90/605/EWG), Amtsblatt der Europäischen Gemeinschaften, Nr. L317, Luxemburg, 1990, S. 60-62.
15) Richtlinie 1999/60/EG des Rates vom 17. Juni 1999 zur Änderung hinsichtlich der in Ecu ausgedrückten Beträge der Richtlinie 78/660/EWG, Amtsblatt der Europäischen Gemeinschaften, Nr. L162, Luxemburg, 1999, S. 65f.
16) 黒田全紀『EC 会計制度調和化論』有斐閣，1989 年，199 ページ参照。
17) Gesetzentwurf der Bundesregierung (3), a.a.O., S. 23.
18) Gesetz zur weiteren Reform des Aktien- und Bilanzrechts, zu Transparenz und Publizität (Transparenz- und Publizitätsgesetz), Bundesgesetzblatt, Teil I, Köln, 2002, S. 2681-2687.
19) これは，ドイツ会計基準委員会のホーム・ページ (http://www.standardsetter.de/drsc/docs/drafts/bmj/int_rechnungslegung_entwurf.html) (2012 年 8 月 1 日現在) から入手

できる。
20) 第308条第3項は，次のように規定していた。「資産または負債で連結決算書に受け継ぐべきものを連結決算書組入企業の年度決算書において，そうしなければ税法上の利益決定に際して斟酌されなくなるため，税法に従ってのみ認められる価額によって計上したとき，または当該理由により貸方の部に特別項目を設定したときは，当該計上価額はこれを変更することなく連結決算書に受け継ぐことができる。営業年度に第1文により年度決算書において行った減価記入，価額修正および特別項目繰入の金額並びに行わなかった減価記入の金額は，連結附説明書にこれを記載しなければならず，当該措置の理由を挙げなければならない」と（黒田全紀（編著）『解説 西ドイツ新会計制度』同文舘出版，1987年，215ページ参照）。
21) Gesetz zur Einführung internationaler Rechnungslegungsstandards und zur Sicherung der Qualität der Abschlussprüfung (Bilanzrechtsreformgesetz—BilReG). Vom 4. Dezember 2004, Bundesgesetzblatt, Teil I, Köln, 2004, S. 3166-3182.
22) Gesetzentwurf der Bundesregierung: Entwurf: eines Gesetzes zur Einführung internationaler Rechnungslegungsstandards und zur Sicherung der Qualität der Abschlussprüfung (Bilanzrechtsreformgesetz—BilReG)（Gesetzentwurf der Bundesregierung(4) と略記する—中田注），BT-Drucksache, 15/3419, Berlin, 2004, S. 39.
23) Verordnung(EG)Nr. 1606/2002 des Europäischen Parlaments und des Rates vom 19. Juli 2002 betreffend die Anwendung internationaler Rechnungslegungsstandards, Amtsblatt der Europäischen Gemeinschaften, Nr. L243, Luxemburg, 2002, S. 1-4.
24) Richtlinie 2003/51/EG des Europäischen Parlaments und des Rates vom 18. Juni 2003 zur Änderung der Richtlinien 78/660/EWG, 83/349/EWG, 86/635/EWG und 91/674/EWG über den Jahresabschluss und den konsolidierten Abschluss von Gesellschaften bestimmter Rechtsformen, von Banken und anderen Finanzinstituten sowie von Versicherungsunternehmen, Amtsblatt der Europäischen Union, Nr. L178, Luxemburg, 2003, S. 16-22.
25) Richtlinie 2003/38/EG des Rates vom 13. Mai 2003 zur Änderung der Richtlinie 78/660/EWG über den Jahresabschluss von Gesellschaften bestimmter Rechtsformen hinsichtlich der in Euro ausgedrückten Beträge, Amtsblatt der Europäischen Union, Nr. 120, Luxemburg, 2003, S. 22f.
26) Richtlinie 2001/65/EG des Europäischen Parlaments und des Rates vom 27. September 2001 zur Änderung der Richtlinien 78/660/EWG, 83/349/EWG und 86/635/EWG des Rates im Hinblick auf die im Jahresabschluss bzw. im konsolidierten Abschluss von Gesellschaften bestimmter Rechtsformen und von Banken und anderen Finanzinstituten zulässig Wertansätze, Amtsblatt der Europäischen Gemeinschaften, Nr. 283, Luxemburg, 2001, S. 28-32.
27) 第9章でみるように，ドイツ貸借対照表法現代化法は2009年5月に公布された。
28) Gesetzentwurf der Bundesregierung (4), a.a.O., S. 71.
29) Gesetzentwurf der Bundesregierung (4), a.a.O., S. 73.
30) Kirsch, Hans-Jürgen/Scheele, Alexander, Die Auswirkungen der Modernisierungsrichtlinie auf die (Konzern-)Lageberichterstattung— unter Berücksichtigung von E-DRS 20 des Entwurfs eines Bilanzrechtsreformgesetzes vom 15. 12. 2003 —, Die Wirtschaftsprüfung, Jg. 57 Nr. 1-2, Düsseldorf, 2004, S. 11-12.

31）黒田全紀（編著）『解説 西ドイツ新会計制度』同文舘出版，1987年，173-184ページ。
32）Gesetz zur Fortsetzung der Unternehmenssteuerreform, Bundesgesetzblatt, Teil I, Köln, 1997, S. 2590-2600.
33）Gesetzentwurf der Fraktionen der CDU/CSU und F.D.P.: Entwurf eines Steuerreformgesetzes (SrRG) 1998, BT-Drucksache, 13/7242, Bonn, 1997, S. 3.
34）Gesetzentwurf der Fraktionen der CDU/CSU und F.D.P, a.a.O., S.1.
35）Gesetzentwurf der Fraktionen der CDU/CSU und F.D.P, a.a.O., S.14.
36）Gesetzentwurf der Fraktionen der CDU/CSU und F.D.P, a.a.O., S.4.
37）Cattelaens, Heiner, Gesetz zur Fortsetzung der Unternehmenssteuerreform: Änderungen des EStG, Der Betrieb, 50. Jg. Heft 46, Düsseldorf, 1997, S. 2295.
38）Gesetzentwurf der Fraktionen der CDU/CSU und F.D.P.: Entwurf eines Jahressteuergesetzes (JStG) 1996, BT-Drucksache, 13/901, Bonn, 1995, S. 1-172.
39）Zweite Beschlußempfehlung und Zweiter Bericht des Finanzausschusses (7. Ausschuß): zu dem Gesetzentwurf der Fraktionen der CDU/CSU und F.D.P. ― Drucksache 13/901―, BT-Drucksache, 13/7000, Bonn, 1997, S. 1-31.
40）Beschlußempfehlung des Ausschusses nach Artikel 77 des Grundgesetzes (Vermittlungsausschuß): zu dem Gesetz zur Fortsetzung der Unternehmenssteuerreform ―Drucksache 13/901, 13/7000, 13/7570, 13/7579―, BT-Drucksache, 13/8325, Bonn, 1997. S. 2f.
41）Cattelaens, H., a.a.O., S. 2295.
42）Gesetzentwurf der Fraktionen SPD und BÜNDNIS 90/DIE GRÜNEN: Entwurf eines Steuerentlasutungsgesetzes 1999/2000/2002, BT-Drucksache, 14/23, Bonn, 1998, S. 1-204.
43）Gesetzentwurf der Fraktionen SPD und BÜNDNIS 90/DIE GRÜNEN, a.a.O., S. 127.
44）Ebenda.
45）Dritte Beschlußempfehlung des Finanzausschusses (7. Ausschuß): zu dem Gesetzentwurf der Fraktionen SPD und BÜNDNIS 90/DIE GRÜNEN― Drucksache 14/23―, BT-Drucksache, 14/442, Bonn, 1999, S. 1-98; Dritter Bericht des Finanzausschusses (7. Ausschuß): zu dem Gesetzentwurf der Fraktionen SPD und BÜNDNIS 90/DIE GRÜNEN―Drucksache 14/23―, BT-Drucksache, 14/443, Bonn, 1999, S. 1-83.
46）Dritte Beschlußempfehlung des Finanzausschusses (7. Ausschuß), a.a.O., S. 22f.
47）1999/2000/2002年租税軽減法における部分価値評価減の取扱いについては次を参照されたい。中田清「部分価値評価減と基準性原則」『修道商学』第41巻第2号，広島修道大学商経学会，2001年2月，51-74ページ。
48）Steuerentlastungsgesetz 1999/2000/2002. Vom 24. März 1999, Bundesgesetzblatt, Teil I, Köln, 1999, S. 402-496.
49）Drüen, Klaus-Dieter, Der Maßgeblichkeitsgrundsatz im Wechselspiel zwischen Gesetzgeber und Rechtsprechung, Finanz-Rundschau, 83. Jg. Nr. 19, Köln, 2001, S. 998.
50）Ebenda.
51）BFH-Beschluß vom 3. 2. 1969, Bundessteuerblatt, Teil II, Bonn, 1969, S. 291-294.
52）Weber-Grellet, Heinrich, Der Apotheker-Fall―Anmerkungen und Konsequenzen zum Beschluß des Großen Senats vom 23. 6. 1997, GrS 2/93, Der Betrieb, 50. Jg. Heft 45,

Düsseldorf, 1997, S. 2238.

第9章　基準性原則の崩壊 (2)
（2009年貸借対照表法現代化法の基準性原則に及ぼす影響）

第1節　はじめに

　2009年5月25日に「貸借対照表法の現代化に関する法律」（本法は貸借対照表法現代化法（Bilanzrechtsmodernisierungsgesetz—BilMoG）とも呼ばれる。以下，BilMoGと略記する）が認証された。これは5月28日の官報での公示を経て，5月29日に効力を発した[1]。ドイツでは1985年に，EC第4号指令（いわゆる貸借対照表指令（1978年））およびEC第7号指令（いわゆる連結貸借対照表指令（1983年））を国内法に変換するために大規模な商法改正が実施された。今回の商法改正は，それ以来最大のものと位置づけられる。

　BilMoGの最大の目的は，会計の国際化に対応することであった。すでに2005年から，EUに上場している域内企業の親会社は国際財務報告基準（International Financial Reporting Standards, 以下IFRSと略記する）に従い連結決算書を作成することを義務づけられている。IFRSは投資家保護を図ることを目的とし，企業に詳細で複雑な情報開示を求めている。今日では，自己資本にしろ，他人資本にしろ，金融市場で有利な条件で資金調達するためには，IFRSに規定するような詳しい会計情報を資金提供者に開示することが必要不可欠である。しかし，中小会社にとっては，IFRSに従うことはコストがかかり，また内容があまりにも複雑すぎる。そこで，IFRSと等価値であるが，簡便でコストの安価な代替物を提供するためにBilMoGが制定され，それを通して商法会計制度が改革されることとなったのである。

　本章では，まず改正商法典の個別の規定を吟味し，商事貸借対照表と税務貸

借対照表の関係を考察したい。次に，商法改正（特に開放条項の削除）の影響を受けて，基準性原則を定めた所得税法第5条第1項第1文の変更，および逆基準性を定めた第2文の削除も行われたので，その内容を検討してみる。

これらの考察を通して，商法典の規定の改正により，一方では商事貸借対照表と税務貸借対照表の接近が図られたこと，しかし他方では両者間で新たに乖離が生じたり，以前からあったそれが依然として存続していることを指摘したい。また所得税法の体系上，逆基準性が廃止されただけではなく，基準性原則が崩壊したことも明らかにしたい。

なお，付表として「BilMoGによる商法典の改正と，税法上の利益計算に及ぼすその影響」に関する一覧表を掲げた。

第2節　商法典の税法への接近

(1) 選択権の削除

BilMoGの大きな目的は商法会計の内容をIFRSに近づけ，年度決算書の情報機能を向上させることにあった。そのために，今まで商法典で認められていた多くの選択権が廃止された。そして，皮肉にもその廃止によって商法典が税法に適応された。

修繕引当金のような費用性引当金には従来，貸方計上選択権が与えられていたが，旧商法典第249条第1項第3文および第249条第2項の削除により，貸方計上が禁止されることとなった。それは本来，利益積立金を意味するものであり，これまで財産状態に関して決算書利用者に誤解を与える写像を提供していた[2]。新商法典により，このことが是正されることとなった。この変更は税務貸借対照表には全く影響を及ぼさない。というのは，第6章でみたように，すでに1969年の連邦財政裁判所（BFH）の決定により，商法上の貸方計上選択権は税法上の貸方計上禁止であるとされているからである。

また，貸借対照表計上補助（開業費および営業拡張費）も旧商法典第269条

が削除されることにより，借方計上選択権から借方計上禁止となった。開業費および営業拡張費を借方計上した場合には，翌年度以降，毎年少なくとも4分の1を償却しなければならなかった（旧商法典第282条）。開業費および営業拡張費は配当制限を受けていたにもかかわらず，いったん貸借対照表に計上されれば，それだけの資産を企業が有していると，会計知識のない年度決算書利用者は思い込む恐れがあった[3]。今回の措置により，そのような問題点が解消された。税法にはもともと貸借対照表計上補助という概念はなかったので，商法典と税法は接近したことになる。

　減価記入に関しても次の二つの条項の削除が行われた。一つは流動資産に係る計画外減価記入について，従来，理性的な商人の判断によって必要であれば近い将来の価値変動に基づいてそれを実施することができた（旧商法典第253条第3項第3文）。新商法典ではこの選択権が廃止された。二つめに，固定資産および流動資産について，理性的な商人の判断による減価記入についての選択権を規定した旧法法典第253条第4項が削除された。立法理由書は，前者に関しては前もって将来の損失に備えるために恣意的に減価記入することは決算日原則に反すること[4]，後者については秘密積立金の設定は年度決算書の情報機能を損なうこと[5]を削除の根拠として挙げている。税法はどちらのケースも認めていないので，新商法典の税法への適応が図られたとみることができる[6]。

　計画外減価記入実施後の価値回復命令については，旧商法典では選択権が与えられていた（これを価値保持選択権という。旧商法典第253条第5項）。ただし，資本会社に対しては別の条項で価値回復命令が与えられていた（旧商法典第280条第1項）。これに対して，新商法典では減価記入の理由がなくなった場合には，企業の法形式に関係なく価値回復が強制される（ただし営業権を除く。新商法典第253条第5項）。これまで本質的根拠がないのに資本会社と他の企業との間で取扱いが異なっていた点が是正された[7]。税務上はすでに価値回復命令が存在している（所得税法第6条第1項第1号第4文，第2号第3文）ので，商法典は税法に接近した。ただし，営業権に関しては価値回復命令を与えている税法と，価値保持を求める商法典との間で相違がみられる。

また，製造原価の範囲に関して，従来は変動共通原価および固定資産の減価償却費の製造原価への算入には選択権が与えられていた（旧商法典第255条第2項）が，これらは借方計上義務となった（新商法典第255条第2項第2文）。税務上もこれらは製造原価に算入されなければならない（所得税通達R 6.3）ので，商法典の税法への適応が図られた。ただし，自家創設無形固定資産に係る減価記入は商法上は製造原価に含まれるのに対し，税務上は計上禁止となっている。

以上みてきたように，多くの選択権の廃止によって年度決算書の情報機能が改善された。本来，IFRSに適応させるために行われた措置であるが，同時に商事貸借対照表の税務貸借対照表への適応も図られた。

(2) 有償取得された暖簾の借方計上命令

有償取得された暖簾（entgeltlich erworbener Geschäfts- oder Firmenwert）について，計上選択権に関する規定（旧商法典第255条第4項）が削除され，新たに次の規定が設けられた（新商法典第246条第1項第4文）。「企業の取得のために生じた反対給付が，取得時点の負債控除後の企業の個別資産の価値を超過する差額（有償取得された暖簾）は，時間的に限定されて利用可能な資産とみなされる」というものである。これにより，借方計上が義務づけられることとなった。立法理由書によれば，選択権が命令に代わったことにより，年度決算書の企業間比較が容易になり，さらに当該企業の財産・財政・損益状態について真実かつ公正な写像が提供されることとなる[8]。

有償取得された暖簾はその後計画的減価記入が，そして継続的な価値減少が予想される場合にはさらに計画外減価記入が，それぞれ実施されなければならない（新商法典第253条第3項）。計画的減価記入は，借方計上時点で予測される個別経営的耐用期間に基づいて実施される。その耐用期間は取得企業の種類と存続期間，取得企業に及ぼす販売・調達市場や経済条件の変化の影響，取得企業の期待される経済的効果を実現するために必要な保全費用の大きさなどを拠り所として決定される[9]。

有償取得された暖簾の税務上の取扱いに目を向けると，そこでは借方計上義

務が与えられている（所得税法第5条第2項）。この点では，商事貸借対照表と税務貸借対照表は同じである。ところが，所得税法第7条第1項第3文は耐用期間を15年と定めている。商事貸借対照表上15年にわたって減価記入されるのでなければ，税務貸借対照表との間で乖離が生じる。

(3) 経済的帰属の原則

経済的帰属の原則が初めて商法典の中に置かれた。これは，実務で一般的に行われていたことを法典化するためであった。商法典第246条第1項第2文はこう規定する。「資産は所有者の貸借対照表に記載されなければならない；資産が所有者にではなく，他人に経済的に帰属しているならば，それはその人の貸借対照表に表示されなければならない」と。政府案では「資産は，それが所有者に経済的にも帰属している場合にのみ貸借対照表に記載されなければならない」[10]となっていた。この文言に対しては，資産が法的にも経済的にも帰属している場合にのみ貸借対照表に計上されなければならないと解釈できる，と批判されていた[11]。そこで，資産の計上は原則的には法的所有権に従うけれど，資産の法的所有者と経済的所有者が異なる場合にのみ，経済的所有者の貸借対照表に計上することを明確にするために[12]，連邦議会で上記の文言に変更された。

税務上は，租税通則法（Abgabenordnung，以下AOと略記する）第39条が次のように定めている。「(1) 経済財は所有者に帰属しなければならない。(2) 第1項と相違して，次の規定が適用される：1.所有者とは異なる者が，彼が通常の場合一般的な利用期間にわたって所有者を経済財への影響から排除しうるという方法で，その経済財を実際に支配するのであれば，その経済財は彼に帰属させられなければならない（第2号—中田による省略）」と。新商法典は内容的に税法の規定と一致し，商法典と税法の接近が図られた。

(4) 評価単位の形成

新商法典第254条に評価単位の形成に関する規定が初めて置かれた。企業は相場リスクにさらされている基礎取引（Grundgeschäfte）からの損失を回避す

るために，しばしば，反対方向の価値変動またはキャッシュ・フローを示す取引（保護取引（Sicherungsgeschäfte），いわゆるヘッジ取引）を利用する。基礎取引と保護取引は経済的に互いに補完して全体を形成しているとみなされるので，それから生じるチャンスとリスクはすでに今日の実務において，貸借対照表において評価単位として計上されている[13]。評価単位の形成にあたっては，商法典で定める発生の恐れのある損失引当金・個別評価原則・不均等原則・調達価値原則が制限される。すなわち，基礎取引の未実現損失は保護取引の未実現利益と相殺される。未実現損失が未実現利益より大きい場合には，発生の恐れのある損失引当金が設定される。

　税務上は2006年に制定された「濫用による租税形成を阻止するための法律」（Gesetz zur Eindämmung missbräuchlicher Steuergestaltungen）によって，所得税法の中に第5条第1a項が挿入された[14]。それは「財務経済的リスクをヘッジするために商法会計において形成された評価単位の結果は，税法上の利益計算に対しても基準となる」と規定している。税法ですでにこのような規定が設けられたこともあり，商法の側では実務で実施されていたことを法典化する必要に迫られていた。BilMoGにより，それが実現したのである。このケースでは，商法上の会計処理がそのまま税法に適用される。

第3節　商法典と税法の間での乖離の拡大・存続

(1) 自家創設無形固定資産の借方計上選択権

　旧商法典第248条には「貸借対照表計上禁止」という見出しが付けられ，その第2項は，有償で取得されなかった無形固定資産に対しては借方項目は計上されてはならない，と定めていた。BilMoGの政府案では，第248条から第2項の規定が削除される予定であった[15]。すなわち，自家創設無形固定資産は開発段階で生じた製造原価の大きさで借方計上義務を有するはずであった。しかし，連邦議会の法務委員会での審議を経て，借方計上選択権が与えられた。

第9章 基準性原則の崩壊（2）（2009年貸借対照表法現代化法の基準性原則に及ぼす影響）　197

新商法典第248条の見出しが「貸借対照表計上禁止および選択権」と変更され，その第2項も「自家創設無形固定資産は借方項目として貸借対照表に記載されうる」とされた。これについて，連邦議会の議決勧告書は「自家創設無形資産は借方計上義務の代わりに，借方計上選択権とすることで十分である」[16)]と述べているにすぎない。新規定により特許権やノウ・ハウなどは借方に計上することができるが，自家創設無形資産に直接的に割り当てられうることが明白ではない支出は借方計上されてなならない。例えば，自家創設の商標・出版権・顧客リストなどがこれに該当する。これらは今後も借方計上が禁止される[17)]。

商法上のこの措置により，年度決算書の情報提供能力が向上すると同時に，とりわけ革新的企業や新興企業が恩恵を受ける。例えば，薬品産業では原価の大部分は新薬の研究・開発の段階で発生する。もし将来，例えば臨床研究を経て薬品が市場参入を認められることになれば，開発費は自家製造の無形固定資産，例えば特許権やノウ・ハウの製造原価として借方計上されうる。それは企業の損益計算に含められるのではないので，利益がそれだけ大きくなる[18)]。

税務貸借対照表上，所得税法第5条第2項によれば，無形の固定資産たる経済財は，有償で取得された場合にのみ借方項目として計上されなければならない。有償で取得されなかったものは即時償却しなければならない。したがって，商事貸借対照表と税務貸借対照表との間で，新たな相違が生じることとなった。

(2) 金融商品の評価

BilMoGの政府案は第253条第1項第3文で，売買目的で取得した金融商品を時価で評価することを予定していた[19)]。これはすべての貸借対照表作成者に適用されるはずであった。しかし，連邦議会法務委員会において，現今の金融危機を背景にそれは適切ではないとされ，時価評価は信用機関・金融サービス機関の商品在高（Handelsbestand）に限られた[20)]。しかも，新商法典の第340e条として，「信用機関および金融サービス機関に対する補足規定」の中に規定が置かれた。

第340e条第3項によれば，金融商品の手許在高は時価からリスク控除額を差し引いて評価されなければならない。商品在高の時価評価から生じる価値変動リスクに対するバッファーとして特別項目（「一般的銀行リスクに対する基金」という名称）を設定し，そこに各事業年度において，少なくとも商品在高の評価益の10％を組み入れなければならない。この特別項目は商品在高の評価損の補償のため，あるいはそれへの組入累計額が商品在高の過去5年間の評価益の50％を超える場合にのみ取り崩されうる。

具体的にいえば，次のようになる。ある銀行が1株あたり100ユーロの相場で10株を購入する。その株式は相場利益を得ることを目的に取得され，証券取引所の取引日に再び売却されうるものである。貸借対照表日に，その株式の相場は1株あたり125ユーロであった。株式の評価に際し，市場価値（125ユーロ）からリスク控除額（例えば5ユーロ）を差し引き，総額1,200ユーロを貸借対照表に計上しなければならない。銀行にとって，200ユーロの利益が生じる。そしてなお，その利益から10％を特別項目に組み入れなければならない[21]。

税法上，BilMoGにより所得税法第6条第1項に新たに第2b号が挿入された。それによれば，信用機関および金融サービス機関は売買目的で取得した金融商品を，リスク控除額差し引き後の時価で評価しなければならない。商法典第340e条第3文と同じ内容である。

このようにみてくると，商法上，一般企業の売買目的有価証券は従来どおり時価評価が行われないし，時価評価が行われる信用機関・金融サービス機関の金融商品に関しても同内容の規定が税法に置かれるので，政府案とは異なり，商事貸借対照表と税務貸借対照表との間で乖離は生じないこととなった。

(3) 引当金の評価

従来，引当金は理性的な商人の判断に従い必要である金額で計上されなければならなかった。そして，その基礎になっている債務が利子部分を含んでいる限りにおいてのみ割り引かれなければならなかった（旧商法典第253条第1項第2文）。この引当金評価に関して，新商法典は二つの大きな変更をもたらせた。

一つは，理性的な商人の判断により必要とされる履行額の大きさで引当金を計上しなければならなくなった点である（新商法典第253条第1項）。返済額ではなく履行額である。これにより，将来の価格上昇・費用上昇も引当金評価にあたり考慮に入れなければならないのである。これは，年金引当金の場合には賃金や従業員の変動を斟酌することを意味する。今まで適用されていた決算日原則が制限される。

これに関して，法務省が例示しているので見ておこう。ある企業の土地が化学物質で汚染された。当局がその企業に廃棄物を除去するよう義務を課したので，企業は即座に経営活動を停止した。それは5年間と予測される。貸借対照表日に，投入されるべきパワーショベルの費用は1時間あたり100ユーロであった。5年後の時間あたりパワーショベル代は120ユーロかかる。旧商法典によれば，引当金の測定は決算日原則に従って，時間あたり100ユーロで行われる。これに対して，新商法典では将来の展開を考慮に入れなければならないので，120ユーロで評価される[22]。

変更点の二つめは，1年を超える残余期間を有する引当金に対して割引が強制されることである（新商法典第253条第2項第1文，第2文）。割引計算はドイツ連邦銀行によって公表された過去7年の平均的市場利子率に基づいて，引当金の残余期間を考慮に入れて実施されなければならない。老齢援護義務あるいはこれに類する長期的に支払期限が到来する義務に対する引当金は，一括して，残余期間を15年と仮定して平均的市場利子率で割り引かれなければならない。年金引当金に対してこのような簡便的措置を講じるのは，連邦議会法務委員会の議決勧告書によれば，引当金評価を容易にし，企業に不必要なコスト負担をかけないためである[23]。

商法上の新規則が税務貸借対照表にどのような影響を与えるか，吟味していこう。まず，引当金評価にあたって将来の価格上昇・費用上昇を考慮に入れることは，従来のBFH判決や行政見解に反する。例えば，1982年10月7日のBFH判決は製品保証引当金について，保証期間の給付に対する予想されるべき費用上昇を考慮に入れてはならない。引当金の測定にとって基準となるのは貸借対照表日の価格状況である，と述べている[24]。税務上，この考え方は今

後も維持される。したがって，決算日原則に反する商法上の考え方が，基準性原則を介して税務貸借対照表に影響するのを回避するために，BilMoGにより所得税法第6条第1項第3 a 号に文字記号 f が挿入された。それは，「(引当金の—中田注) 評価にあたり，貸借対照表日の価値状況が基準となる；将来の価格上昇・費用上昇はこれを考慮に入れてはならない。」と規定している。なお年金引当金に関しては，従来から将来の俸給・定期金の増大は計算に含めてはならないという規定が存する (所得税法第 6 a 条第 3 項第 2 文第 1 号第 4 文)。

割引については，所得税法はすでに独自の規則を有しているので，商法典の影響を受けない。税法上，1年を超える期間を有する引当金は5.5%という固定された利子率で割り引かれなければならない (第 6 条第 1 項第 3 a 号文字記号 e)。なお，年金引当金の割引計算にあたっては 6% という計算利子率が用いられなければならない (所得税法第 6 a 条第 3 項第 3 文)。

以上みてきたところから，引当金の評価に関して，商事貸借対照表と税務貸借対照表との間では，①前者は将来の価格上昇・費用上昇を計算に含めるが，後者は含めない，②前者は平均市場利子率で割引計算を行うが，後者は5.5%ないし6%という固定利子率を用いる，このような理由から乖離が大きくなると予想される。その乖離は，商法上の年金引当金の方が税法上のそれよりも大きくなるという形で現れることが予想される。なぜなら，前者にあっては将来の価格上昇・費用上昇が計算に入れられ，しかも現在の市場利子率は5.5%ないし6%より小さいからである[25]。

(4) 開放条項の削除

すでに述べたように，税法の影響を受けて，1986年商法典に開放条項 (Öffnungsklausel) が設けられた。これは本来 GoB に一致するものではないので，商法上の年度決算書の情報機能の向上を図ろうとする BilMoG はそれを削除した。したがって，それらに関連する税法上の選択権が行使された場合には，商事貸借対照表と税務貸借対照表との間で新たな差異が生じることとなる。

具体的に言うと，まずすべての商人に対して適用される規定 (第 3 編「商業帳簿」第 1 章) の中の第247条第3項 (所得税および収益税の目的のために認

められている貸方項目，すなわち準備金的性質を有する特別項目），および第254条（税法でのみ認められている減価記入）が削除された。次に，資本会社に対する補足規定（第2章）に関しては，第273条（準備金的性質を有する特別項目），第279条第2項（税法上の減価記入），第280条第1項（価値回復命令），第285条第1文第5号（第254条，第280条第2項，第273条の適用により受けた損益の影響についての附属説明書への記載）も削除された[26]。

その結果，商法会計の簡便化が図られ，商法上の年度決算書の情報水準の向上が達成される。なお，逆基準性の廃止は税務貸借対照表自体へは全く影響を及ぼさない。

(5) 棚卸資産の評価簡便法

旧商法典では，棚卸資産の評価簡便法として後入先出法，先入先出法その他の消費順序の方法が認められていた（旧商法典第256条第1文）。ここにいうその他の方法とは，例えば最高原価先出法，最低原価先出法を指す[27]。新商法典ではその他の方法が認められなくなり，後入先出法および先入先出法のみとなった（新商法典第256条第1文）[28]。税務上は，後入先出法（所得税法第6条第1項第2a号）および加重平均法（所得税準則R6.8[29]）が許容されており，依然として商法と税法との間で相違が残っている。

(6) 計算限定項目

費用とみなされる関税・消費税・売上税は，決算日に表示されるべき棚卸資産に含まれている限り，計算限定項目として借方計上することができた（旧商法典第250条第1項第2文）。新商法典ではこの規定が削除され，今後は販売費として処理されることとなる。所得税法はその第5条第5項第2文で，関税・消費税・売上税の借方計上を義務づけており，商事貸借対照表と税務貸借対照表との間で乖離が生じることとなった。

(7) 通貨換算

従来，商法典は通貨換算に関する一般的規定を含んでいなかった。明確な規

則は第340h条により，信用機関・金融サービス機関に対してのみ存在していた。新商法典は一般的規定として第256条の後に第256a条を挿入した。これは現行実務を法典化したものである。それによれば，外国通貨で表示されている資産・負債は決算日の外国為替直物相場で換算されなければならない（新商法典第256a条第1文）。ただし，理由書によれば，通貨換算から生じる価値変動の商事貸借対照表上での考慮は，実現原則・不均等原則・調達価値原則を斟酌して判断されなければならない[30]。なお，残余期間が1年以下の場合には，これらの原則に注意を払う必要はない（新商法典第256a条第2文）。

　商法典の考え方は基準性原則に従い，税務貸借対照表にも適用される。ただし，第2文は税務上の評価上限としての調達価値原則（所得税法第6条第1項第1号・第2号）に違反するので，税務貸借対照表には引き継がれないと解釈されている[31]。この点で，商法典と税法との間で乖離が見られる。

第4節　逆基準性の廃止と基準性原則の変質

　BilMoGにより，基準性原則を定めている所得税法第5条第1項の規定が変わった。その本文はこうなっている。「法律規定に基づいて帳簿をつけ，規則的に決算を行うことを義務づけられている営業者，あるいはそのような義務はないけれど，帳簿をつけ規則的に決算を行っている営業者においては，税務上の選択権の行使の範囲内で別の計上が選択されるか，選択された場合を除いて，経済年度末に，商法上の正規の簿記の原則に従って表示されるべき事業財産が計上されなければならない（第4条第1項第1文）。税務上の選択権の行使のための前提は，税務上の利益計算において商法上の基準となる価値で表示されない経済財が，特別に継続的につけられるべき一覧表に記録されるということである。一覧表には，調達または製造の日，調達原価または製造原価，行使された税務上の選択権の規定，および実施された減価記入が示されなければならない」と。

　第5条に関して，さらに次の変更が行われた。旧所得税法は第5条第1項第

2文で,「利益計算にあたっての税法上の選択権は,商法上の年度貸借対照表に一致して行使されなければならない」と規定していた。新法ではこの規定が削除されている。このことから,逆基準性が廃止されたことが分かる。

第7章でみたように,逆基準性はもともと1990年の所得税法改正において導入されたものである。税務貸借対照表の作成に際して,税法固有の選択権を行使しようとするならば,それを商事貸借対照表においても考慮に入れなければならない。この措置は基準性原則を厳格に適用するために必要とされたのであった。

逆基準性を規定した旧所得税法第5条第1項第2文の削除,および第1文の新文言により,逆基準性が廃止されただけでなく,基準性原則自体が変質したと指摘されている。逆基準性の廃止に伴い,第5条第1項第1文の後半部分が変更され,「税務上の選択権の行使の範囲内で別の計上が選択されるか,選択された場合を除いて」という文言が置かれた[32]。これによれば,税務上の選択権は商事貸借対照表上の処理方法とは無関係に行使されうる。その場合,「税務上の選択権」という概念に包含されるものは何か,ということが問題になる。税務上の選択権は三つに区別される。すなわち,①商法上のGoBに一致する選択権,②租税恩典的選択権,および③国庫により動機づけられた選択権である[33](図表9-1参照)。

GoBに一致する選択権の例として,棚卸資産の消費順序の方法としての後入先出法(商法典第256条/所得税法第6条第1項第2a号)や固定資産の減価償却方法としての直線的損耗控除・逓減的損耗控除(商法典第253条/所得税法第7条第2項と関連した第5条第6項)を挙げることができる。これらに対してはBilMoG導入前には基準性原則が適用され,商事貸借対照表と税務貸借対照表とで同一の会計処理が行われていた。

例えば,X有限会社が機械を取得し,商法上は利益を大きくするために直線的損耗控除を採用し,税務上は租税負担を軽減するために逓減的損耗控除を採用しようとしたとする。だが,BilMoG導入前はこれは不可能であった。商事貸借対照表と税務貸借対照表において,同一の選択権が行使されなければならなかったからである[34]。

図表 9-1　税務上の選択権

タイプ	価額計上額に及ぼす影響	税務上の選択権への商法上の相対物
GoB に一致する選択権	税務上の事業財産 = GoB による事業財産	税務上の選択権に GoB 上の選択権が一致する。
租税恩典的選択権	税務上の事業財産 < GoB による事業財産	税務上の選択権に GoB 上の選択権が一致しない。しかし BilMoG 以前は税務上の選択権に対して商事貸借対照表が門戸を開いていた（GoB に反する開放選択権）。
国庫により動機づけられた選択権	税務上の事業財産 > GoB による事業財産	税務上の選択権に商法上の選択権が一致しない。しかも GoB 上の選択権でもないし，GoB に反する開放選択権でもない。むしろ税務上の選択権に強制的な GoB が対応している。すなわち商法上の価額計上のみが認められる。

（出所）Hennrichs, Joachim, Neufassung der Maßgeblichkeit gemäß § 5 Abs. 1 EStG nach dem BilMoG, Die Unternehmensbesteuerung, Düsseldorf, 2009, S. 537.

　租税恩典的選択権は GoB による事業財産の表示に比べて，税務貸借対照表において低い表示を認める。このことは，借方でのより低い価額計上（例えば所得税法第 7 a 条による特別償却）によって，あるいは貸方での非課税準備金の設定（例えば所得税法第 6 b 条による準備金，所得税準則 R.6.6 第 4 項の取替調達準備金）によって行われる。これらについては，すでに考察したように，旧商法典は開放条項を設け，GoB に一致しないにもかかわらず商事貸借対照表での価額計上を認めていた。

　例えば，X 有限会社が土地（簿価 150,000 ユーロ）を 200,000 ユーロで売却した。翌年に新しい土地を取得する予定である。X 社は取り崩された秘密積立金 50,000 ユーロに対する即座の課税を免れるために，その金額の取替調達準備金を設定することができた。X 社がこの税務上の選択権を利用するためには，逆基準性に基づいて商事貸借対照表において，準備金的性質を有する特別項目を設けなければならなかった[35]。

　国庫により動機づけられた税務上の選択権は GoB に一致しないが，行使すれば税務貸借対照表上，事業財産のより高い価額計上に連なる。したがって国庫収入は大きくなる。この例は所得税法第 6 条第 1 項第 1 号第 2 文による部分

価値評価減選択権である。これによれば，価値減少が持続すると予想される場合に，減価記入の実施を放棄することができる。しかし，BilMoG 導入前（旧所得税法）にはこの選択権は機能しなかった。というのは，旧商法典（第253条第2項第3文）が減価記入を命じていたからである。この場合，逆基準性が適用されなかった。すなわち，税法に部分価値評価減選択権が存在していたにもかかわらず，基準性原則を介して商法上の減価記入命令が税務貸借対照表にも適用されたのであった。

例えば，X有限会社が 300,000 ユーロの土地を取得した。のちになって，その土地が化学薬品で汚染されているので，土地の価値が持続的に 100,000 ユーロであることが明らかになった。この場合，旧商法典第253条第2項第3文に基づいて，持続的な価値下落が予想されるので 100,000 ユーロまで計画外減価記入を行わなければならなかった。税法に部分価値評価減についての選択権（所得税法第6条第1項第1号第2文）があったにもかかわらず，この選択権は基準性原則に従い税務貸借対照表において評価減義務になった[36]。

以上みてきたところから分かるように，BilMoG 導入前には税務上の選択権のうち，上記①と③は逆基準性とは関係がなかった。基準性原則の適用により，商事貸借対照表と税務貸借対照表とで同一の会計処理が行われていた。

では，BilMoG 導入後はどうであろうか。所得税法第5条第1項第1文の後半は，これを逐語的に次のように解釈することができる。商法上の貸借対照表計上は，これに税法上の明確な計上禁止または計上選択権が対応していない場合にのみ，税務貸借対照表にも影響を及ぼす，と。このような解釈から，すべての税務上の選択権—GoB に一致する選択権，租税恩典的選択権，国庫により動機づけられた選択権—は商事貸借対照表とは無関係に行使されうる，という見解を導き出すことができる[37]。連邦財務省が 2010 年 3 月 12 日に公表した「税務上の利益計算に対する商法上の正規の簿記の原則の基準性；2009 年 5 月 15 日の貸借対照表法現代化法による所得税法第 5 条第 1 項の変更」と題する文書（BMF-Schreiben）[38]もこの見解を有している。

この見解に従って，前記の例を用いながら具体的な会計処理を考えてみよう。①の例の場合，X社は商事貸借対照表で直線的損耗控除を，税務貸借対照

表で逓減的損耗控除をそれぞれ利用するといったように，異なった選択権の行使が可能である。②の例にあっては，商法上は開放条項の削除により，準備金的性質を有する特別項目はもはや設定されえない。これに対して，税務上は従来どおり所得税法第6b条の選択権が存する。

③の例のケースをみてみよう。商法上は従来と変わりなく，第253条第3項第3文が引き続き，持続的な価値減少が予想される場合の計画外減価記入を要求している。税務上は商事貸借対照表とは無関係に部分価値評価減選択権が行使されうる[39]。これら①～③の例で理解できるように，税務上の選択権が行使されれば，商事貸借対照表への計上と税務貸借対照表へのそれとが異なることになる（①と③の場合，行使の仕方によってはそうならないこともある）。

連邦財務省の上記の見解に対しては，立法者の意志に反すると批判が加えられている。批判論者の言うところに耳を傾けてみよう。BilMoGの政府案に添付された理由書には，税務上の利益算出に対する商法上の年度決算書の基準性の原則が今後も保持されると記述されている[40]。また，政府は連邦参議院の質問に答えて「BilMoGによって現在の法律状況に関し何ら変更は生じない」[41] とも述べている。立法者の考えによれば，所得税法第5条第1項第1文後半の意味における「税務上の選択権」に含まれるのは租税恩典的選択権のみである。GoBに一致する選択権および国庫により動機づけられた選択権の場合には，基準性原則に基づいて，従来どおり商事貸借対照表と税務貸借対照表で一致するはずである，と。これが批判論者の意見である[42]。

立法者は租税恩典的選択権に関する逆基準性の廃止のみを考えていたと思われる。しかし完成した条文には，すべての選択権の廃止が意図されていると解釈できる余地が残された[43]。そして実務に影響を及ぼす連邦財務省文書が，GoBに一致する選択権についても，国庫により動機づけられた選択権についても，もともと逆基準性が適用されていなかったにもかかわらず，逆基準性が廃止されたという指図を公表したので，基準性原則が変質してしまった。まさに，逆基準性の廃止を超えてしまったのである[44]。あるいは，商事貸借対照表上の利益と税務貸借対照表上のそれの一致を要求する原則が「基準性の原則」であるならば，基準性原則が崩壊したと表現することができる。

なお，新所得税法第5条第1項第2文・第3文は，税務上の選択権行使の前提を規定している。それは，特別償却や圧縮記帳の対象となった経済財の調達日または製造日，調達原価または製造原価，行使された税務上の選択権の規定，および税務目的のために実施された減価記入を記載した一覧表を作成することである。従来は税務上の選択権の対象となった経済財については商事貸借対照表に記録が残されていたが，今後はそれに代わるものとしてこのような措置が求められるのである。

第5節　基準性原則の現状

BilMoG導入後の，商事貸借対照表と税務貸借対照表の関係をクスマウル(Kußmaul, H.)は図表9-2のようにまとめている。今日では，所得税法第5条第1項の「商法上の正規の簿記の原則に従い表示されるべき事業財産が計上されなければならない」という文言にいう「計上」には，「理由による計上」と「大きさによる計上」が含まれると理解されている[45]。すなわち，税務貸借対照表への借方計上・貸方計上，およびそこでの評価は原則として，商事貸借対照表の場合と同じである。これが，「税務貸借対照表に対する商事貸借対照表の基準性の原則」である。

しかし，理由による計上に関しては，所得税法第5条第2項～第5項[46]および1969年2月30日のBFH決定が例外規定を置いている（計上留保）。ただ，商法上の借方計上選択権は税務上の借方計上命令に，商法上の貸方計上選択権は税務上の貸方計上禁止に連なるというBFH決定は，商法上の選択権の多くが削除されたので，ほとんど意味を持たなくなった。また，大きさによる計上，すなわち評価に関しても同法第5条第6項（具体的には第6条，第6a条，第7条）[47]に例外規定が設けられている（評価留保）。

例外規定はあくまで例外にすぎず，基準性原則を否定するものではない。クスマウルは税務上の「独自性」を基準性原則の範疇に捉えているが，しかしそれは所得税法の体系上，商事貸借対照表と税務貸借対照表の不一致を是認する

図表9-2　「税務貸借対照表に対する商事貸借対照表の基準性」の現状

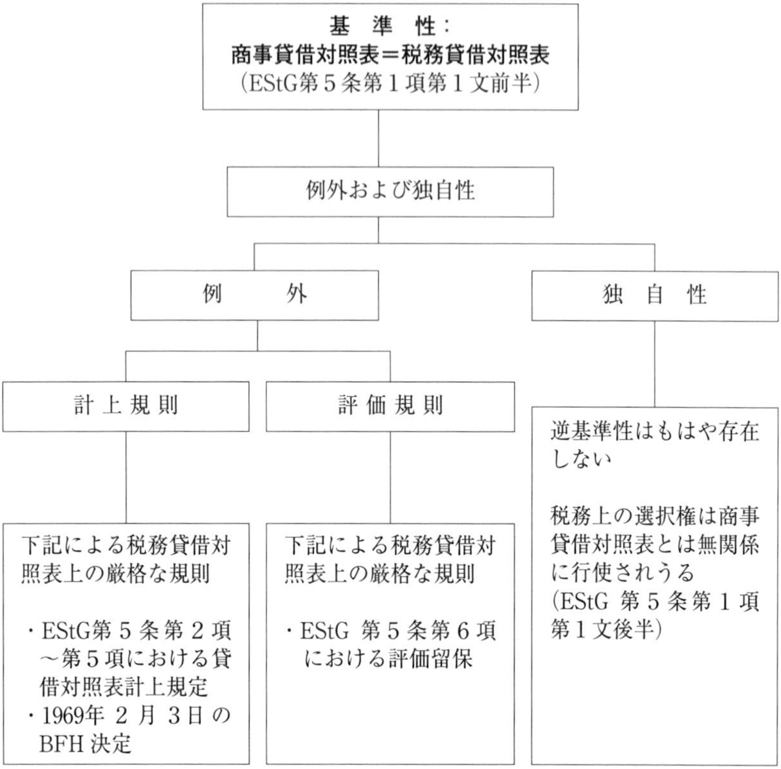

```
            基　準　性：
      商事貸借対照表＝税務貸借対照表
       （EStG第5条第1項第1文前半）
                │
          例外および独自性
           ┌────┴────┐
         例　外       独　自　性
       ┌───┴───┐
     計上規則    評価規則
```

計上規則	評価規則	独自性
下記による税務貸借対照表上の厳格な規則 ・EStG第5条第2項〜第5項における貸借対照表計上規定 ・1969年2月3日のBFH決定	下記による税務貸借対照表上の厳格な規則 ・EStG第5条第6項における評価留保	逆基準性はもはや存在しない 税務上の選択権は商事貸借対照表とは無関係に行使されうる （EStG第5条第1項第1文後半）

（出所）Kußmaul, Heinz, Betriebswirtschaftliche Steuerlehre, 6. Aufl., München, 2010, S. 30.

ものであって，基準性原則を崩壊させるものであると考えられる。

第6節　おわりに

　BilMoGにより，商法典が大規模に改正された。また，商法典の改正を受けて，所得税法の基準性原則に関する部分も変更された。

　改正された商法典の個々の規定をみていくと，選択権の廃止により税法上の会計処理と接近したものもある。その反面，年度決算書の情報機能を向上させ

第 9 章　基準性原則の崩壊 (2)(2009 年貸借対照表法現代化法の基準性原則に及ぼす影響)　209

るため，税法と異なる計上・評価規定も新たに生じた。さらに立法者の意図に反して，所得税法の体系上，逆基準性の廃止を超えて基準性原則が崩壊した。このようなことを本章では考察した。

　このことにより，多くの中小企業が望んでいる単一貸借対照表への道がもはや幻想になった。ドイツ会計基準委員会等が実施した中小企業に対するアンケート調査では，回答企業の 79％が年度決算書作成の第一義的目標として税務上の利益計算を挙げている。すなわち，商事貸借対照表と税務貸借対照表が一体となった単一貸借対照表を希望している[48]。立法者は，理由書において基準性原則を維持すると述べている。しかし実態は，1997 年に始まった基準性原則への違反から 10 年たち，その崩壊が決定的になった。

　このような現状のもとで，ドイツの文献では，商法典に依存しない独自の税務上の利益計算が模索されている[49]。また BilMoG の立法者自身も，独自の税務上の利益計算が必要であるか否か，分析されなければならないであろう[50]，と述べている。われわれは今後の議論の成り行きに注視していきたい。

[付表] BilMoGによる商法典の改正と、税法上の利益計算に及ぼすその影響

計上規定	内容	旧商事貸借対照表	新商事貸借対照表	税務貸借対照表	税法への接近
	経済的帰属		第246条第1項第2文 資産は、それが所有者にではなく、他人に経済的に帰属するならば、彼の貸借対照表に計上されなければならない。	租税通則法第39条第2項第1号第1文 経済的所有が帰属についつ決定的である。	商法典の税法への適応。
	有償取得されたのれん	第255条第4項第1文 借方計上選択権。	第246条第1項第4文 借方計上義務がある。	第5条第2項 無形経済財は借方計上義務がある。	商事貸借対照表の税務貸借対照表への適応。
		第255条第4項第2文、第3文 4年間にわたり、または計画的に予想される利用耐用年度にわたって、選択的に減価償却。	第253条第3項 個別経営的利用期間にわたって計画的減価償却。	第7条第1項第3文 15年にわたって計画的減価償却。	税務とは異なる減価償却入期間が商法上選択されれば、商事貸借対照表と税務貸借対照表で異なった評価が可能。
	相殺禁止の例外	第246条第2項 借方項目は貸方項目と、費用は収益と相殺されてはならない。	第246条第2項、新たな例外。 負債の履行にのみ役立つ資産は、この負債の負担と相殺される。	新第5条第1a項第1文 借方項目は貸方項目と相殺されえる。	計上規定が問題となっているので、税務への影響はない。
	自家創設無形固定資産	第248条第2項 有償で取得されなかった無形固定資産に対して、借方項目は設定されえない。	第248条第2項 開発段階で生じた製造原価の大きさでの商法上の借方計上選択権。	第5条第2項 有償で取得されなかった経済財に対する借方計上禁止。	商事貸借対照表と税務貸借対照表の間での相違が生じる。
	費用性引当金	第249条第1項第3文 修繕引当金の設定についての選択権。 第249条第2項 一定の費用性引当金の設定についての選択権。	第249条第1項第3文および第249条第2項の選択権の削除。	1969年2月3日のBFH判決GrS 2/68: 商事貸借対照表での貸方計上選択権は税務貸借対照表での借方計上禁止。	商法典の税法への適応。
	借方計算限定項目	第250条第1項第2文 関税・消費税・売上税に対する借方計算項目の設定についての選択権。	第250条第1項第2文の選択権の削除。	第5条第5項第2文 義務的に借方計上。	商事貸借対照表と税務貸借対照表の間で相違が生じる。
	開業費および営業拡張費	第269条 開業および営業の拡張のための支出を貸借対照表計上補助として借方計上するという選択権。	第269条の削除。		貸借対照表計上補助という計上はないという計上はないというのは、それは経済財ではないから。	商法典の税法への適応。

第 9 章　基準性原則の崩壊（2）（2009 年貸借対照表法現代化法の基準性原則に及ぼす影響）　　211

評価規定	内容	旧商事貸借対照表	新商事貸借対照表	税務貸借対照表	税務貸借対照表と税務貸借対照表への影響
引当金の評価		第 253 条第 1 項第 2 文 引当金は、理性的な商人の判断によって必要である金額の大きさをもって計上されなければならない。	第 253 条第 1 項第 2 文 引当金は、履行的な商人の判断により必要である金額の大きさをもって計上されなければならない。かくして、将来の価格・原価上昇も考慮されなければならない。	将来の価格・費用上昇を算入することは従来、決算日原則に照らして認められていない。1982 年 10 月 7 日の BFH 判決Ⅳ R 39/80）。税務貸借対照表への影響を避けるために第 6 条第 1 項第 3 号に文字記号 f が挿入された。それによれば、今後も貸借対照表日の状況が基準であり、将来の価格上昇は考慮に入れられないままである。	商事貸借対照表と税務貸借対照表の異なった評価。
		第 253 条第 1 項第 2 文後半 引当金との基礎になっている債務部分の利子部分を含む限りにおいての み、割り引かれる。 年金引当金の評価は保険数理的評価法により行われる。税務上の引当金価値は、商事貸借対照表において価値下限として受け入れられる。	第 253 条第 2 項 1 年以上の期間を有する引当金は、ドイツ連邦銀行によって算出された過去 7 年の平均市場利子率で割り引かれなければならない。 第 253 条第 2 項第 2 文 年金引当金の評価にあたり、将来の賃金・年金引上げは算入され、ドイツ連邦銀行による公表された 15 年という仮定された期間において生じる平均市場利子率で割り引かれなければならない。	第 6 条第 1 項第 3 a 号文字記号 e 債務引当金は、過去に 5.5% の利子率で割り引かれなければならない。 税務上、将来の価格上昇は考慮に入れられてはならない。年金義務に対する引当金は 6% という税金利子率で割り引かれなければならない（第 6 a 条第 3 項第 3 文）。	割引命令は一般的に、税務貸借対照表への適応にたる。しかし、利子率が異なっており、相当な相違が生じうる。 年金引当金に対する税務貸借対照表上額を商事貸借対照表にも計上することは不可能である。商法上の価額計上額は恐らく、それを上回るであろう。
時価での金融商品の評価			第 340 e 条第 3 項第 1 文 信用・金融サービス機関の売買目的有価証券は、リスク控除額を差し引いて、付されるべき時価で評価されなければならない。	第 340 e 条第 3 項第 1 文 新商法典第 340 e 条第 3 項第 1 文に一致する価額計上。	商事貸借対照表と税務貸借対照表の一致した価額計上。
固定資産に係る計画外減価記入		第 253 条第 2 項第 3 文 一時的な価値減少の場合は、計画外減価記入選択権。ただし、資本会社の記入選択権は、金融固定資産についてのみ選択権（第 279 条第 1 項）が与えられ、それ以外は減価記入禁止。	第 253 条第 3 項第 4 文 一時的な価値減少の場合は、法形式に依存せず、金融固定資産についてのみ選択権。	第 6 条第 1 項第 1 号第 2 文 一時的な価値減少の場合はより低い部分価値の減価記入禁止。	商法上の税務法への接近。金融固定資産についてのみ、相違が生じる。
		第 253 条第 2 項第 3 文後半 持続的な価値減少の場合、強制的な減価記入義務。	第 253 条第 3 項第 3 文 持続的な価値減少の場合、減価記入。	第 6 条第 1 項第 1 号第 2 文 持続的な価値減少の場合、より低い持続的価値の減価記入の選択権。	持続的な価値減少の場合、依然として、商事貸借対照表と税務貸借対照表とで異なった評価が可能である。

流動資産に係る計画外減価記入	第253条第3項第1文 一時的価値減少の場合、持続的価値減少の場合、より低い価値への減価記入義務（厳格な最低価値原則）。 第253条第3項第3文 理性的な商人の判断による減価記入の選択権。	第253条第4項 一時的価値減少の場合、持続的価値減少の場合、より低い付される価値への減価記入義務。 第253条第3項第3文の削除。	第6条第1項第1号第2文 一時的価値減少の場合、減価記入禁止。持続的価値減少の場合、より低い部分価値への減価記入についての選択権。 将来の価値変動に基づいた減価記入は不可能である。	一時的価値減少の場合も、持続的価値減少の場合も、依然として、商事貸借対照表と税務貸借対照表として異なった評価が可能。 商法典への税法の適応。
理性的な商人の判断による減価記入	第253条第4項 固定資産および流動資産において、理性的な商人の判断で減価記入を行う選択権。ただし、減価記入がいずれや資本会社には適用されない（第279条第1項）。	第253条第4項の削除。	理性的な商人の判断の範囲での減価記入は認められていない。	商法典の税法への適応。
価値回復命令	第253条第5項 第253条第2項第3文および第4文または第3文によるより低い価値計上または第3文の減価記入の理由がなくなった場合でも保持される（保持選択権）。 第280条第1項 資本会社および一定の人的会社に対する価値回復命令。	第253条第5項第1文 減価記入の理由がなくなった場合、法形式に関係なく価値回復命令。 例外：第253条第2項第2文で暖簾の、より低い価値有償取得された暖簾の、より低い価値計上は保持されなければならない。	第6条第1項第1号第4文、第2号第3文 減価記入の理由がなくなった場合、価値回復命令。暖簾の価値回復命令についての例外はない。したがって、一時的差異が生じうる。	商法典の税法への適応。 しかし税法上、暖簾の無形固定資産についての例外はない。したがって、一時的差異が生じうる。
評価単位の形成	第254条 評価単位の形成において、同じ大きさで未実現利益が対応する場合、未実現損失の考慮は放棄されうる。		第5条第1a項 商事貸借対照表上の結果は、税務上の利益計算にとっても基準となる。	第5条第1a項の基準性を経て税務貸借対照表に影響を及ぼす。
製造原価の下限	第255条第2項 製造原価の下限＝個別原価。 変動共通原価および固定資産の減価償却費の算入についての選択権。	第255条第2項第2文 製造原価の下限＝個別原価＋変動共通原価＋固定資産の減価償却費。	第6条に関連した製造原価の下限はESIR R6.3＝個別原価および変動共通原価	商法典の税法への適応。ただし、商法典上は自家創設の無形固定資産に係る減価記入も製造原価に合められるのに対し、税務原価は借方上禁止である点に相違がある。
棚卸資産の評価簡便法	第256条第1文 後入先出法またはその他の一定の順序が認められる。	第256条第1文 後入先出法または先入先出法のみが認められる。	第6条第1項第2a号第1文 後入先出法および移動平均法のみが許容された消費順序の方法とされる。	依然として相違がありうる。

（注）本表は、Ficher, Bettina, Auswirkungen eines eigenständigen steuerlichen Gewinnermittlungsrechts, Hamburg, 2009, S. 71-75 をベースにして、作成したものである。

【注】

1) Gesetz zur Modernisierung des Bilanzrechts (Bilanzrechtsmodernisierungsgesetz — BilMoG). Vom 25. Mai 2009, Bundesgesetzblatt Teil I, Köln, 2009, S. 1102-1137.
2) Regierungsentwurf eines Gesetzes zur Modernisierung des Bilanzrechts (Bilanzrechtsmodernisierungsgesetz—BilMoG) vom 21. 5. 2008（この章において Regierungsentwurf と略記する—中田注）, BT-Drucksache, 16/10067, Berlin, 2008, S. 50.
3) Regierungsentwurf, a.a.O., S. 65.
4) Regierungsentwurf, a.a.O., S. 56f.
5) Regierungsentwurf, a.a.O., S. 57.
6) 減価記入に関しては，旧商法上の選択権の廃止ではないけれど，固定資産に係る計画外減価記入について変更が加えられたので，ここでみておきたい。一時的な価値減少の場合は選択権が与えられていた（ただし，資本会社においては金融固定資産に対してのみ選択権が適用され，それ以外については禁止されていた）。また，持続的な価値減少が予想される場合には，計画外減価記入が強制された（旧商法典第253条第2項第3文，第279条第1項）。これに対して新商法典では，一時的な価値減少の場合には，法形式にかかわらず，金融固定資産に対してのみ選択権が与えられた（新商法典第253条第3項第4文）。持続的な価値減少の場合には，従前どおり強制される（新商法典第253条第3項第3文）。他方，税法は一時的な価値減少の場合には減価記入を禁止し，持続的なそれの場合には選択権を与えている（所得税法第6条第1項第1号第2文）。したがって，商法典において一時的な価値減少時には金融固定資産以外は計画外減価記入禁止となったので，その点で税法に近づいたといえる。持続的な価値減少の場合には，依然として商法典と税法との間に相違が残っている。
7) Regierungsentwurf, a.a.O., S. 57.
8) Regierungsentwurf, a.a.O., S. 48.
9) Ebenda.
10) Regierungsentwurf, a.a.O., S. 6.
11) 例えば，Ficher, Bettina, Auswirkungen eines eigenständigen steuerlichen Gewinnermittlungsrechts, Hamburg, 2009, S. 25.
12) Beschlussempfehlung und Bericht des Rechtsausschusses, BT-Drucksache, 16/12407, Berlin, 2009, S. 109.
13) Regierungsentwurf, a.a.O., S. 58.
14) Gesetz zur Eindämmung missbräuchlicher Steuergestaltungen. Vom 28. April 2006, Bundesgesetzblatt Teil I, Köln, 2006, S. 1095.
15) Regierungsentwurf, a.a.O., S. 7.
16) Beschlussempfehlung und Bericht des Rechtsausschusses, a.a.O., S. 110.
17) Ebenda.
18) Bundesministerium des Justitz,Wesentliche Änderungen des Bilanzrechtsmodernisierungsgesetzes im Überblick, 2009, S. 3, in: http://www.bmj.de/SharedDocs/Downloads/DE/pdfs/Aenderungen_Bilmog.pdf?__blob=publicationFile（2012年8月1日現在）.
19) Regierungsentwurf, a.a.O., S. 6.
20) Beschlussempfehlung und Bericht des Rechtsausschusses, a.a.O., S. 111.
21) Bundesministerium des Justitz, a.a.O., S. 4.
22) Ebenda.

23) Beschlussempfehlung und Bericht des Rechtsausschusses, a.a.O., S. 111.
24) BFH-Urteil vom 7.10.1982 (IV R 39/80), Bundessteuerbaltt, Teil II, Bonn, 1983, S. 104-106.
25) Ficher, B., a.a.O., S. 30.
26) Regierungsentwurf, a.a.O., S. 75.
27) Regierungsentwurf, a.a.O., S. 135.
28) なお，第256条第2文では旧商法典と同様に，固定評価法およびグループ評価法も認められている。
29) 所得税準則（Einkommensteuer-Richtlinien）は，注36で指摘する一般行政規則の一つである。なお準則という訳語は，山田晟『ドイツ法律用語辞典』大学書林，1984年，332ページによる。
30) Regierungsentwurf, a.a.O., S. 136.
31) Dörfer, Oliver/Adrian, Gerrit, Zur Umsetzung der HGB-Modernisierung durch das BilMoG: Steuerbilanzrechtliche Auswirkungen, Der Betrieb, Beilage 5 zu Heft 23 vom 5. 6. 2009, Düsseldorf, 2009, S. 62.
32) 第5条第1項第1文の原文は次のようになっている。"Bei Gewerbetreibenden, die auf Grund gesetzlicher Vorschriften verpflichtet sind, Bücher zu führen und regelmäßig Abschlüsse zu machen, oder die ohne eine solche Verpflichtung Bücher führen und regelmäßig Abschlüsse machen, ist für den Schluss des Wirtschaftsjahres das Betriebsvermögen anzusetzen (§ 4 Absatz 1 Satz 1), das nach den handelsrechtlichen Grundsätzen ordnungsmäßiger Buchführung auszuweisen ist, es sei denn, im Rahmen der Ausübung eines steuerlichen Wahlrechts wird oder wurde ein anderer Ansatz gewählt." これを和訳すれば，本文に記述したようになる。しかし，その和訳からは第1文前半，後半の内容が明確でない。そこで次のように書き直してみよう。「法律規定に基づいて帳簿をつけ，規則的に決算を行うことを義務づけられている営業者，あるいはそのような義務はないけれど，帳簿をつけ規則的に決算を行っている営業者においては，経済年度末に，商法上の正規の簿記の原則に従って表示されるべき事業財産が計上されなければならない（第4条第1項第1文）。但し，税務上の選択権の行使の範囲内で別の計上が選択されるか，選択された場合は別として。」このように訳出すると二つの文になってしまうが，但し書きの前が第1文前半，但し書きの部分が第1文後半の内容である。
33) Hennrichs, Joachim, Neufassung der Maßgeblichkeit gemäß § 5 Abs. 1 EStG nach dem BilMoG, Die Unternehmensbesteuerung, Düsseldorf, 2009, S. 536-537; Kußmaul, Heinz, Betriebswirtschaftliche Steuerlehre, 6. Aufl., München, 2010, S. 27-28.
34) Kußmaul, Heinz/Gräbe, Sebastian, Der Maßgeblichkeitsgrundsatz vor dem Hintergrund des BilMoG, Der Steuerberater, 61. Jg. Heft 4, Heidelberg, 2010, S. 114.
35) Ebenda.
36) Ebenda.
37) Kußmaul, H., a.a.O., S. 28.
38) BMF-Schreiben（連邦財務省文書）とは，基本法第85条第3項（そこには「諸州の官庁は所管の連邦最高官庁の指図に従う」との文言がある）の意味での一般的指図（Weisung）である。それは連邦の委託を受けて諸州によって管理される租税分野での均一な執行に役立つ。指図は上級官庁が下級官庁にその任務の遂行のために行うもので

あるが，連邦財務省文書の場合には，一般行政規則（Allgemeine Verwaltungs-vorschrift）の場合に求められている連邦参議院の同意は，これを必要とせず，連邦財務省と諸州の財務省との間で直接同意が行われ，それらの意志が同文書に反映される（連邦財務省のホーム・ページ（http://www.bundesfinanzministerium.de）の「Glossar―BMF-Schreiben」の箇所を参照）（2012年8月26日現在）。

39) なお，国庫により動機づけられた選択権の今一つの例として，年金引当金を挙げることができる。これも商法上（第249条）は貸方計上が命令されている。これに対して，所得税法第6a条によれば一定の条件を満たした場合にのみ計上されうる（貸方計上選択権）。このケースについては，連邦財務省文書は部分価値評価減の場合とは異なり，商法上の貸方計上命令が税務貸借対照表にも及ぶと述べている（BMF-Schreiben, IV C6-S2133/09/10001 vom 12. 3. 2010, Bundessteuerblatt, Teil I, Bonn, 2010, S. 239）。

40) Vgl. Regierungsentwurf, a.a.O., S. 34.

41) Vgl. Regierungsentwurf, a.a.O., S. 124. (Gegenäußerung der Bundesregierung zu der Stellungnahme des Bundesrates)

42) Kußmaul, H., a.a.O., S. 29.

43) 第5条第1項第1文の後半部分については，法律本文と基準性原則を維持すると述べている立法理由（Regierungsentwurf, a.a.O., S. 67）が矛盾していると指摘されている（Schenke, Ralf P./Risse, Markus, Das Maßgeblichkeitsprinzip nach dem Bilanzrechtsmodernisierungsgesetz, Der Betrieb, 62. Jg. Heft 37, Düsseldorf, 2009, S. 1957）。

44) Anzinger, Heribert M./Schleiter, Isabelle, Die Ausübung steuerlicher Wahrrechte nach dem BilMoG―eine Rückbesinnung auf den Maßgeblichkeitsgrundsatz, Deutsches Steuerrecht, 48. Jg. Heft 8, München, 2010, S. 395.

45) Wöhe, Günter, Betriebswirtschaftliche Steuerlehre, Band I, 2. Halbband, München, 1992, S. 90.

46) 現行所得税法第5条第2項～第6項の規定は次のとおりである（＊は，中田による注を示す）。

　(2) 固定資産たる無形経済財については，それが有償で取得された場合に限り，借方項目が計上されなければならない。

　(2a) 将来，収入または利益が発生する限りにおいてのみ履行されなければならない義務については，負債または引当金は，収入または利益が発生したときに初めて計上されなければならない＊）。

　(3) 他人の特許権，著作権または類似の権利の保護権の侵害に対する引当金は，
　　1. 権利所有者が権利侵害を理由として請求を主張したとき，あるいは
　　2. 侵害を理由とした請求が真剣に考慮に入れられなければならないときに初めて設定されうる。第1文第2号により設定された引当金は，請求が主張されなかったならば，遅くともその最初の設定に続く第3経済年度の貸借対照表において取り崩され，収益に戻し入れられなければならない。

　(4) 勤続記念日手当の義務に対する引当金は，雇用関係が少なくとも10年続き，勤続記念日が少なくとも15年の勤務関係の存続を前提とし，そしてその約束が文書により交わされている場合で，手当の受給権利者が1992年12月31日以後に継承権を獲得した場合に限り，設定されうる。

　(4a) 未決取引から生じる恐れのある損失に対する引当金は，設定されてはならない。このことは，第1a項＊＊）第2文による結果に対しては適用されない。

（4b）将来の経済年度に経済財の調達原価または製造原価として借方計上されなければならない支出に対する引当金は，設定されてはならない。放射性の残余物質，および撤去または解体された放射性の施設部分，これらの損害のない利用のための義務に対する引当金は，支出が，照射された核燃料を使用し尽くしたことから得られた，放射性廃棄物ではない核燃料（いわゆる使用済核燃料—中田注）の加工または処理と関連している限りにおいて，設定されてはならない***）。

（5）計算限定項目として，
1. 借方に，決算日以後の一定期間に対する費用を示す，決算日以前の支出，
2. 貸方に，決算日以後の一定期間に対する収益を示す，決算日以前の収入のみが計上されなければならない。

借方にはさらに，
1. 決算日に表示されるべき棚卸資産たる経済財に割り当てられる場合に限り，費用として考慮に入れられた関税および消費税，
2. 費用として考慮に入れられた，決算日に表示されるべき前受金にかかる売上税が計上されなければならない。

（6）引出および出資，貸借対照表変更の許容，事業支出，評価，ならびに損耗に対する控除または減耗償却に関する規定が遵守されなければならない。

　*）第2a項は「税法規定の整理再編に関する法律（1999年租税整理再編法）」（1999年12月22日認証）により導入されたものである（Gesetz zur Bereinigung von steuerlichen Vorschriften (Steuerbereinigungsgesetz 1999 — StBereinG 1999). Vom 22. Dezember 1999, Bundesgesetzblatt, Teil I, Köln, 1999, S. 2602)。

　**）第1a項は次のようになっている。「借方の項目は貸方の項目と相殺されてはならない。財務経済的リスクをヘッジするために商法会計において形成された評価単位の結果は，税法上の利益計算に対しても基準となる。」

　***）第4b項は「1999/2000/2002年租税軽減法」（1999年3月24日認証）により導入されたものである（Steuerentlastungsgesetz 1999/2000/2002. Vom 24. März 1999, Bundesgesetzblatt, Teil I, Köln, 1999, S. 404)。使用済燃料再処理費用は，再処理によって回収される有用物質（ウラン，プルトニウム）の取得原価とされる。この場合，将来の支出に備えて引当金を設定することはできない。

47）第6条は「評価」，第6a条は「年金引当金」，第7条は「損耗に対する控除または減耗償却」について規定している。
48）Deutsches Rechnungslegungs Standards Committee, Ergebnisse einer Befragung deutscher mittelstandischer Unternehmen zum Entwurf eines internationalen Standards zur Bilanzierung von Small and Medium-sized Entities (ED-IFRS for SMEs), in: http://www.standardsetter.de/drsc/docs/sme_befragung_final_280907.pdf, 2007, S. 9f.（2012年8月26日現在）
49）例えば，Ficher, B., a.a.O., S. 67-69.
50）Regierungsentwurf, a.a.O., S. 72.

補論　申告納税制度と基準性原則

　ブレーメンでは1874年所得税法において，多くの商人が以前から税法に従うのではなく，商法上の帳簿決算に基づいて納税していたことを認める形で基準性原則が導入された。ザクセンでも1874年に所得税法が制定されたとき，貸借対照表を根拠とする以外の方法で商人が所得を計算することは不可能である，という理由から基準性原則が採用された。

　当時，商人たちはすでに1861年一般ドイツ商法典によって，商業帳簿を備え，貸借対照表を作成することを義務づけられていた。これに加えて，商法とは別個の税務上の利益計算の実施を彼らに求めることは，彼らにとって大きな負担となるので，商事貸借対照表に従って，あるいは商法上のGoBに従って所得を計算するという基準性原則が導入された。

　この場合，税務官庁の検査を受ける申告納税制度が採用されたことが，基準性原則の導入に果たした役割を無視することはできない。ここでは，そのことを考察したい。

　ドイツの所得税法において，申告納税制度を初めて採用したのは1866年ハンブルク所得税法[1]である。すなわち，その第10条が次のように規定している。

　「納税義務者は，その所得あるいは消費（第7条）を自身で申告する義務があり，そして終わりに，租税管理事務所（Steuer Controlle Büreau）から2月末日までに彼に送付されるべき書式用紙の当該欄に記入し，当該課税年度の3月31日までに租税管理事務所に提出しなければならない。正確に記入されていなかったり，遅れて提出された自己評価は顧みられない。

　3月31日までにその所得金額を自身で申告しなかった納税義務者の評

価は，当該地区の評価人（Schätzungsbürger）によって行われる。」
このような内容であった[2]。

その後，ハンブルクに倣って申告納税制度は各邦国に導入されることとなった。その際，納税義務者はその導入に対して大きな関心を示した。ブレーメンでは，1872年所得税法[3]第1条が，所得税は納税義務者の自己評価に基づいて，誓って良心にかけて支払われなければならない，と規定した。このように自己申告に関する文言が置かれたものの，税務当局の検査があるわけでもなく，また実際の徴収方法も1862年の「所得税の徴収に関する政府の命令」[4]の場合と同じであった。

すなわち，1872年所得税法第20条および「1872年における所得税の徴収に関する公示」[5]によれば，所得が500ターラー未満の納税義務者はその全額を，市庁舎内の討論室に設けられた租税代表者会議（Schoßdeputation）に隠しだてなく（offen）引き渡さなければならなかった。しかし，所得が500ターラー以上1,000ターラー未満の場合には，500ターラーを隠しだてなく引き渡し，残額はこれを覆い隠して（verdeckt）租税箱に入れることになっていた。1,000ターラー以上2,000ターラー以下の所得の場合も同様に，1,000ターラーは隠しだてなく，残額は覆い隠して支払うことになっていた。また，所得が2,000ターラーを超える者は2,000ターラーを隠しだてなく引き渡し，残額を覆い隠して租税箱に入れなければならなかった[6]。所得税の徴収はそれほど厳格ではなかったのである。

ところが，1874年4月に開かれた租税法（Schoßordnung）改正のための租税委員会において，所得税に関して，当局の検査のない従来どおりの徴収方法を維持するのか，ハンブルクで適用されているような徴収システムを確立するのか，このことが議題に上げられた[7]。納税義務者にとっては大問題であり，これに関して委員会で議論が展開された。租税委員会においてこれが所得税法上の最大のテーマであり，基準性原則の導入はそこから生まれたいわば副産物[8]であった。

1874年所得税法には申告納税の方法が詳細に規定されている。その第8条によれば，納税義務者は納税義務のある所得を誓って租税代表者会議（Steuerdeputation) に申告しなければならない。租税代表者会議から彼に送付された書式用紙に記入し，そこに記載されている期限までに返送しなければならない。期限までの申告を怠った者は，評価官庁によって査定される。租税代表者会議は検査委員会を通して納税義務者の自己評価の検査しなければならない。その際，関係者の意見聴取後に増額する権限を有している。

このように，ブレーメンでもハンブルクと同様に，管理された自己申告制度が確立した。これにより，納税義務者は正確な所得計算を実施し，納付しなければならなくなった。

ザクセンに目を転じてみよう。そこでも，1874年所得税法で採用された自己申告義務のこと，特に自己申告に関連した公表義務の問題が商人たちの大きな関心事であった。当時の商工会議所の報告書には，このことに関する記述がみられる[9]。

ライプツィヒ商業会議所の関税・租税問題委員会報告書をみてみよう。この報告書の正式名称は，「所得税法の実施についての，評価委員会の委員長および構成員に対する指示の草案に関する報告書」[10]（1875年1月）である。ザクセン政府は1874年12月22日に所得税法を公布したあと，施行令[11] および評価委員会に対する指示[12]（以下，「指示」という）を作成する準備に入った。それらは1875年3月に公表されたのであるが，特に「指示」については事前にその草案が関係団体に示され，意見が求められた。上記報告書はそれに関するライプツィヒ商業会議所の見解を表明したものである。

「指示」の草案第29条c第2段落には次のような規定があった。すなわち，「委員会は，商人および工場主，ならびに営業簿をつけているあらゆる営業者が，その所得の大きさに関して証拠を挙げなければならないすべてのケースにおいて，貸借対照表の他に，損益勘定に関するその帳簿からの特別な抜粋を要求しなければならない」[13] というものである。損益勘定からの抜粋を提出させることにより，評価委員会は，とりわけ家事費と自己資本利子が所得に算入されているか否かを確認することになっていた。

この規定に関して，上記報告書は次のように述べる。「すでに邦議会の討論において，その他の納税義務者（商人以外の意—中田注）は申告義務に対して，

ほとんど商人のように悪い状態にない，すなわち一方（商人―中田注）では、まだ確実でない価値をも見積り，ほとんど誰もその所得を一銭一厘たりとも間違えずに計算しているわけではないし，他方（商人以外―中田注）では誰もその財産状態の―程度の差こそあれ―公表に対して尻込みしない，ということが強調された」[14]と。さらに報告書は，「委員会が望むたびに，商人が貸借対照表およびその帳簿からの特別な抜粋を提出しなければならないということは，法律を凌ぐだけではなく，まさに法律の明確な内容にも違反する，全く新しい前代未聞の要求である」[15]と述べている。商人の所得計算が信用できないので，所得申告にあたって，貸借対照表の他に損益勘定に関する部分の帳簿からの抜粋の提出も義務づけられた，このことに対する商人の嘆き[16]が記述されている[17]。

以上みてきたように，ブレーメンにせよ，ザクセンにせよ，商人たちは所得計算および納付をそれほど厳密に行っていたわけではなかったようである。ところが評価委員会の検査を受ける自己申告制度が導入されることにより，商人たちはこれまでと違って正確な計算を行い，厳密に納付しなければならなくなった。従来の商法上の会計に加えて，税法上の正確な所得計算・納付が義務づけられた。そこで商人の負担を軽減するために，商事貸借対照表に依存して所得を計算するという基準性原則が導入されたのである。

基準性原則の導入に対して，税務官庁の検査を受ける申告納税制度の採用が大きな意味を持っていることを見落としてはならない。

【注】
1) Gesetz, betreffend Einkommensteuer vom 26. März 1866, Gesetzsammlung der freien und Hansestadt Hamburg, Hamburg, 1866, S. 12-21.
2) 第7条は，ハンブルクで営業所得を得ることなく長期間当地に居住している外国人は所得の代わりに，当地での消費（Verbrauch）に応じて租税を支払う，と規定している。
3) Gesetz wegen der Einkommensteuer. Vom 19. Mai 1872, Gesetzblatt der freien Hansestadt Bremen 1872, Bremen, 1873, S. 37-43.
4) Obrigkeitliche Verordnung, die Erhebung eines Einkommenschosses betreffend. publicirt am 12. Mai 1862, Gesetzblatt der freien Hansestadt Bremen 1862, Bremen, 1863, S. 18-23.

5) Bekanntmachung, die Erhebung der Einkommensteuer im Jahre 1872 betreffend. Vom 24. Mai 1872, Gesetzblatt der freien Hansestadt Bremen 1872, Bremen, 1873, S. 44. さらにこの公示には，5月27日（月曜日）から6月8日（土曜日）まで（日曜日を除く）の，10時から1時までの間に支払いをしなければならない，と記されている。
6) 1862年の命令は，その第10条で，500ターラー未満の所得を有する者はその全額を隠しだてなく租税代表者会議に引き渡し，500ターラー以上の所得を有する者は500ターラーを隠しだてなく引き渡し，残額を覆い隠して租税箱に入れることを規定している（Obrigkeitliche Verordnung, die Erhebung eines Einkommenschosses betreffend. publicirt am 12. Mai 1862, Gesetzblatt der freien Hansestadt Bremen 1862, Bremen, 1863, S. 23）。このような徴収の仕方は，1848年の「所得税の導入に関する命令」から一貫してみられる（Verordnung über die Einführung eines Einkommenschosses, Sammlung der Verordnungen und Proclame des Senats der freien Hansestadt Bremen im Jahre 1848, Bremen, 1849, S. 8）。
7) Mittheilung des Senats an die Bürgerschaft vom 9. September 1874, Verhandlungen zwischen dem Senate und der Bürgerschaft vom Jahre 1874, Bremen, 1875, S. 467.
8) Vogt, Stefan, Die Maßgeblichkeit des Handelsbilanzrechts für die Steuerbilanz, Düsseldorf, 1991, S. 81.
9) Handels- und Gewerbekammer Dresden, Bericht der Handels- und Gewerbekammer zu Dresden 1872-1876, Dresden 1877, S. 76-79. そこには，営業上の個人的事情への税務官庁の過剰な介入がみられる，という記述がある。
10) Handelskammer Leipzig, Bericht des Ausschusses für Zoll- und Steuer-Fragen über den Entwurf einer Instruktion für die Vorsitzenden und Mitglieder der Einschätzungs-kommissionen zu Aufführung des Einkommensteuer=Gesetzes, Leipzig, 1875, S. 1-11.
11) Verordnung, die Ausführung des Einkommensteuergesetzes vom 22. December 1874 in den Jahren 1875 und 1876 betreffend; vom 8. März 1875, Gesetz- und Verordnungsblatt für das Königreich Sachsen, Dresden 1875, S. 33-42.
12) Instruction für die Vorsitzenden und Mitglieder der Commission zur Einschätzung des einkommensteuerpflichtigen Einkommens, Gesetz- und Verordnungsblatt für das Königreich Sachsen, Dresden 1875, S. 144-160.
13) Gensel, Julius, Die Steuerreform im Königreich Sachsen (Fortsetzung), Annalen des Deutschen Reichs, Jg. 1875, Leipzig, 1875, Sp. 1532; Handelskammer Leipzig, a.a.O., S.6f.
14) Handelskammer Leipzig, a.a.O., S. 8.
15) Ebenda.
16) Alsheimer, Herbert, Einhundert Jahre Prinzip der Maßgeblichkeit der Handelsbilanz für die Steuerbilanz, Zeitschrift für Betriebswirtschaft, 44. Jg., Wiesbaden, 1974, S. 843.
17) なお、本報告書の最後に関税・租税問題委員会の提案が掲げられている。その中の一つに、草案の第29条c第2段落を削除するという提案がみられる（Handelskammer Leipzig, a.a.O., S. 11.）。完成した「指示」をみてみると、この規定は削除されている。

あとがき

　本書では，ドイツにおける「税務貸借対照表に対する商事貸借対照表の基準性の原則」の生成と，その後140年に及ぶ展開を考察してきた。全体をまとめてみよう。

　ドイツにおいて，一方では1861年に制定された一般ドイツ商法典が各邦国で適用され，商人たちは商業帳簿を備え，貸借対照表を作成することを義務づけられた。他方では商工業が発達した邦国においては，土地税に代わって所得税が徐々に重要な地位を占めるようになってきた。そしてその徴収方法として，1866年のハンブルク所得税法を皮切りに，税務当局の検査を受ける自己申告制度が普及していった。当然，過少申告等に対する罰則も設けられた。

　したがって，商人たちは二種類の正確な利益計算を行わなければならなくなった。商法規定上は資産を時価評価したうえで，純資産増加が利益とされた。なお1884年第二次株式法改正法により，株式合資会社および株式会社は，原則として原価（以下）主義が採用された。この資産評価方法はGoBではなかったものの，実務では商人たちは原価で評価を行う傾向にあった。

　また，当時すでに所得税を導入していた邦国では，税法上，収支計算により利益（営業所得）を計算していた。法律はこのように，二つの異なった利益計算方法を商人たちに求めていた。しかし税実務上は税法ではなく，商法上の利益計算に基づいて納税を行う商人が少なくなかった。

　19世紀後半の，商法および所得税法を巡る状況はこのようであった。その後，主立った邦国では議会での熱を帯びた討論を通じて所得税法の中に基準性原則に関する規定が置かれた。その理由を次のように要約することができる。ブレーメン，ハンブルク，プロイセン等ではすでに19世紀中頃から所得税法が適用されていた。19世紀後半のその改正にあたり，特にブレーメン，ハンブルクではすでに商法上の帳簿決算に依存して所得税を納めていた商人たちの

実務を認めることによって，二種類の利益計算を行うという彼らの負担を軽減することが必要であるとして，基準性原則が導入された。また，初めて所得税法を制定したザクセンにあっては，商法を根拠とする以外の方法で所得を計算することは不可能である，という理由から基準制原則が採用された。当時はブレーメンの例からも分かるように，「貸借対照表上の利益＝所得税法上の利益」とみなされた。唯一の例外は，自家消費した資産の取り扱いであった。

しかし，1920年に帝国統一的な所得税法が施行されて以来，慎重に（保守的に）計算された商法上の利益は，税法が求める完全で適正な利益ではないとされ，評価に関する特別な税規定（評価留保）が設けられるようになった。特に1925年所得税法案の理由書において，「税務貸借対照表は商法上の在高貸借対照表ではなくて，成果貸借対照表である」と明言された。

1934年には今日の所得税法第5条の原型がつくられた。それによれば，

  商事貸借対照表上での財産（資産・負債）の計上
  ＝税務貸借対照表上での事業財産の計上

である。そして商法上は財産（純資産）の増加，税法上は事業財産の増加がそれぞれ利益とされたので，

  商事貸借対照表上の利益＝税務貸借対照表上の利益

という関係が成立する。これが本来の基準性原則である。

ところが，完全な利益を求める税法（1934年所得税法）は「経済財」という，商法上の資産より範囲の広い概念を用いた（その後1975年2月26日のBFH判決によって，税法上の経済財と商法上の資産は等しいとされた）。また「計上」についても，「理由による計上」（狭義の計上）の一致が求められているにすぎず，「大きさによる計上」（評価）は税法が独自に定めうると解釈され，税務貸借対照表の自立化に拍車がかかった。

第二次世界大戦後は—完全な利益（所得）の計算とは相反するのであるが—，租税政策的な視点から優遇措置が導入された（なお，その一部については逆基準性が要求された）。また，1969年にはBFHが，商事貸借対照表上の借方計上選択権は税務貸借対照表の借方計上義務であり，また前者の貸方計上選択権は後者の貸方計上禁止であるとの決定を下し，二つの貸借対照表は異なる

とした。

　このように，本来，基準性原則によれば「商事貸借対照表上の利益＝税務貸借対照表上の利益」であるが，さまざまな留保規定が税法に置かれたり，あるいは解釈により，1920年代から1960年代までは税務貸借対照表が自立化を進めた。

　しかしこのような税務貸借対照表の自立化について，1968年から始まった租税改革議論を経て事態が変わってきた。税制に関する抜本的な改革を行うために租税改革委員会が設置された。当委員会は，税務貸借対照表のあり方にも検討を加え，基準性原則廃止を提案する意見書を1974年にまとめた。だが政府は委員会の結論に反し，基準性原則を維持する所得税法案を議会に提出し，議会でもそれが承認された。これを契機に，税務貸借対照表と商事貸借対照表は再接近することとなった。

　ただ，その当時は所得税法第5条第1項の規定は，「理由による計上」に関して基準性を求めていると解釈されており，二つの貸借対照表の接近はそれについてであった。この時代には包括的な逆基準性に関する規定も設けられ，二つの貸借対照表の結合関係が強固にされた。

　1990年代になると，企業課税の面で国際化が進展した。これは「税率の軽減」と「課税標準の拡大」を内容とするものである。課税標準の拡大化の流れの中で，まず，未決取引から生じる恐れのある損失に対する引当金は税務上設定できなくなった。また，一時的な価値減少の場合には部分価値評価減が禁止された。これらは商法上の取扱いとは異なるものであり，ここに基準性原則が侵害されたが，これはその崩壊の始まりでもあった。

　1990年代後半からは会計基準の国際化も進んだ。当初は情報機能を重視する連結財務諸表が対象であり，基準性原則に関連する年度決算書（個別決算書）は関係なかった。ところが，中小会社も有利な資金調達を図るため詳細な会計情報を作成することが必要となった。そこで，国際財務報告基準（IFRS）と等価値であるが，簡便でコストのかからない年度決算書を作成するために，2009年に貸借対照表法現代化法（BilMoG）が制定された。

　これにより，個別的には，一方では商事貸借対照表と税務貸借対照表の接近

が図られたが，他方では二つの税務貸借対照表で会計処理が異なるケースが発生した。さらに重要なことは，BilMoG を通じて所得税法も改正され，逆基準性が廃止された点である。加えて，基準性原則を規定した文言の曖昧さから，もともと逆基準性が適用されていなかった会計処理についても，基準性を適用しなくとも良いと解釈できることになった。BilMoG 後は，所得税法は

　　　商事貸借対照表上の利益＝税務貸借対照表上の利益

を要求していない。

　これまで個別的なケースで，税務貸借対照表上の会計処理が商事貸借対照表上のそれと乖離する場合，「留保」といったり「基準性原則違反」といったりしてきた。あくまでも，基準性原則の例外と位置づけられた。だが，2009 年の BilMoG により所得税法の体系上，基準性原則が崩れたと考えることができる。

文献目録

(本書は 2012 年 8 月に脱稿したものであり，それまでに公表された文献が掲載されている。)
【欧文献】
Abs. 4 des Erlassen des Nordrhein-Westfalen-Finanzministers (Erlaß über betr. Preissteigerungsrücklage für 1954 bei Unternehmen der Holzindustrie, des holzverarbeitenden Handwerks und des Holzhandels), Bundessteuerblatt, Teil II, Bonn, 1956.

Aktenstück Nr. 5: Entwurf eines Einkommensteuergesetzes, Anlagen zu den Stenographischen Berichten über die Verhandlungen des Hauses der Abgeordneten während der 3. Session der 17. Regislatur-Periode. 1890/91, Erster Band, Berlin, 1891.

Aktenstück Nr.75: Bericht der X. Kommission über den Entwurf eines Einkommensteuergesetzes, Anlagen zu den Stenographischen Berichten über die Verhandlungen des Hauses der Abgeordneten während der 3. Session der 17. Regislatur-Periode. 1890/91, Zweiter Band, Berlin, 1891.

Aktiengesetz. Vom 6. September 1965, Bundesgesetzblatt, Teil I, Bonn, 1965.

Alsheimer, Herbert, Einhundert Jahre Prinzip der Maßgeblichkeit der Handelsbilanz für die Steuerbilanz, Zeitschrift für Betriebswirtschaft, 44. Jg., Wiesbaden, 1974.

Antrag zu der zweiten Berathung des Entwurfs eines Einkommensteuergesetzes: No. 114, Anlagen zu den Stenographischen Berichten über die Verhandlungen des Hauses der Abgeordneten während der 3. Session der 17. Regislatur-Periode. 1890/91, Zweiter Band, Berlin, 1891.

Antrag zu der zweiten Berathung des Entwurfs eines Einkommensteuergesetzes: No. 117, Anlagen zu den Stenographischen Berichten über die Verhandlungen des Hauses der Abgeordneten während der 3. Session der 17. Regislatur-Periode. 1890/91, Zweiter Band, Berlin, 1891.

Anweisung des Finanzministers vom 5. August 1891 zur Ausführung des Einkommensteuergesetzes vom 24. Juni 1891, in: Krause, Paul, Das preußische Einkommensteuergesetz vom 24. Juni 1891 nebst Ausführungsanweisung vom 5. August 1891, Berlin, 1892.

Anzinger, Heribert M./Schleiter, Isabelle, Die Ausübung steuerlicher Wahrrechte nach dem BilMoG— eine Rückbesinnung auf den Maßgeblichkeitsgrundsatz, Deutsches Steuerrecht, 48. Jg. Heft 8, München, 2010.

Badisches Einkommensteuergesetz in der Fassung vom 9. August 1900/28. September 1906, Finanz-Archiv, 24. Jg. 2. Bd., Stuttgart und Berlin, 1907.

Barth, Kuno, Die Entwicklung des deutschen Bilanzrechts, Bd. 2, Stuttgart, 1955.

Begründung zum Einkommensteuergesetz vom 16. Oktober 1934, Reichssteuerblatt, 25. Jg., Berlin, 1935.

Begründung zum Einkommensteuergesetz vom 1. Februar 1938, Reichssteuerblatt, 28. Jg., Berlin, 1938.

Begründung zum Entwurf eines Einkommensteuergesetzes, Verhandlungen des Reichstags,

III. Wahrperiode 1924, Bd. 400, Berlin, 1925.

Begründung zum Entwurf eines Reichseinkommensteuergesetzes, Verhandlungen der verfassunggebenden Deutschen Nationalversammlung, Band 340, Berlin, 1920.

Begründung, zum Entwurf eines Dritten Steuerreformgesetzes, BT-Drucksache, 7/1470, Bonn, 1974.

Begründung, zum Entwurf eines Gesetzes zur Änderung des Einkommensteuergesetzes, BT-Drucksache, 5/3187, Bonn, 1968.

Beilage G, Landtags-Acten von den Jahren 1871/73, Beilagen zur 2. Abteilung, 3. Band, Dresden, 1873.

Bekanntmachung vom 28. Mai 1911 zum Vollzuge des Einkommensteuergesetzes, Gesetz- und Verordnungs-Blatt für das Königreich Bayern, Nr. 33, München, 1911.

Bekanntmachung, die Erhebung der Einkommensteuer im Jahre 1872 betreffend. Vom 24. Mai 1872, Gesetzblatt der freien Hansestadt Bremen 1872, Bremen, 1873.

Bericht der außerordentlichen Deputation der zweiten Kammer für die Steuerreformfrage über das Königliche Decret vom 15. December 1871, Landtags-Acten von den Jahren 1871/72, Beilage zur dritten Abtheilung, 3. Band, Dresden, 1872.

Bericht der außerordentlichen Deputation der zweiten Kammer für die Steuerreformfrage über das Königliche Decret Nr. 49 vom 8. Februar 1874, Landtags-Acten von den Jahren 1873/74, Bericht der zweiten Kammer, 1. Band, Dresden, 1874.

Bericht des 10. Ausschusses über den Entwurf eines Reichseinkommensteuergesetzes, Verhandlungen der verfassunggebenden Deutschen Nationalversammlung, Band 341, Berlin, 1920.

Bericht des Finanzausschusses zu dem von der Bundesregierung eingebrachten Entwurf eines Einführungsgesetzes zur Abgabenordnung, BT-Drucksache, 7/5458, Bonn, 1976.

Bericht des Finanzausschusses zu dem von der Bundesregierung eingebrachten Entwurf eines Gesetzes zur Änderung des Einkommensteuergesetzes, des Körperschaftsteuergesetzes und anderer Gesetze, BT-Drucksache, 8/4157, Bonn, 1980.

Beschluß der Bürgerschaft vom 21. und 28. October und 11. und 18. November 1874, Verhandlungen zwischen dem Senate und der Bürgerschaft vom Jahre 1874, Bremen, 1875.

Beschlußempfehlung des Ausschusses nach Artikel 77 des Grundgesetzes (Vermittlungsausschuß): zu dem Gesetz zur Fortsetzung der Unternehmenssteuerreform—Drucksache 13/901, 13/7000, 13/7570, 13/7579—, BT-Drucksache, 13/8325, Bonn, 1997.

Beschlußempfehlung und Bericht des Rechtsausschusses (6. Ausschuß) : zu dem Gesetzentwurf der Bundesregierung—Drucksache 13/7141—, BT-Drucksache, 13/9909, Bonn, 1998.

Beschlußempfehlung und Bericht des Rechtsausschusses (6. Ausschuß) : a) zu dem Gesetzentwurf der Bundesregierung—Drucksache 13/9712— u.a., BT-Drucksache, 13/10038, Bonn, 1998.

Beschlussempfehlung und Bericht des Rechtsausschusses, BT-Drucksache 16/12407, Berlin, 2009.

BFH-Beschluß vom 3. 2. 1969, Grs 2/68, Bundessteuerblatt, Teil II, Bonn, 1969.

BFH-Beschluß vom 12. 6. 1978, GrS 1/77, Bundessteuerblatt, Teil II, Bonn, 1978.

BFH-Urteil vom 1. 3. 1955, I 140/52 U, Bndessteuerblatt, Teil III, Bonn, 1955.

BFH-Urteil vom 3. 3. 1955, IV 203/53 U, Bundessteuerblatt, Teil III, Bonn, 1955.
BFH-Urteil vom 28. 10. 1958, I 116/57 U, Bundessteuerblatt, Teil III, Bonn, 1959.
BFH-Urteil vom 26. 2. 1975, I R 72/73, Sammlung der Entscheidungen des Bundesfinanzhofs, Bonn, 1975.
BFH-Urteil vom 26. 6. 1979, VIII R 145/78, Sammlung der Entscheidungen des Bundesfinanzhofs, Bonn, 1979.
BFH-Urteil vom 11. 11. 1981, I R 157/79, Sammlung der Entscheidungen des Bundesfinanzhofs, Bonn, 1982.
BFH-Urteil vom 7. 10. 1982, IV R 39/80, Bundessteuerbaltt, Teil II, Bonn, 1983.
BFH-Urteil vom 24. 4. 1985, I R 65/80, Sammlung der Entscheidungen des Bundesfinanzhofs, Bonn, 1986.
BFH-Urteil vom 25. 4. 1985, IV R 83/83, Sammlung der Entscheidungen des Bundesfinanzhofs, Bonn, 1986.
BFH-Urteil vom 5. 2. 1987, IV R 81/84, Sammlung der Entscheidungen des Bundesfinanzhofs, Bonn, 1987.
Bleich, Eduard, Der Erste Vereinigte Landtag in Berlin 1847, Bd.I, Berlin, 1847.
BMF-Schreiben, IV C6-S2137/07/10002 vom 8. 12. 2008, Bundessteuerblatt, Teil I, Bonn, 2008.
BMF-Schreiben, IV C6-S2133/09/10001 vom 12. 3. 2010, Bundessteuerblatt, Teil I, Bonn, 2010.
Bühler, Ottmar/Scherpf, Peter, Bilanz und Steuer, 6. Aufl., Berlin, 1957.
Bundesministerium des Justiz,Wesentliche Änderungen des Bilanzrechtsmodernisierungsgesetzes im Überblick, 2009, in: http://www.bmj. de/SharedDocs/Downloads/DE/pdfs/Aenderungen_Bilmog. pdf?__blob=publicationFile.（2012年8月1日現在）
Bundesministerium für Wirtschaft und Finanzen (Hrsg.), Gutachten der Steuerreformkommission 1971, Schriftenreihe des Bundesministeriums der Finanzen, Heft 17, Bonn, 1971.
Cattelaens, Heiner, Gesetz zur Fortsetzung der Unternehmenssteuerreform: Änderungen des EStG, Der Betrieb, 50. Jg. Heft 46, Düsseldorf, 1997.
Das allgemeine deutsche Handels-Gesetzbuch nebst dem Einführungsgesetz und der Verordnungen über Führung der Handelsregister für das Großherzogthum Baden, in: Neudrucke Privatrechtlicher Koedifikationen und Entwürfe des 19. Jahrhnderts, Band 1, Darmstadt, 1973.
Deutsches Rechnungslegungs Standards Committee, Ergebnisse einer Befragung deutscher mittelständischer Unternehmen zum Entwurf eines internationalen Standards zur Bilanzierung von Small and Medium-sized Entities (ED-IFRS for SMEs), in: http://www.standardsetter.de/drsc/docs/sme_befragung_final_280907. pdf, 2007.（2012年8月26日現在）
Dörfer, Oliver/Adrian, Gerrit, Zur Umsetzung der HGB-Modernisierung durch das BilMoG: Steuerbilanzrechtliche Auswirkungen, Der Betrieb, Beilage 5 zu Heft 23 vom 5. 6. 2009, Düsseldorf, 2009.
Dritte Beschlußempfehlung des Finanzausschusses (7. Ausschuß): zu dem Gesetzentwurf der Fraktionen SPD und BÜNDNIS 90/DIE GRÜNEN—Drucksache 14/23—, BT-Drucksache, 14/442, Bonn, 1999.
Dritter Bericht des Finanzausschusses (7. Ausschuß): zu dem Gesetzentwurf der Fraktionen

SPD und BÜNDNIS 90/DIE GRÜNEN—Drucksache 14/23—, BT-Drucksache, 14/443, Bonn, 1999.

Droste, Zur Auslegung des § 14 des Einkommensteuergesetzes vom 24. Juni 1891, Verwaltungarchiv, Bd. 5, Berlin, 1891.

Drüen, Klaus-Dieter, Der Maßgeblichkeitsgrundsatz im Wechselspiel zwischen Gesetzgeber und Rechtsprechung, Finanz-Rundschau, 83. Jg. Nr. 19, Köln, 2001.

Edikt wegen Erhebung einer Vermögens- und Einkommenssteuer. Vom 24sten Mai 1812, Gsetz-Sammlung für die Königlichen Preußischen Staaten, Berlin, 1812.

Einführungsgesetz zur Abgabenordnung (EGAO 1977). Vom 14. Dezember 1976, Bundesgesetzblatt, Teil I, Bonn, 1976.

Einkommensteuer vom 22. December 1874, Gesetz- und Verordnungsblatt für das Königreich Sachsen vom Jahre 1874, Dresden, 1875.

Einkommensteuer-Durchführungsverordnung (EStDV 1955). Vom 21. Dezember 1955, Bundessteuerblatt, Teil I, Bonn, 1955.

Einkommensteuergesetz. den 9. Januar 1914, Gesetzsammlung der freien Hansestadt Hamburg 1914, I. Abteilung, Hamburg, 1914.

Einkommensteuergesetz für das Herzogtum Braunnschweig. Vom 16. April 1896. Mit Novelle vom 11. März 1899, Finanz-Archiv, 16. Jg. 2. Bd., Stuttgart,1899.

Einkommensteuergesetz in der Fassung vom 21. Dezember 1954 (EStG 1955), Bundesgesetzblatt, Teil I, Bonn, 1954.

Einkommensteuergesetz, vom 22. December 1874, Gesetz- und Verordnungsblatt für das Königreich Sachsen vom Jahre 1874, Dresden, 1874.

Einkommensteuergesetz vom 2. Juli 1878, Gesetz- und Verordnungsblatt für das Königreich Sachsen vom Jahre 1878, Dresden, 1878.

Einkommensteuergesetz. Vom 24. Juni 1891, Gesetz-Sammlung für die Königlichen Preußischen Staaten, Berlin, 1891.

Einkommensteuergesetz vom 19. Juni 1906, Gesetz-Sammlung für die Königlichen Preußischen Staaten, Berlin, 1906.

Einkommensteuergesetz vom 14. August 1910, Gesetz- und Verordnungs-Blatt für das Königreich Bayern, Nr. 42, München, 1910.

Einkommensteuergesetz. Vom 29. März 1920, Reichsgesetzblatt, Berlin, 1920.

Einkommernsteuergesetz. Vom 10. August 1925, Reichsgesetzblatt, Teil I, Berlin, 1925.

Einkommensteuergesetz. Vom 16. 10. 1934, Reichssteuerblatt, 24. Jg., Berlin, 1934.

Einkommensteuregesetz. Vom 27. Februar 1939, Reichsgesetzblatt, Teil I, Berlin, 1939.

Endurteil des II. Senats vom 1. Mai 1888 Rep. II. C. 15/88, Entscheidungen des königlichen Oberverwaltungsgerichts, sechzehnter Band, Berlin, 1888.

Enno, Becker, Grundfragen aus den neuen Steuergesetzen, Steuer und Wirtschaft, 4. Jg., Stuttgart, 1925.

Entscheidung des V. Senats vom 13. 12. 1895, Entscheidungen des Königlich Preußischen Oberverwaltungsgerichts in Staatssteuersachen, 4. Band, Berlin, 1896.

Entscheidung des V. Senats vom 2. 7. 1902, Entscheidungen des Königlich Preußischen Oberverwaltungsgerichts in Staatsteuersachen, 10. Bd., Berlin, 1903.

Entwurf eines Allgemeinen Deutschen Handelsgesetzbuchs, Gesetz=Sammlung für die

Königlichen Preußischen Staaten, Nr. 27, Berlin, 1861.
Entwurf eines Gesetzes, betreffend die Abänderung des Einkommensteuergesetzes und des Ergänzungsgesetzes, Drucksachen des Preußischen Hauses der Abgeordneten, 20. Legislaturperiode, II. Session 1905/06, I. Band, Drucksache Nr. 9, Berlin, 1906.
Entwurf eines Gesetzes, betreffend die Kommanditgesellschaften auf Aktien und Aktiengesellschaften, Stenographische Berichte über die Verhandlungen des Reichstags, Berlin, 1884.
Entwurf eines Gesetzes, die Einführung einer Klassen- und klassifizirten Einkommensteuer betreffend, Stenographische Berichte über die Verhandlungen der 2. Kammer, 1850-1851, Bd. 3, Berlin, 1851.
Entwurf eines Gesetzes, die weitere Abänderung und Ergänzung der Gewerbe- und Personalsteuer betreffend, Landtags-Acten von den Jahren 1867/68, 1. Abteilung, 2. Band, Dresden, 1868.
Ergänzungssteuergesetz vom 14. Juli 1893, Gesetzsammlung für die Königlichen Preußischen Staaten, Berlin, 1893.
Erneuerte Verordnung, die Erhebung eines Einkommenschosses betreffend. publicirt am 7. Mai 1849, Gesetzblatt der freien Hansestadt Bremen 1849, Bremen, 1850.
Erneuerte Verordnung, die Erhebung eines Einkommenschosses betreffend. publicirt am 24. Juni 1850, Gesetzblatt der freien Hansestadt Bremen 1850, Bremen, 1851.
Fernerweites Edikt über die Finanzen des Staats und das Abgaben-System. Vom 7ten September 1811, Gesetz-Sammlung für die Königlichen Preußischen Staaten, Berlin, 1811.
Ficher, Bettina, Auswirkungen eines eigenständigen steuerlichen Gewinnermittlungsrechts, Hamburg, 2009.
Freidank, Carl-Christian/Velte, Patrick, Quo vadis Maßgeblichkeit?, Steuer und Wirtschaft, 87.(40.) Jg. Nr. 2, Köln, 2010.
Gensel, Julius, Die Steuerreform im Königreich Sachsen, Annalen des Deutschen Reichs, Jg. 1874, Leipzig, 1874.
Gensel, Julius, Die Steuerreform im Königreich Sachsen (Fortsetzung), Annalen des Deutschen Reichs, Jg. 1875, Leipzig, 1875.
Gesetz Nr.64 zur vorläufigen Neuordnung von Steuern, Steuer- und Zollblatt, Jg. 3, Hamburg, 1948.
Gesetz über Aktiengesellschaften und Kommanditgesellschaften auf Aktien (Aktiengesetz). Vom 30. Januar 1937, Reichsgesetzblatt, Teil I, Berlin, 1937.
Gesetz über die Einrichtung des Abgabenwesens. Vom 30sten Mai 1820, Gesetz-Sammlung für die Königlichen Preußischen Staaten, Berlin, 1820.
Gesetz über die Eröffnungsbilanz in Deutscher Mark und die Kapitalneufestsetzung (D-Markbilanzgesetz). Vom 21. August 1949, Verordnungsblatt für die Britische Zone, Hamburg, 1949.
Gesetz über die Eröffnungsbilanz in Deutscher Mark und die Kapitalneufestsetzung (D-Markbilanzgesetz―DMBilG). Vom 23. September 1990, Bundesgesetzblatt, Teil II, Bonn, 1990.
Gesetz über die Errichtung eines Reichsfinanzhofs und über die Reichsaufsicht für Zölle und Steuern. Vom 26. Juni 1918, Reichs-Gesetzblatt, Berlin, 1918.

Gesetz über eine außerordentliche Kriegsabgabe für das Rechnungsjahr 1918. Vom 26. Juli 1918, Reichs-Gesetzblatt, Berlin, 1918.

Gesetz über eine außerordentliche Kriegsabgabe für das Rechnungsjahr 1919. Vom 10. September 1919, Reichs-Gesetzblatt, Berlin, 1919.

Gesetz über steuerliche Maßnahmen zur Förderung der Ausfuhr vom 28. Juni 1951, Bundessteuerblatt, Teil I, Wiesbaden, 1951.

Gesetz vom 20. Juni 1884, die Einführung einer allgemeinen Einkommensteuer betreffend. Friedrich, von Gottes Gnaden Grossherzog von Baden, Herzog von Zähringen, Finanz-Archiv, 3. Jg., 2.Bd., Osnabrük, 1968 (Neudruck der Ausgabe 1886).

Gesetz wegen Abänderung des Gesetzes vom 1. Mai 1851, betreffend die Einführung einer Klassen- und klassifizirten Einkommensteuer. Vom 25. Mai 1873, Gesetz-Sammlung für die Koniglichen Preußischen Staaten, Berlin, 1873.

Gesetz wegen der Einkommensteuer. Vom 19. Mai 1872, Gesetzblatt der freien Hansestadt Bremen 1872, Bremen, 1873.

Gesetz wegen Einführung einer Klassensteuer. Vom 30sten Mai 1820, Gesetz-Sammlung für die Königlichen Preußischen Staaten, Berlin, 1820.

Gesetz zur Änderung des Einkommensteuergesetzes vom 29. März 1920. Vom 24. März 1921, Reichsgesetzblatt, Berlin, 1921.

Gesetz zur Änderung des Einkommensteuergesetzes, des Körperschaftsteuergesetzes und anderer Gesetze, Vom 20. August 1980, Bundesgesetzblatt, Teil I, Bonn, 1980.

Gesetz zur Änderung des Einkommensteuergesetzes. Vom 1. Februar 1938, Reichsgesetzblatt, Teil I, Berlin, 1938.

Gesetz zur Änderung des Einkommensteuergesetzes. Vom 16. Mai 1969, Bundesgesetzblatt, Teil I, Bonn, 1969.

Gesetz zur Bereinigung von steuerlichen Vorschriften (Steuerbereinigungsgesetz 1999—StBereinG 1999). Vom 22. Dezember 1999, Bundesgesetzblatt, Teil I, Köln, 1999.

Gesetz zur Durchführung der Richtlinie des Rates der Europäischen Union zur Änderung der Bilanz- und Konzernbilanzrichtlinie hinsichtlich ihres Anwendungsbereichs (90/605/EWG), zur Verbesserung der Offenlegung von Jahresabschlüssen und zur Änderung anderer handelsrechtlicher Bestimmungen (Kapitalgesellschaften- und Co-Richtlinie-Gesetz—KapCoRiLiG), Bundesgesetzblatt, Teil I, Köln, 2000.

Gesetz zur Durchführung der Vierten, Siebenten und Achten Richtlinie des Rates der Europäischen Gemeinschaften zur Koordinierung des Gesellschaftsrechts (Bilanzrichtlinien-Gesetz—BiRiLiG), Vom 19. Dezember 1985, Bundesgesetzblatt, Teil I, Bonn, 1985.

Gesetz zur Eindämmung missbräuchlicher Steuergestaltungen. Vom 28. April 2006, Bundesgesetzblatt Teil I, Köln, 2006.

Gesetz zur Einführung internationaler Rechnungslegungsstandards und zur Sicherung der Qualität der Abschlussprüfung (Bilanzrechtsreformgesetz—BilReG). Vom 4. Dezember 2004, Bundesgesetzblatt, Teil I, Köln, 2004.

Gesetz zur Fortsetzung der Unternehmenssteuerreform, Bundesgesetzblatt, Teil I, Köln, 1997.

Gesetz zur Kontrolle und Transparenz im Unternehmensbereich (KonTraG), Bundesgesetzblatt, Teil I, Köln, 1998.

Gesetz zur Modernisierung des Bilanzrechts (Bilanzrechtsmodernisierungsgesetz—BilMoG).

Vom 25. Mai 2009, Bundesgesetzblatt Teil I, Köln, 2009.

Gesetz zur Reform der Einkommensteuer, des Familienlastenausgleichs und der Sparförderung (Einkommensteuerreformgesetz—EStRG). Vom 5. August 1974. Bundessteuerblatt, Teil I, Bonn, 1974.

Gesetz zur steuerlichen Förderung des Wohnungsbaus und zur Ergänzung des Steuerreformgesetzes 1990 (Wohnungsbauförderungsgesetz—WoBauFG). Vom 22. Dezember 1989, Bundesgesetzblatt, Teil I, Bonn, 1989.

Gesetz zur Verbesserung der Wettbewerbsfähigkeit deutscher Konzerne an Kapitalmärkten und zur Erleichterung der Aufnahme von Gesellschafterdarlehen (Kapitalaufnahmeerleichterungsgesetz—KapAEG), Bundesgesetzblatt, Teil I, Köln, 1998.

Gesetz zur weiteren Reform des Aktien- und Bilanzrechts, zu Transparenz und Publizität (Transparenz- und Publizitätsgesetz), Bundesgesetzblatt, Teil I, Köln, 2002.

Gesetz zur Wiederbelebung der Wirtschaft und Beschäftigung und zur Entlastung des Bundeshaushalts (Haushaltsbegleitgesetz 1983). Vom 20. Dezember 1982, Bundesgesetzblatt, Teil I, Bonn, 1982.

Gesetz, betreffend die Aufhebung der Mahl- und Schlachtsteuer. Vom 25. Mai 1873, Gesetz-Sammlung für die Königlichen Preußischen Staaten, Berlin, 1873.

Gesetz, betreffend die Einführung einer Klassen- und klassifizirten Einkommensteuer. Vom 1. Mai 1851, Gesetz-Sammlung für die Königlichen Preußischen Staaten, Berlin, 1851.

Gesetz, betreffend die Einkommensteuer. Vom 29. April 1873, Gesetzblatt der freien Hansestadt Bremen 1873, Bremen, 1874.

Gesetz, betreffend die Einkommensteuer. Vom 27. Mai 1889 (veröffentlicht am 14. Juni 1889), Sammlung der Lübeckischen Verordnungen und Bekanntmachungen, Jg. 56, Lübeck, 1890.

Gesetz, betreffend die Kommanditgesellschaften auf Aktien und die Aktiengesellschaften. Vom 11. 6. 1870, Bundes=Gesetzblatt des Norddeutschen Bundes, Berlin, 1870.

Gesetz, betreffend die Kommanditgesellschaften auf Aktien und die Aktiengesellschaften. Vom 18. 7. 1884, Reichs=Gesetzblatt, Berlin, 1884.

Gesetz, betreffend Einkommensteuer vom 26. März 1866, Gesetzsammlung der freien und Hansestadt Hamburg, Hamburg, 1866.

Gesetz, die allgemeine Einkommensteuer betreffend. Vom 25. Juni 1895, Großherzoglich Hessisches Regierungsblatt, No. 20, Darmstadt, 1895.

Gesetz, die Einführung des neuen Grundsteuersystems betreffend; vom 9sten September 1843, Gesetz- und Verordnungsblatt für das Königreich Sachsen, Dresden, 1843.

Gesetz, die Einkommensteuer betreffend. Vom 17. December 1874, Gesetzblatt der freien Hansestadt Bremen 1874, Bremen, 1875.

Gesetze über die Klassen-Steuer und klassifizirte Einkommensteuer nebst der Veranlagungs-Instruktion des Finanzministers vom 3. Februar 1877, Berlin, 1885.

Gesetzentwurf der Bundesregierung: Entwurf eines Gesetzes zur Durchführung der Richtlinie des Rates der Europäischen Union zur Änderung der Bilanz- und Konzernbilanzrichtlinie hinsichtlich ihres Anwendungsbereichs (90/605/EWG), zur Verbesserung der Offenlegung von Jahresabschlüssen und zur Änderung anderer handelsrechtlicher Bestimmungen (Kapitalgesellschaften- und Co-Richtlinie-Gesetz—KapCoRiLiG), BT-Drucksache, 14/1806, Bonn, 1999.

Gesetzentwurf der Bundesregierung: Entwurf eines Gesetzes zur Einführung internationaler Rechnungslegungsstandards und zur Sicherung der Qualität der Abschlussprüfung (Bilanzrechtsreformgesetz—BilReG), BT-Drucksache, 15/3419, Berlin, 2004.

Gesetzentwurf der Bundesregierung: Entwurf eines Gesetzes zur Kontrolle und Transparenz im Unternehmensbereich (KonTraG), BT-Drucksache, 13/9712, Bonn, 1998.

Gesetzentwurf der Bundesregierung: Entwurf eines Gesetzes zur Verbesserung der Wettbewerbsfähigkeit deutscher Konzerne an internationalen Kapitalmärkten und zur Erleichterung der Aufnahme von Gesellschafterdarlehen (Kapitalaufnahmeerleichterungsgesetz—KapAEG), BT-Drucksache, 13/7141, Bonn, 1997.

Gesetzentwurf der Bundesregierung: Entwurf eines Steuerreformgesetzes 1990, BR-Drucksache, 100/88, Berlin, 1988.

Gesetzentwurf der Fraktionen der CDU/CSU und FDP: Entwurf eines Gesetzes zur Wiederbelebung der Wirtschaft und Beschäftigung und zur Entlastung des Bundeshaushalts (Haushaltsbegleitgesetz 1983), BT-Drucksache, 9/2074, Bonn, 1982.

Gesetzentwurf der Fraktionen der CDU/CSU und FDP: Entwurf eines Steuerreformgesetzes 1990, BT-Drucksache, 11/2157, Bonn, 1988.

Gesetzentwurf der Fraktionen der CDU/CSU und F.D.P.: Entwurf eines Jahressteuergesetzes (JStG) 1996, BT-Drucksache, 13/901, Bonn, 1995.

Gesetzentwurf der Fraktionen der CDU/CSU und F.D.P.: Entwurf eines Steuerreformgesetzes (SrRG) 1998, BT-Drucksache, 13/7242, Bonn, 1997.

Gesetzentwurf der Fraktionen SPD und BÜNDNIS 90/DIE GRÜNEN: Entwurf eines Steuerentlasutungsgesetzes 1999/2000/2002, BT-Drucksache, 14/23, Bonn, 1998.

Gesetz-Entwurf, die Einführung einer Einkommen- und Klassen-Steuer betreffend, Stenographische Berichte über die Verhandlungen der 2. Kammer, 1849-1850, Bd. 1, Berlin, 1850.

Gewerbe- und Personalsteuer-Gesetz vom 22sten November 1834, Sammlung der Gesetze und Verordnungen für das Königreich Sachsen, Dresden, 1834.

Gewerbesteuergesetz. Vom 24. Juni 1891, Gesetz-Sammlung für die Königlichen Preußischen Staaten, Berlin, 1891.

Glässing, C., Die neueste Stand der Reform der direkten Steuern im Grossherzogtum Hessen und die Gesetze über Einkommen- und Kapitalrentensteuer vom 25. Juni bezw. 10. Juli 1895, Finanz-Archiv, 13. Jg. 1. Bd., Stuttgart, 1895.

Grabower, Rolf, Preußens Steuern vor und nach den Befreiungskriegen, Berlin, 1932.

Gutachten der von dem Königl. Sächsischen Finanz-Ministerium einberufenen Commission zur Revision der Gesetzgebung über die directen Steuern, Sächsisches Hauptstaatsarchiv, Rep. XL., Dresden, 1869.

Gutachtliche Erklärung der Steuerbehörde zum Auftrage vom 17. Februar 1886, betreffend Revision des Einkommensteuergesetzes. Nebst Entwurf eines Einkommensteuergesetzes, Verhandlungen des Senats mit dem Bürgerausschusse und der Bürgerschaft, Jg. 1887, Lübeck, 1888.

Handels- und Gewerbekammer Dresden, Bericht der Handels- und Gewerbekammer zu Dresden 1872-1876, Dresden, 1877.

Handelsgesetzbuch. Vom 10. Mai 1897, Reichs=Gesetzblatt, Berlin, 1897.

Handelskammer Leipzig, Bericht des Ausschusses für Zoll- und Steuer-Fragen über den Entwurf einer Instruktion für die Vorsitzenden und Mitglieder der Einschätzungskommissionen zu Ausführung des Einkommensteuer=Gesetzes, Leipzig, 1875.

Hennrichs, Joachim, Der steuerrechtliche sog. Maßgeblichkeitsgrundsatz gem. § 5 EStG—Stand und Perspektiven—, Steuer und Wirtschaft, 76.(29.) Jg. Nr. 2, Köln, 1999.

Hennrichs, Joachim, Neufassung der Maßgeblichkeit gemäß § 5 Abs. 1 EStG nach dem BilMoG, Die Unternehmensbesteuerung, Düsseldorf, 2009.

Heno, Rudolf, Jahresabschluss nach Handelsrecht, Steuerrecht und internationalen Standards (IAS/IFRS), 3. Aufl., Heidelberg, 2003.

Hoffmann, Alexander, Die direkten Staatssteuern im Königreich Sachsen, Leipzig, 1906.

Instruction für die Vorsitzenden und Mitglieder der Commission zur Einschätzung des einkommensteuerpflichtigen Einkommens, Gesetz- und Verordnungsblatt für das Königreich Sachsen, Dresden, 1875.

Instruktion vom 3. Januar 1877, betreffend die Feststellung des der Klassen- bezw. klassifizirten Einkommensteuer unterliegenden Einkommens, Ministerial-Blatt für die gesammte innere Verwaltung in den Königlichen Preußischen Staaten, 38ster Jahrgang, Berlin, 1878.

Jahreseinkommensteuertabelle für 1946 (Nach dem Gesetz Nr. 12 des Alliierten Kontrollrats vom 11. Februar 1946), Steuer- und Zollblatt, Jg. 2, Hamburg, 1947.

Kirsch, Hans-Jürgen/Scheele, Alexander, Die Auswirkungen der Modernisierungsrichtlinie auf die (Konzern-)Lageberichterstattung—unter Berücksichtigung von E-DRS 20 des Entwurfs eines Bilanzrechtsreformgesetzes vom 15. 12. 2003—, Die Wirtschaftsprüfung, Jg. 57 Nr. 1-2, Düsseldorf, 2004.

Krause, Paul, Das preußische Einkommensteuergesetz vom 24. Juni 1891 nebst Ausführungsanweisung vom 5. August 1891, Berlin, 1892.

Kriegssteuergesetz. Vom 21. Juni 1916, Reichs-Gesetzblatt, Berlin, 1916.

Kußmaul, Heinz, Betriebswirtschaftliche Steuerlehre, 6. Aufl., München, 2010.

Kußmaul, Heinz/Gräbe, Sebastian, Der Maßgeblichkeitsgrundsatz vor dem Hintergrund des BilMoG, Der Steuerberater, 61. Jg. Heft 4, Heidelberg, 2010.

Mathiak, Walter, Das sächisische Einkommensteuergesetz von 1874/78, Dresden, 2005.

Mathiak, Walter, Was von einem großen Plan blieb: Die preußische klassifizirte Einkommensteuer von 1851, Steuer und Wirtschaft, 78.(38.) Jg. Nr. 4, Köln, 2001.

Mecklenburgisches Einkommensteuergesetz. Vom 6 Mai 1913, Finanz-Archiv, 31. Jg. 2. Bd., Osnabrück, 1969 (Neudruck der Ausgabe 1914).

Mittheilung des Senats an die Bürgerschaft vom 2. December 1874, Verhandlungen zwischen dem Senate und der Bürgerschaft vom Jahre 1874, Bremen, 1875.

Mittheilung des Senats an die Bürgerschaft vom 7. Januar 1874, Verhandlungen zwischen dem Senate und der Bürgerschaft vom Jahre 1874, Bremen, 1875.

Mittheilung des Senats an die Bürgerschaft vom 9. September 1874, Verhandlungen zwischen dem Senate und der Bürgerschaft vom Jahre 1874, Bremen, 1875.

Mittheilung des Senats an die Bürgerschaft, Nr. 6 vom 31. 1. 1881, Antrag, betreffend die Revision des Einkommensteuer=Gesetzes, Verhandlungen zwischen Senat und Bürgerschaft im Jahre 1881, Hamburg, 1882.

Mittheilungen über die Verhandlungen des Landtags, 2. Kammer, Nr. 137, 1871/1873, Dresden, 1873.

Mittheilungen über die Verhandlungen des Landtags, 2. Kammer, Nr. 81, 1873/74, Dresden, 1874.

Mittheilungen über die Verhandlungen des Landtags im Königreiche Sachsen, 2. Kammer, Nr. 79, 1866/68, Dresden, 1868.

No. 18. Decret an die Stände, den Gesetzentwurf über die directe Besteuerung des Ertrags der Arbeit und des nutzbringend angelegten Vermögens betreffend, Landtags-Acten von den Jahren 1871/73, 1. Abteilung, 2. Band, Dresden, 1873.

No. 21. Decret an die Stände, die beantragte Reform des directen Steuerwesens betreffend, Landtags-Acten von den Jahren 1869/70, 1. Abteilung, 2. Band, Dresden, 1870.

No. 24. Decret an die Stände, die die Umgestaltung der directen Steuern betreffenden Gesetzentwürfe betreffend, Landtags-Acten von den Jahren 1873/74, Königliche Decrete nebst Anfungen, 2. Band, Dresden, 1874.

No. 38. Decret an die Stände, die Reform der directen Steuern betreffend, Landtags-Acten von den Jahren 1877/78, 1. Abteilng, 2. Band, Dresden, 1878.

No. 49. Decret an die Stände, die Zurückziehung der mit Allerhöchsten Decrete vom 1. November 1873 vorgelegten Gesetzentwürfe über die Umgestaltung der directen Steuern, sowie die Vorlegung der Entwürfe eines Einkommensteuergesetzes und eines Gesetzes über einige auf die Gewerbe= und Personalsteuer bezügliche Bestimmungen betreffend, Landtags-Acten von den Jahren 1873/74, Königliche Decrete nebst Anfungen, 3. Band, Dresden, 1874.

Obrigkeitliche Verordnung, die Erhebung eines Einkommenschosses betreffend. publicirt am 30. Mai 1853, Gesetzblatt der freien Hansestadt Bremen 1853, Bremen, 1854.

Obrigkeitliche Verordnung, die Erhebung eines Einkommenschosses betreffend. publicirt am 12. Mai 1862, Gesetzblatt der freien Hansestadt Bremen 1862, Bremen, 1863.

OFH-Gutachten vom 3. 6. 1949, Ministerialblatt des Bundesministeriums der Finanzen, 1949.

ohne Verfasser, Gutachten der Steuerreformkommission 1971—Kurzfassung—, Der Betrieb, Beilage Nr. 5/71, Düsseldorf, 1971.

Peters, John, Hamburgisches Einkommensteuergesetz vom 9. Januar 1914, Finanz-Archiv, 32. Jg., 1. Bd., Osnabrük, 1969 (Neudruck der Ausgabe 1915).

Pfahl, Franc, Die Maßgeblichkeit der Handelsbilanz, ein dem Steuerbilanzrecht vorgegebenes Grundprinzip?, Frankfurt am Main, 1999.

Pohl, Klaus F., Die Entwicklung des ertragssteuerlichen Maßgeblichkeitsprinzips, Oberhausen, 1983.

Popita, Johannes, Einkommen, in: Elster, Ludwig u. a. (hrsg.), Handwörterbuch der Staatswissenschaften, 4. Aufl., 3. Bd., Jena, 1926.

Provisorisches Bureau für Allgemeine Statistik, Zur Statistik des Bremischen Staats, Bremen, 1865.

Rau, Hans-Gerd, Der Referentenentwurf des Einkommensteuergesetzes 1974, Der Betrieb, 25. Jg. Heft 4, Düsseldorf, 1972.

Regierungsentwurf eines Gesetzes zur Modernisierung des Bilanzrechts (Bilanzrechtsmodernisierungsgesetz—BilMoG) vom 21. 5. 2008, BT-Drucksache, 16/10067, Berlin, 2008.

Reglement, das Kriegs-Schulden-Wesen der Provinz Ostpreußen und Litthauen und der Stadt Königsberg insbesondere betreffend. Vom 23sten Februar, Sammlung der für die Königlichen Preußischen Staaten erschienenen Gesetze und Verordnungen, Berlin, 1808.

Reichsabgabenordnung vom 13. 12. 1919, Reichsgesetzblatt, Berlin, 1919.

RFH-Urteil vom 16. 1. 1923, I A 236/22, Sammlung der Entscheidungen und Gutachten des Reichsfinanzhofs, 11. Bd., München, 1923.

RFH-Urteil vom 14. 12. 1926, VI A 575/26, Sammlung der Entscheidungen und Gutachten des Reichsfinanzhofs, 20. Bd., Bonn. 1927.

RFH-Urteil vom 27. 3. 1928, I A 470/27, Steuer und Wirtschaft, 7. Jg., Stuttgart, 1928.

RFH-Urteil vom 30. 4. 1930, I A 856/29, Reichssteuerblatt, 20. Jg. Nr. 14, Berlin, 1930.

RFH-Urteil vom 29. 7. 1931, VI A 1265/29, Reichssteuerblatt, 21. Jg. Nr. 41, Berlin, 1931.

RFH-Urteil vom 9. 12. 1931, I A 345/31, Reichssteuerblatt, 22. Jg. Nr. 7, Berlin, 1932.

RFH-Urteil vom 22. 11. 1938, I 364/38, Reichssteuerblatt, 29. Jg. Nr. 25, Berlin, 1939.

RG-Urteil vom 11. 2. 1927, II 94/26, Entscheidungen des Reichsgerichts in Zivilsachen, 116. Bd., Berlin, 1927.

Rheichs-Oberhandelsgericht, Urteil vom 3. 12. 1873, Entscheidungen des Rheichs-Oberhandelsgerichts, XII. Band, Stuttgart, 1874.

Richtlinie 1999/60/EG des Rates vom 17. Juni 1999 zur Änderung hinsichtlich der in Ecu ausgedrückten Beträge der Richtlinie 78/660/EWG, Amtsblatt der Europäischen Gemeinschaften, Nr. L162, Luxemburg, 1999.

Richtlinie 2001/65/EG des Europäischen Parlaments und des Rates vom 27. September 2001 zur Änderung der Richtlinien 78/660/EWG, 83/349/EWG und 86/635/EWG des Rates im Hinblick auf die im Jahresabschluss bzw. im konsolidierten Abschluss von Gesellschaften bestimmter Rechtsformen und von Banken und anderen Finanzinstituten zulässig Wertansätze, Amtsblatt der Europäischen Gemeinschaften, Nr. L283, Luxemburg, 2001.

Richtlinie 2003/38/EG des Rates vom 13. Mai 2003 zur Änderung der Richtlinie 78/660/EWG über den Jahresabschluss von Gesellschaften bestimmter Rechtsformen hinsichtlich der in Euro ausgedrückten Beträge, Amtsblatt der Europäischen Union, Nr. L120, Luxemburg, 2003.

Richtlinie 2003/51/EG des Europäischen Parlaments und des Rates vom 18. Juni 2003 zur Änderung der Richtlinien 78/660/EWG, 83/349/EWG, 86/635/EWG und 91/674/EWG über den Jahresabschluss und den konsolidierten Abschluss von Gesellschaften bestimmter Rechtsformen, von Banken und anderen Finanzinstituten sowie von Versicherungsunternehmen, Amtsblatt der Europäischen Union, Nr. L178, Luxemburg, 2003.

Richtlinie des Rates vom 8. November 1990 zur Änderung der Richtlinien 78/660/EWG und 83/349/EWG über den Jahresabschluß bzw. den konsolidierten Abschluß hinsichtlich ihres Anwendungsbereichs (90/605/EWG), Amtsblatt der Europäischen Gemeinschaften, Nr. L317, Luxemburg, 1990.

Runderlaß des Reichsministers der Finanzen: Kurzlebige Wirtschaftsgüter des Anlagevermögens bei der Einkommensteuer und Körperschaftsteuer, Reichssteuerblatt, 25. Jg., Berlin, 1935.

Sächsisches Oberverwaltungsgericht, Urteil vom 30.12.1901, Jahrbücher des Königlich Sächsischen Oberverwaltungsgerichts, Entscheidungssammlung des Sächsischen Oberverwaltungsgerichts und des Verfassungsgerichtshofes des Freistaates Sachsen, 1.

Band Heft 4, Leipzig, 1902.

Sächsisches Oberverwaltungsgericht, Urteil vom 12.12.1912, Jahrbücher des Königlich Sächsischen Oberverwaltungsgerichts, Entscheidungssammlung des Sächsischen Oberverwaltungsgerichts und des Verfassungsgerichtshofes des Freistaates Sachsen, 19. Band Heft 4, Leipzig, 1913.

Schenke, Ralf P./Risse, Markus, Das Maßgeblichkeitsprinzip nach dem Bilanzrechtsmodernisierungsgesetz, Der Betrieb, 62. Jg. Heft 37, Düsseldorf, 2009.

Schmidt, Lutz, Maßgeblichkeitsprinzip und Einheitsbilanz, Heidelberg, 1994.

Sigloch, Jochen, Ein Valet dem Maßgeblichkeitsprinzip?, Betriebswirtschaftliche Forschung und Praxis, 52. Jg. Heft 2, Herne, 2000.

Sittel, Thomas Christoph, Der Grundsatz der umgekehrten Maßgeblichkeit, Frankfurt am Main, 2003.

Stenographische Berichte über die Verhandlungen der durch die Allerhöchste Verordnung vom 21. Oktober 1890 einberufenen beiden Häuser des Landtags, Zweiter Band, Berlin, 1891.

Steuerbereinigungsgesetz 1985. Vom 14. Dezember 1984, Bundesgesetzblatt, Teil I, Bonn, 1984.

Steuerentlastungsgesetz 1999/2000/2002. Vom 24. März 1999, Bundesgesetzblatt, Teil I, Köln, 1999.

Steuerreformgesetz 1990. Vom 25. Juli 1988, Bundesgesetzblatt, Teil I, Bonn, 1988.

ter Vehn, A., Die Entwicklung der Bilanzauffassungen bis zum AHGB, Zeitschrift für Betriebswirtschaft, 6. Jg., Wiesbaden, 1929.

Verhandlungen der Bürgerschaft. Sitzung vom 11. November 1874, Verhandlungen der Bürgerschaft vom Jahre 1874, Bremen, 1874.

Verhandlungen der Bürgerschaft. Sitzung vom 12. December 1874, Verhandlungen der Bürgerschaft vom Jahre 1874, Bremen, 1874.

Verordnung des Reichspräsidenten über Aktienrecht, Bankenaufsicht und über eine Steueramnestie. Erster Teil: Vorschriften über Aktiengesellschaften und Kommanditgesellschaftn auf Aktien, Reichsgesetzblatt, Teil I, Berlin, 1931.

Verordnung über die Einführung eines Einkommenschosses, Sammlung der Verordnungen und Proclame des Senats der freien Hansestadt Bremen im Jahre 1848, Bremen, 1849.

Verordnung zur Änderung der Einkommensteuer-Durchführungsverordnung, Vom 14. März 1956, Bundessteuerblatt, Teil I, Bonn, 1956.

Verordnung (EG) Nr. 1606/2002 des Europäischen Parlaments und des Rates vom 19. Juli 2002 betreffend die Anwendung internationaler Rechnungslegungsstandards, Amtsblatt der Europäischen Gemeinschaften, Nr. L243, Luxemburg, 2002.

Verordnung, die Ausführung des Einkommensteuergesetzes vom 22. December 1874 in den Jahren 1875 und 1876 betreffend; vom 8. März 1875, Gesetz- und Verordnungsblatt für das Königreich Sachsen, Dresden, 1875.

Vierte Richtlinie 78/660/EWG des Rates vom 25. Juli 1978 aufgrund von Artikel 54 Absatz 3 Buchstabe g) des Vortrages über den Jahresabschluß von Gesellschaften bestimmter Rechtsformen, Amtsblatt der Europäischen Gemeinschaften, Nr. L222, Luxemburg, 1978.

Vogt, Stefan, Die Maßgeblichkeit des Handelsbilanzrechts für die Steuerbilanz, Düsseldorf,

1991.

Wagner, Adolph, Finanzwissenschaft, Teil IV, Spezielle Steuerlehre, Die deutsche Besteuerung des 19. Jahrhunderts, Leipzig, 1901.

Weber-Grellet, Heinrich, Der Apotheker-Fall—Anmerkungen und Konsequenzen zum Beschluß des Großen Senats vom 23. 6. 1997 GrS 2/93, Der Betrieb, 50. Jg. Heft 45, Düsseldorf, 1997.

Wöhe, Günter, Betriebswirtschaftliche Steuerlehre, Band I 2. Halbband, 7. Auflage, München, 1992.

Zum Gutachten des OFH vom 3. 6. 1949, Steuer und Wirtschaft, 26. Jg., München, 1949.

Zweite Beschlußempfehlung und Zweiter Bericht des Finanzausschusses zu dem Gesetzentwurf der Fraktionen der CDU/CSU und FDP, zu dem Gesetzentwurf der Bundesregierung, BT-Drucksache, 11/5970, Bonn, 1989.

Zweite Beschlußempfehlung und Zweiter Bericht des Finanzausschusses (7. Ausschuß): zu dem Gesetzentwurf der Fraktionen der CDU/CSU und F.D.P.—Drucksache 13/901—, BT-Drucksache, 13/7000, Bonn, 1997.

Zweites Gesetz zur vorläufigen Neuordnung von Steuern. Vom 20. April 1949, Steuer- und Zollblatt, Jg. 3, Hamburg, 1949.

【和文献】

安藤英義『商法会計制度論』国元書房，1985年。

五十嵐邦正「ドイツ基準性原則の方向」『会計学研究』第25号，日本大学商学部会計学研究所，2011年3月。

稲見亨『ドイツ会計国際化論』森山書店，2004年。

上野道輔『新稿 貸借対照表論 上巻』有斐閣，1957年。

浦野晴夫『確定決算基準会計』税務経理協会，1994年。

川口八洲男『会計指令法の競争戦略』森山書店，2000年。

岸悦三（編著）『近代会計の思潮』同文舘出版，2002年。

木下勝一「IAS/IFRSと税務上の利益計算—ヘルツィヒの基準性原則廃止後の将来像に関する所説」『会計』第177巻第5号，森山書店，2010年5月。

久保田秀樹「ドイツにおける会計規制現代化と課税所得計算」『甲南経営研究』第51巻第1号，甲南大学経営学会，2010年7月。

久保田秀樹「ドイツにおける基準性原則の変容と課税所得計算」『産業経理』第71巻第1号，産業経理協会，2011年4月。

クーリッシェル，ヨーゼフ（著）／増田四郎（監修）／伊藤栄・諸田實（訳）『ヨーロッパ中世経済史』東洋経済新報社，1974年。

黒田全紀（編著）『解説 西ドイツ新会計制度』同文舘出版，1987年。

黒田全紀『EC会計制度調和化論』有斐閣，1989年。

黒田全紀『ドイツ財務会計の論点』同文舘出版，1993年。

慶應義塾大学商法研究会（訳）『西独株式法』慶應義塾大学法学研究会，1982年。

財団法人自治体国際化協会（編）『ドイツの地方自治』財団法人自治体国際化協会，2003年。

齋藤真哉「ドイツにおける会計と税務の関係へのIFRSの影響—貸借対照表法現代化法（BilMoG）の検討—」『産業経理』第69巻第2号，産業経理協会，2009年1月。

ザイヒト，ゲルハルト（著），戸田博之（訳）『ドイツ財務会計論の系譜』中央経済社，2004年。
坂本孝司『会計制度の解明』中央経済社，2011年。
佐藤誠二『会計国際化と資本市場統合』森山書店，2001年。
佐藤博明『ドイツ会計制度』森山書店，1989年。
佐藤博明（編）『ドイツ会計の新展開』森山書店，2009年。
斯波照雄『ハンザ都市とは何か』中央大学出版部，2010年。
鈴木義夫『ドイツ会計制度改革論』森山書店，2000年。
関谷清『ドイツ・ハンザ史序説』比叡書房，1973年。
武田隆二『所得会計の理論』同文舘出版，1970年。
田熊文雄「形成期工業国家ザクセンの営業制度（Ⅱ）」『岡山大学文学部紀要』第13号，岡山大学文学部，1990年7月。
田沢五郎『ドイツ政治経済法制辞典』郁文堂，1990年。
田沢五郎『独＝日＝英 ビジネス経済法制辞典』郁文堂，1999年。
田中耕太郎『貸借対照表法の論理』有斐閣，1946年。
千葉修身「ドイツ連邦財務省『基準性』通達の含意」『会計』第178巻第2号，森山書店，20010年8月。
戸田博之・興津裕康・中野常男（編著）『20世紀におけるわが国会計学研究の軌跡』白桃書房，2005年。
戸田博之・安平昭二（編著）『簿記・会計学の原理—ドイツ系会計学の源流を探る—』東京経済情報出版，2005年。
中田清『ドイツ実体維持会計論』同文舘出版，1993年。
成瀬治・山田欣吾・木村靖二（編著）『ドイツ史2』山川出版社，1996年。
野津高次郎『獨逸税制發達史（復刻版）』文生書院，1988年。
ハフナー，セバスチャン（著），魚住昌良（監訳），川口由紀子（訳）『プロイセンの歴史』東洋書林，2000年。
バルト，クノー（著），松尾憲橘・百瀬房德（訳）『貸借対照表法の論理』森山書店，1985年。
フルブルック，メアリー（著），高田有限・高野淳（訳）『ドイツの歴史』創土社，2005年。
フレーリックス，ヴォルフガング（著），大阪産業大学会計研究室（訳）『現代の会計制度（第1巻 商法編）』森山書店，1986年。
フレーリックス，ヴォルフガング（著），大阪産業大学会計研究室（訳）『現代の会計制度（第2巻 税法編）』森山書店，1987年。
法制執務用語研究会『条文の読み方』有斐閣，2012年。
松尾展成（編訳）『近代ザクセン国制史』九州大学出版会，1995年。
松本剛『ドイツ商法会計用語辞典』森山書店，1990年。
真鍋明裕「ドイツ会計法現代化と基準性原則の変化の可能性」『神奈川大学国際経営論集』第38巻，神奈川大学経営学部，2009年10月。
森川八洲男「ドイツ税法における『基準性の原則』の意義と問題点」『税務会計研究』第6号，税務会計研究学会，1995年9月。
柳裕治『税法会計制度の研究』森山書店，2001年。
山下勝治『貸借対照表の理論』巖松堂書店，1950年。
山田晟『ドイツ法律用語辞典』大学書林，1984年。

和歌山大学ドイツ会計研究会「19世紀ドイツの会社法，税法，通達，判例，関係論文」
　（http://www.wakayama-u.ac.jp/~ykawa/statuten/Act.htm）（2012年8月25日現在）。
渡辺陽一『貸借対照表論』森山書店，1984年。
割田聖史『プロイセンの国家・国民・地域』有志舎，2012年。

索　引

―事項・人名索引―

〔あ行〕

圧縮記帳……………………………………151, 207
後入先出法……………………………14, 145, 201, 203
アメリカ会計原則（US-GAAP）… 162, 164, 172, 186
在高貸借対照表……………………………………114

一般的流通価値………………………………………3

疑わしき債権…………………………………3, 29, 52
売上税……………………………………………143, 201

営業・個人税………………………40, 41, 43, 45, 47, 55
営業拡張費………………………………………………192
営業価値…………………………………………………126
営業税………………………………………………42, 43
営業の自由………………………………………40, 88
営業費………………………………………………20-22, 26

欧州委員会（EC）………………………………………149
欧州経済領域……………………………………………171
大きさによる計上……………………………………154, 207
オーストリア…………………………………………………40

〔か行〕

階級・所得税………………………………………41, 42
階級税……………………………………41, 44, 64-66, 68
開業費……………………………………………7, 10, 12, 192
外形標準…………………………………………………40
回収不能（な）債権……………………………3, 29, 52, 69
開放条項…………………………………9, 148, 200, 204, 206
価額修正…………………………………………………149
価格騰貴準備金…………………………………125, 146
火災税……………………………………………………88
貸倒引当金勘定……………………………………77, 78
加重平均法………………………………………………201
課税の公平（性）…………………………42, 181, 185
　　──性原則……………………………………………152
加速償却……………………………………………121, 124
価値回復命令………………………12, 183, 184, 193, 201

価値保持選択権………………………………183, 184, 193
株式会社………3, 4, 11, 56, 78, 79, 91, 93, 99, 150
株式合資会社………3, 4, 11, 56, 78, 79, 91, 93, 99
借方計上のうねり…………………………………………126
完全な利益………………………………109, 115, 127, 135, 185
緩和された低価主義………………………………4, 6, 8, 9

基準性原則…… 9, 24, 26, 27, 33, 35, 46, 48, 51, 56, 57, 73, 81, 92-94, 99, 100, 102, 110, 118, 121, 136, 138, 143, 146, 179, 182, 203, 220
基本財産……………………………………………48, 55, 80
逆基準性……………………10, 12, 13, 121, 125, 151-154, 169, 182, 203
客観的売却価値………………………………………3, 116
境界値指令……………………………………………170, 174
銀行貸借対照表指令……………………………………173, 176
勤続記念日手当……………………………………145, 146
金融商品…………………………………………………197
金融貸借対照表…………………………………………124

経営損失補償準備金…………………………………………99
計画外減価記入……………10, 149, 193, 194, 205, 206
計画的減価記入…………………………………………194
経済財…………………………………………115, 117, 119, 141
経済的帰属の原則………………………………………195
計算限定項目………………………6, 8, 11, 13, 126, 141, 201
形式的基準性……………………………………………103
計上恩典…………………………………………………121
計上留保………………………………………………148, 207
継続的債務関係……………………………………178, 179
決算日原則………………………………………………199
決着処理されていない取引………………………………27
厳格な価値関連（性）…………………………………113, 152
厳格な低価主義…………………………………4, 8, 9, 114
ゲンゼル（Gensel, J.）…………………………………46, 54
源泉理論…………………………………………3, 67, 71
現代化指令………………………………………………170, 173

恒常有高…………………………………………………124
更新基金……………………………………………………4
公正価値…………………………………………………176

公正価値指令………………………………170
国際会計基準（IAS）……162, 164, 170-173, 175, 176, 186
国際会計基準委員会（IASC）………………165
国際財務報告基準（IFRS）………191, 192, 194
穀粉・屠獣税……………………………64, 66, 68
国庫により動機づけられた選択権……203, 205, 206
固定収入………………………………………94, 99
個別価値………………………………………116
個別的売却価値………………………………3, 116

〔さ行〕

最高原価先出法………………………………201
最高財政裁判所（OFH）……………………124
財産税………………………………23, 45, 46, 88
財産貸借対照表…………………………………28
財産比較計算……………………………69, 73, 118
最低原価先出法………………………………201
最低限度評価規定……………………………142
財務会計基準審議会（FASB）………………165
先入先出法……………………………………201
ザクセン………………40, 48, 70, 72, 94, 217, 220
　　　　──上級行政裁判所………………5, 57

シェフラー（Scheffler, H.）……………………5
自家創設暖簾……………………………………6
自家創設無形固定資産………………194, 196
事業財産比較…………………………………136
資金計算書……………………………………165, 168
自己資本一覧表………………………………168
自己申告…………………………………………89
　　　　──制度………………………………23
実現原則………………14, 141, 144, 182, 202
実現利益…………………………………………30
実質的基準性…………………………………103
実体維持措置…………………………………124
資本会社………………………1, 3, 5, 10, 11, 13, 150
資本財産…………………………………………22
資本損失………………20, 22, 25, 28, 53, 54, 69
資本の支出……………………………………22, 69
資本利得……………………………24, 28, 30, 34
市民軍隊税………………………………………88
ジモン（Simon, H.）……………………………5
収益税……………………………………40, 42-44
　　　　──の支出……………………………22
自由準備金………………………………………7
収入支出計算………3, 21, 23, 33, 50, 51, 67-69, 71, 73, 76, 80, 94, 96, 99, 103, 111, 118, 181

シュマーレンバッハ…………………………128
純額貸借対照表……………………………28, 30
準備金……………………………………………7
　　　　──的性質を有する特別項目…9, 12, 13, 148, 153, 200, 206
小規模会社………………………167, 172, 174, 175
承継取得された暖簾……………6, 9, 13, 117
商号価値………………………………………126
商人の簿記の原則…………………49, 51, 52
所得税………………19, 40-45, 47, 64-66, 88
所得税法………………………3, 23, 39, 47, 74
申告納税制度…………………………………217
真実に近き価値……………………………3, 29, 52
慎重性の原則………………14, 114, 125, 135

成果貸借対照表………………………………114
正規の商人の慣習………51, 53, 54, 57, 72, 76, 80, 97, 103, 110, 111
正規の簿記の原則（GoB）…5, 7, 10, 12, 13, 100, 110, 114, 118, 120, 123, 127, 136, 138, 143, 145, 146, 184, 204
　　　　──に一致する選択権………203, 205, 206
税効果会計………………………………………12
誠実な商人…………………………………74, 76
税法上の選択権……………………………154, 202
税務上の選択権………………………202, 203, 205-207
税務上の利益計算の客観化……………182, 185
税務上の利益計算の厳格化…………………181
セグメント報告書…………………………165, 168

総額計算書………………………………………28
増加控除………………………………10, 149, 152
創立費……………………………………4, 6, 13
組織化された市場……………………………168
租税恩典………………109, 121, 148, 149, 151, 181
　　　　──的選択権…………………203, 205, 206
租税改革委員会………………………………138

〔た行〕

大規模会社…………………………………172, 174
貸借対照表計上補助…………………………12, 192
貸借対照表指令……………170, 173, 175, 176, 191
第7号指令……………………………………11, 191
第8号指令………………………………………11
第4号指令……………………………11, 149, 150, 191
第7条グループ………………………………124
ダイムラー・ベンツ…………………………162
建物税……………………………………………44
短期経済財…………………………………120, 147

事項・人名索引　245

中規模会社 ················· 167, 172, 174, 175
超過利益税 ································· 102
調達価値原則 ············ 4, 5, 182, 196, 202
帳簿決算 ····················· 27, 29, 33, 217
直線的損耗控除 ····························· 203

通貨換算 ····································· 201
積立基金 ···································· 4, 7

逓減的損耗控除 ····························· 203

ドイツ・マルク開始貸借対照表 ········· 122
ドイツ会計基準委員会 ·············· 166, 168
ドイツ憲法制定国民議会 ·················· 111
動的貸借対照表論 ············ 6, 8, 125, 128
透明性・開示法 ····························· 168
特別償却 ············· 9, 10, 149, 152, 204, 207
独立した税務貸借対照表 ·················· 139
土地税 ······················ 40-44, 46, 47, 55
特許権 ······································· 197
――侵害 ······························ 144, 146
取引所相場のある企業 ····················· 164
ドレスデン商工会議所 ······················· 41

〔な行〕

任意積立金 ····························· 7, 9, 12
ノウ・ハウ ·································· 197

〔は行〕

配当制限規定 ································· 12
ハンザ都市 ························ 92, 94, 103
ハンブルク ········· 23, 57, 70, 72, 88, 94-96, 218
ビール税判決 ································ 140
評価恩典 ····································· 121

非課税準備金 ············· 9, 12, 125, 148, 153, 204
引当金 ····················· 6, 7, 11-13, 182
秘密積立金 ··· 7-9, 54, 151, 152, 181, 182, 193, 204
評価自由 ··························· 120, 124, 148
評価単位の形成 ····························· 195
評価留保 ····························· 113, 114, 207
費用性引当金 ······················· 7, 9, 13, 192

不確定債務に対する引当金 ········ 7, 144, 145
不均等原則 ··························· 196, 202
付されるべき価値 ············ 3, 5, 53, 56, 69
普通価値 ···························· 112-114, 116
部分価値 ··································· 115-117

――評価減 ···················· 182, 183, 205
フリーゼン（Friesen, R. F. von）······ 44, 46, 54
ブレーメン ········ 19, 70, 72, 92, 94-96, 217, 220
プロイセン ···························· 40, 57, 64
――上級行政裁判所 ············ 69, 80, 81, 116

分類所得税 ······························· 66, 67

平和利益 ····································· 102
ペータースベルク租税案 ·················· 178
ヘッジ取引 ·································· 196
変動収入 ·································· 94, 99

〔ま行〕

マイエル権 ···································· 22
前受金 ································· 13, 143
前受収益 ······································· 8
前払費用 ································ 8, 141

未決取引から生じる恐れのある損失に対する引
　当金 ······························· 8, 178, 179
ミケル（Miquel, Johannes Franz）······ 70, 76, 77
未実現損益 ·································· 169
未実現損失 ···························· 30, 34, 196
未実現利益 ············ 4, 30, 34, 120, 179, 196

〔や行〕

有償取得された暖簾 ······················· 194
輸入商品評価減 ····························· 145

要塞の撤去税 ································· 88

〔ら行〕

ライヒ最高裁判所 ··························· 5, 8
ライヒ財政裁判所（RFH）······ 112, 115-119, 121, 125
ライヒ上級商業裁判所 ·················· 3, 53, 56
ライプツィヒ商業会議所 ·················· 219
理性的な商人の判断 ············ 14, 193, 198
理由による（よって）計上 ········ 136, 154, 207
留保規定 ····································· 104

累進税率 ································· 41, 46

連結貸借対照表指令 ······· 167, 170, 173, 176, 191
連邦財政裁判所（BFH）······ 125-127, 136, 137, 138, 140-142, 151, 185, 199, 192

連邦財務省文書 …………………………… 206

〔わ行〕

割引計算 ……………………… 182, 199, 200

―法律索引―

〔あ行〕

一般ドイツ商法典 ………………… 3, 28, 52, 56, 68, 74, 92, 93, 217

〔か行〕

株式法
——1931 年法 …………………………… 6
——1937 年法 ……………………… 7, 13
——1965 年法 …… 8, 10, 135, 143, 148, 149, 150

企業領域における統制と透明性に関する法律 ………………………………………… 164

〔さ行〕

ザクセン所得税法
——1874 年法 ……………… 47, 55, 70, 72, 79, 98, 103, 110, 217, 219
——1878 年法 ……………………… 48, 55

資本会社指令法 ………………………… 166
資本調達容易化法 ……………… 162, 168, 172
商法典
——1897 年法 ………………… 5-7, 56, 116
——1986 年法 ……………… 11, 149, 200
——2009 年法 ……………………… 192-202

所得税法（帝国，連邦共和国）
——1920 年法 …………………… 110, 112
——1921 年法 …………………… 112, 113
——1925 年法 ……………… 113, 116, 118, 120
——1934 年法 …………………… 117, 120
——1938 年法 ………………………… 121
——1939 年法 ………………………… 122
——1955 年法 ……………… 122, 123, 148
——1969 年法 ………………………… 138
——1974 年法 ………………………… 140
——1980 年法 ………………………… 143
——1983 年法 ………………………… 144
——1990 年法 ……………… 145, 153, 203
——1997 年法 ………………………… 177
——1999 年法 ………………………… 185
——2009 年法 ……………………… 202-207

租税通則法 ……………………… 109, 195

〔た行〕

第一次株式法改正法 ……………… 3, 52, 56
貸借対照表指令法 ………… 10, 11, 149, 152
貸借対照表法改革法 …………… 169, 170, 176
貸借対照表法現代化法（BilMoG）…… 170, 173, 176, 191, 192, 196, 198, 202
第二次株式法改正法 ……………… 4, 56, 69, 75

ドイツ・マルク貸借対照表法 ………… 122, 146

〔は行〕

バーデン所得税法
——1884 年法 ……………………………… 99
——1900 年法 ……………………………… 99
バイエルン所得税法（1910 年）……… 96, 110
ハンブルク所得税法
——1866 年法 …………………… 88, 92, 217
——1881 年法 ……………………… 70, 91

ブラウンシュヴァイク所得税法（1896 年）
………………………………………… 100
ブレーメン所得税法
——1872 年法 ……………………… 23, 218
——1874 年法 ……………… 32, 70, 103, 217
プロイセン所得税法
——1851 年法 ……………………… 63, 66, 67
——1873 年法 ……………………………… 68
——1891 年法 ……………………… 78, 98, 110
——1906 年法 ……………………… 81, 112
プロイセン補充税法 ……………… 112, 116

ヘッセン所得税法（1895 年）…………… 100

〔ま行〕

メクレンブルク・シュヴェーリン所得税法（1913 年）……………………………… 101

〔ら行〕

リューベック所得税法（1889 年）……… 93, 95

―判例索引―

最高財政裁判所
 1949 年 6 月 3 日鑑定 ……………………… 124

ザクセン上級行政裁判所
 1901 年 12 月 30 日判決 ………… 15（注 6），57
 1912 年 12 月 12 日判決 ………………… 5, 57

プロイセン上級行政裁判所
 1895 年 12 月 13 日判決 ………… 15（注 6），80
 1902 年 7 月 2 日判決 …………………… 116

ライヒ最高裁判所
 1927 年 2 月 11 日判決 …………………… 8

ライヒ財政裁判所（RFH）
 1923 年 1 月 16 日判決 ………………… 112
 1926 年 12 月 14 日判決 ………………… 116
 1928 年 3 月 27 日判決 ………………… 115
 1930 年 4 月 30 日判決 ………… 107（注 32）
 1931 年 7 月 29 日判決 ………………… 117

 1931 年 12 月 9 日判決 ………… 107（注 32）
 1938 年 11 月 12 日判決 ………………… 121

ライヒ上級商業裁判所
 1873 年 12 月 3 日判決 ………………… 3, 56

連邦財政裁判所（BFH）
 1955 年 3 月 1 日判決 ………………… 125
 1955 年 3 月 3 日判決 ………………… 125
 1958 年 10 月 28 日判決 ………………… 126
 1969 年 2 月 3 日決定 ………………… 127
 1975 年 2 月 26 日判決 ………………… 141
 1978 年 6 月 12 日決定 ………………… 142
 1979 年 6 月 26 日判決 ………………… 143
 1981 年 11 月 11 日判決 ………………… 144
 1982 年 10 月 7 日判決 ………………… 199
 1985 年 4 月 24 日判決 ……………… 151, 152
 1985 年 4 月 25 日判決 ………… 107（注 32），151, 152
 1987 年 2 月 5 日判決 ………………… 145

《著者紹介》

中田　清（なかた・きよし）

〔現　職〕広島修道大学商学部教授。
〔略　歴〕1950年広島市にて出生。広島修道大学大学院商学研究科博士後期課程単位修得。東亜大学，広島修道大学講師，助教授を経て現職。この間，1976〜77年ドイツ・テュービンゲン大学（ロータリー財団奨学金による），1999年ドイツ・マンハイム大学（広島修道大学派遣研究による）に留学。
〔主　著〕『ドイツ実体維持会計論』同文舘出版，1993年。『入門簿記』（共著）同文舘出版，1998年。

《検印省略》

平成25年9月20日　初版発行　　　　　略称：税務貸借対照表

広島修道大学学術選書57
税務貸借対照表に対する商事貸借対照表の基準性の原則
―ドイツ税務会計の考察―

著　者　Ⓒ中　田　　　清
発行者　　中　島　治　久

発行所　同文舘出版株式会社
東京都千代田区神田神保町1-41　〒101-0051
電話　営業 (03)3294-1801　編集 (03)3294-1803
振替 00100-8-42935　http://www.dobunkan.co.jp

Printed in Japan 2013　　　　　　印刷・製本：萩原印刷

ISBN978-4-495-17571-9